Öl im 21. Jahrhundert

Band II: Alternativen und Strategien

von
Dr. Steffen Bukold

Oldenbourg Verlag München

Bibliografische Information der Deutschen Nationalbibliothek

Die Deutsche Nationalbibliothek verzeichnet diese Publikation in der Deutschen Nationalbibliografie; detaillierte bibliografische Daten sind im Internet über <http://dnb.d-nb.de> abrufbar.

© 2009 Oldenbourg Wissenschaftsverlag GmbH
Rosenheimer Straße 145, D-81671 München
Telefon: (089) 4 50 51-0
oldenbourg.de

Lektorat: Wirtschafts- und Sozialwissenschaften, wiso@oldenbourg.de
Herstellung: Anna Grosser
Coverentwurf: Kochan & Partner, München
Titelbild: Helmut Gevert
Gedruckt auf säure- und chlorfreiem Papier
Gesamtherstellung: Kösel, Krugzell

ISBN 978-3-486-58898-9

Inhaltsübersicht

Inhalt

Vorbemerkungen zu Band 2

Sie halten gerade den **zweiten** Band von „Öl im 21. Jahrhundert" in Händen.

Es geht in diesem Band um die Chancen, die konventionelle Ölversorgung durch alternative Pfade zu ergänzen. Dazu gehören vor allem die Biokraftstoffe, die in **Kapitel 8** untersucht werden. Es zeigt sich, dass die Rohstoffe und Produktionsverfahren höchst unterschiedliche Profile aufweisen und dementsprechend unterschiedlich bewertet werden müssen.

In **Kapitel 9** werden die anderen Alternativen aus nichtkonventionellem und synthetischem Öl analysiert: Ölsand, Schwerstöl, Ölschiefer, Kraftstoffe aus Erdgas und Kohle. Auch hier zeigen sich deutliche Unterschiede und zahlreiche Entwicklungsprobleme.

Die beiden folgenden Kapitel widmen sich der Nachfrageseite. In **Kapitel 10** wird die globale Ölnachfrage analysiert. Hier geht es um die wichtigsten Nachfragesegmente, die Verzerrungen der Preissignale und die Frage, warum der Konsum nur wenig auf steigende Ölpreise reagiert.

In **Kapitel 11** zeigen Fallstudien die ölpolitischen Strategien und die Nachfrage wichtiger Ölkonsumenten, insbesondere China, USA, Deutschland und die ölreichen Staaten selbst, die einen immer größeren Anteil ihrer Förderung selbst verbrauchen.

Kapitel 12 fasst wichtige Ergebnisse und Schlussfolgerungen **beider** Bände zusammen. Im Unterschied zu den eher neutral gehaltenen Sachkapiteln sollen hier die Argumente und Ansätze auch bewertet werden, so dass ölpolitische Schlussfolgerungen gezogen werden können.

Es folgen ein knappes **Glossar** mit wichtigen Fachbegriffen und Abkürzungen, die **Endnoten** und das **Literaturverzeichnis**.

Der **erste Band** enthält die Kapitel 1 bis 7. Nach der Einleitung (Kap. 1) und einführenden Kapiteln in die Geschichte, Geologie und Technik der Ölversorgung (Kap. 2-4) geht es dort vor allem um drei Kernfragen der zukünftigen Ölversorgung: Die Ölreserven (Kap. 5), die Produktionsmöglichkeiten, also die Peak-Frage (Kap. 6), und die Entwicklung der Ölpreise (Kap. 7).

8 Alternativen: Biokraftstoffe

8.1 Einleitung

Was sind Biokraftstoffe?

Biokraftstoffe sind derzeit *die einzigen aussichtsreichen Ersatzkandidaten* für fossile Ölprodukte. Das ist eine kleine Ironie der Geschichte, denn das Industriezeitalter begann energetisch mit dem Übergang von pflanzlichen auf fossile Energieträger. Im 21. Jahrhundert läuft der Fortschritt andersherum: Der Treibstoff unserer Mobilität kommt wieder vom Acker wie damals der Hafer für die Pferde.

Biokraftstoffe werden aus Pflanzenteilen hergestellt, die Zucker, Stärke oder Öle enthalten. Innovative Verfahren, die in Pilotanlagen getestet werden, können sogar die gesamte Pflanze verwerten, also auch die großen zellulosehaltigen Pflanzenteile sowie alle Arten organischer Abfälle. Das könnte auch den Weg für den Anbau spezieller Energiepflanzen (*energy crops*) ebnen, die hohe Erträge auf schlechteren Böden garantieren, die bislang nicht genutzt werden können.

Allerdings muss viel Energie aufgewendet werden, um aus den pflanzlichen Rohstoffen Ethanol oder Biodiesel herzustellen. Dafür kann in einigen Fällen pflanzliches Material verwendet werden (z.B. Zuckerrohr-*Bagasse*), aber in den meisten Fällen wird Erdgas, zunehmend auch Kohle, eingesetzt.

Politische Förderung

Biokraftstoffe werden mittlerweile weltweit politisch gefördert. Beimischungspflichten in Brasilien, den EU-Staaten und in den USA, weltweite Förderprogramme und steuerliche Anreize lassen die Produktionsmengen seit Anfang des Jahrzehnts steil ansteigen.

Diese „Biomassenbewegung" wird von den verschiedensten Motiven getragen, die sich derzeit noch ergänzen, aber bald in Widerspruch zueinander treten werden. Klimapolitische Ziele (Reduzierung der Treibhausgasemissionen), energie- und handelspolitische Ziele (Diversifizierung der Energieträger, Reduzierung der Importabhängigkeit), militärpolitische Ziele (einheimische Treibstoffversorgung) und insbesondere agrarpolitische Ziele (neue Einkommensquellen für Bauern, Reduzierung von Agrarsubventionen) ergänzen sich bei der Förderung der Biokraftstoffe.

Aber diese seltene Allianz aus Landwirten, Umweltschützern und Sicherheitspolitikern wird brüchig, sobald die Mengen eine kritische Größe überschreiten: Die Maisethanol-Lobby behindert in den USA den Import brasilianischen Ethanols, billige Palmölimporte mit zweifelhafter Ökobilanz konkurrieren in der EU mit einheimischem Rapsöl, traditionelle Maisethanolproduzenten und innovative Zellulose-Ethanolpioniere konkurrieren um staatliche Subventionstöpfe.

Finanzmärkte

Die politische Förderung wurde durch „*fast money*" der Kapitalmärkte ergänzt. Unternehmen, Private-Equity-Firmen und Hedgefonds überschwemmten den Ethanolmarkt mit ihren Investitionen.

Ein garantierter Absatz, staatliche Subventionen und wenig Konkurrenz waren das geeignete Umfeld für Investoren, die ähnlich wie beim Internetboom ein Jahrzehnt zuvor den Aufbau der neuen Branche erheblich beschleunigten. Auch in Deutschland und anderen europäischen Ländern spülten erfolgreiche Börsengänge viel Geld in die Kassen der Biokraftstofffirmen.

Die weltweite Biokraftstoffbranche erreichte 2007 einen Umsatz von 25,4 Mrd. Dollar. Sie lag damit zwischen dem Markt für Solarenergie (20,3 Mrd. Dollar) und Windenergie (30,1 Mrd. Dollar).[1]

8.2   Die wichtigsten Biokraftstofftypen und ihre Märkte

Biokraftstoffe nutzen eine ganze Palette von pflanzlichen Rohstoffen und Produktionsverfahren. Auch die Absatzmärkte sind unterschiedlich: Neben dem Kraftstoffmarkt für Fahrzeuge gibt es Anwendungen im Wärmemarkt und bei der Verstromung. Die folgende Darstellung wird sich auf den Bio-*Kraftstoff*markt konzentrieren, da nur hier eine größere Substitution von Erdöl möglich erscheint. Die Pfade können nach drei Kriterien eingeteilt werden:

▸   Die Einteilung nach Zielmärkten

▸   Die Einteilung nach pflanzlichen Rohstoffen

▸   Die Einteilung nach Produktionsverfahren

Zurzeit gibt es fünf etablierte und drei neue Entwicklungspfade für Biokraftstoffe, wie die Tabelle 8.1 zeigt.

	Verfahren	Schwerpunkt der Anwendung
Etablierte Pfade	1. Bioethanol aus Zuckerrohr	Brasilien
	2. Bioethanol aus Mais	USA
	3. Bioethanol aus Zuckerrüben	Deutschland/Europa
	4. Biodiesel aus Raps	Deutschland
	5. Reines Pflanzenöl	weltweit (u.a. Deutschland)
Neue Pfade	6. Biotechnisch erzeugtes Bioethanol aus Lignozellulose (Zellulose-Ethanol)	Pilotanlagen vor allem in den USA
	7. Thermochemisch erzeugtes synthetisches Öl aus allen Biomassetypen durch BTL-Verfahren (Biomass-to-Liquids)	Pilotanlagen u.a. in Deutschland
	8. Kraftstoffe aus Algen	Nur Laborversuche

Tab. 8.1 Entwicklungspfade der Biokraftstoffe[2]

Ein breites Spektrum organischer Stoffe dient als Rohmaterial. Die Vielfalt der Produktionsprozesse ist ein großer Vorteil, da je nach Standort unterschiedliche Rohstoffe genutzt werden können:

▶ Getreidekorn, Zuckerrüben, Zuckerrohr and andere stärke- bzw. zuckerhaltige Biomasse

▶ Zellulose (Stängel, Stroh, Gräser, Holz, Pflanzen-/Holzabfälle etc.)

▶ Pflanzenöl (Raps, Sonnenblumen, Ölpalmen, Soja)

▶ Organischer Abfall (z.B. Frittierfett)

Bioethanol ist der mit Abstand wichtigste Biotreibstoff der Welt. Das ist in erster Linie auf die USA und Brasilien zurückzuführen, die zusammen über 90 % des Kraftstoffes produzieren. Er kann aus pflanzlichen Bestandteilen hergestellt werden, die Zucker (Zuckerrohr, Zuckerrüben) oder Stärke (Mais) enthalten, die in Zucker verwandelt werden kann. Durch Fermentierung/Vergärung und Destillierung wird dann Ethanol erzeugt und als Beimischung oder Vollersatz für Benzin verwendet.

8.2.1   Brasilien: Bioethanol aus Zuckerrohr

Brasilien ist das Kunststück gelungen, durch neu entdeckte Erdölvorkommen und die eigene Bioethanolindustrie gänzlich von Rohölimporten unabhängig zu werden. Mit seinen 200 Millionen Einwohnern ist „die ewige nächste Großmacht" das einzige Land, in dem nicht-fossile Kraftstoffe über einen hohen Marktanteil verfügen.

Das brasilianische Ethanolprogramm wurde durch die Ölpreiskrise 1973/74 ausgelöst. Brasilien rutschte in eine Rezession und musste fast die Hälfte seiner Devisen aufwenden, um die Ölimporte zu finanzieren. Das Programm war auch eine Reaktion auf den fallenden Weltzuckerpreis. Die Branche fand im Treibstoffmarkt einen neuen Absatzmarkt, der die Ernteüberschüsse absorbieren konnte.

Die Militärregierung ordnete einen steigenden Ethanolanteil im Benzin an und subventionierte den Aufbau der Branche. 1976 gelang es den Ingenieuren eines Luftwaffenlabors, die ersten brasilianischen Ethanolfahrzeuge zu bauen. Schon sieben Jahre später waren 90 % der Neufahrzeuge ethanolgetrieben. Die Produktion konnte dann mit hohem finanziellen Aufwand von 2 Millionen (1980) auf 12 Millionen Tonnen (1986) gesteigert werden.[3]

Die direkten Subventionen beliefen sich von Ende der 1970er bis Mitte der 1990er Jahre auf mindestens 16 Mrd. Dollar.[4] Als der Ölpreis Mitte der 1980er fiel, stiegen die Subventionen immer stärker an. Wirtschaftskrisen sowie der Druck des IWF und anderer Gläubiger zwangen Brasilien, die Unterstützung der Ethanolindustrie stark zu reduzieren. Der Verkauf von Ethanolfahrzeugen brach ein und das Experiment schien gescheitert.

Aber die landesweite Infrastruktur blieb intakt. Ethanol war weiterhin als Beimischung vorgeschrieben und die Steuern auf Ethanol waren deutlich niedriger als die auf Benzin. Die Produktivität konnte stetig erhöht werden. 1975 wurden jährlich etwa 2000 Liter Ethanol auf einem Hektar Zuckerrohrfelder gewonnen werden. Heute sind es 6000 Liter, in manchen Regionen sogar 8000–10.000 Liter.[5] Auch die Bereitstellung der Infrastruktur an den Tankstellen blieb gesetzliche Vorschrift.

Parallel dazu konnten die Subventionen bis Ende der 1990er um zwei Drittel abgebaut werden. Aber der Ethanolpreis lag damals immer noch 100 % über dem Benzinpreis. Erst seit 2004 kann Ethanol aufgrund der gestiegenen Rohölpreise und höherer Produktivität auch ohne Subventionen auf oder unter dem Preisniveau von fossilem Benzin angeboten werden.

Märkte

Im Jahr 1975 war Brasilien bei seiner Treibstoffversorgung noch zu 85 % von Rohölimporten abhängig. Heute hat Ethanol einen Marktanteil von 40–50 % auf dem Benzinmarkt, der seinerseits etwa 40 % des Kraftstoffmarktes ausmacht. Den restlichen Bedarf decken Diesel mit 55 % und Erdgas mit 5 % ab. Am gesamten Kraftstoffmarkt hat Ethanol also einen Anteil von 20–25 %, wobei der Prozentsatz wegen der flexiblen Betankungsmöglichkeiten ständig schwankt.

Zurzeit landet etwa die Hälfte der brasilianischen Zuckerernte in den Benzintanks der PKW. Überschüsse werden in alle Welt exportiert, selbst in die OPEC-Staaten Venezuela und Nigeria.

Die brasilianische Wirtschaft hat die Wahl, je nach Marktlage Rohöl, Ethanol oder Zucker im eigenen Land zu verwenden oder zu exportieren. Ethanol hat damit sowohl den Treibstoff- wie auch den Zuckermarkt grundlegend verändert. Der neue Kraftstoff gibt den Kunden mehr Wahlmöglichkeiten und den Produzenten eine höhere Flexibilität und Stabilität:

▸ Die Zuckerrohrproduzenten können ja nach Marktlage Zucker exportieren oder Ethanol anbieten. Dadurch haben sie sogar die Option, Währungsschwankungen auszunutzen.

▸ Viele Zuckerfabriken können ihre Anlage innerhalb von Stunden von der Ethanol- auf die Rohzuckerproduktion umstellen.

▸ Die Ethanolkunden können mit den seit 2003 eingesetzten Flex-Fuel-Vehicles (FFV) bei jeder Fahrt zur Tankstelle zwischen Ethanol und Benzin oder einer Mischung aus beiden wählen und damit Preisschwankungen ausnutzen. Fast alle Neuwagen können auch mit Ethanol fahren.[6]

Die Ethanolpreise in Brasilien schwanken folglich stark, da es mehrere unabhängige Variablen gibt: den nationalen und internationalen Ethanolmarkt, den Weltzuckermarkt, den Devisenmarkt, Präferenzen der Autofahrer sowie Anreizprogramme der Automobilhersteller für bestimmte technische Lösungen. Eine Ethanolbörse, die *Brazilian Alcohol Exchange*, erleichtert dabei die Preisfindung. Der Terminmarkt wird von den Produzenten vor allem zur Absicherung der Ernteerträge genutzt.

Aber auch durch politische Eingriffe wird der Ethanolmarkt immer wieder stabilisiert, wenn die brasilianische Regierung auf Ungleichgewichte mit einer Veränderung der Mindestquote für die Ethanolbeimischung reagiert.

Internationaler Vergleich[7]

Brasilianisches Ethanol hat gegenüber den Alternativen in Europa und den USA eine Reihe von Vorteilen:

▸ Während brasilianisches Zuckerrohr direkt vergoren werden kann, muss die Stärke aus europäischem oder amerikanischem Getreide erst aufwendig in Zucker umgewandelt werden.

▸ Die für die Produktion notwendige Energie kann direkt aus Teilen der Zuckerrohrpflanze (Bagasse) gewonnen werden. Bei Zuckerrüben und Mais werden dafür fossile Energieträger wie Erdgas oder Kohle eingesetzt.

▶ Die brasilianischen Bruttoenergieerträge pro Hektar sind vergleichbar mit den Erträgen aus Zuckerrüben in Deutschland. Die Nettoenergieerträge sind jedoch wesentlich höher, weil für Dünger, Pestizide etc. weniger Energie eingesetzt werden muss. Zuckerrohr ist ähnlich wie speziell gezüchtete Energiepflanzen relativ anspruchslos.

▶ Die Verwendung von Bioethanol als Treibstoff wurde in Brasilien jahrzehntelang gefördert. Die Ethanolbranche kann auf einen reichen Erfahrungsschatz und technische Strukturen mit erfahrenem Management zurückgreifen. Die staatlichen Behörden kennen den Ethanolmarkt und können Entwicklungen daher besser einschätzen – im Gegensatz zu Europa und den USA, deren Unternehmen und Behörden Neuland betreten, wie die jüngsten Rückschläge bei den deutschen Biospritplänen zeigen.

▶ Brasilianisches Ethanol ist auch ohne Subventionen wettbewerbsfähig. Das verringert das Investorenrisiko im Vergleich zu Europa und den USA, wo die Renditen von unsicheren politischen Entscheidungen etwa für Steuerbefreiungen abhängen.

▶ Eine flexible Beimischungspflicht kann zur Feinsteuerung eingesetzt werden, da die Fahrzeugflotte dafür geeignet ist.

▶ Seit einigen Jahren wird brasilianisches Ethanol in die USA exportiert, weil selbst die hohe Importsteuer von 0,57 Dollar je Gallone (3,8 Liter) den Kostenvorsprung gegenüber fossilem Benzin nicht ausgleichen kann.

Produktion und Produktionspotenzial[8]

Brasilien verfügt über eine landwirtschaftlich nutzbare Fläche von 265 Millionen Hektar, wovon nur 59 Mio. ha tatsächlich verwendet werden. Zuckerrohr in Monokultur wird nur auf 5,6 Mio. ha angebaut, d.h. auf weniger als 9 % der genutzten bzw. 2 % der potenziell nutzbaren Fläche. Es gibt also enorme Potenziale für eine höhere Ethanolproduktion. Auch die Erträge pro Hektar sind wie erwähnt in einem stetigen Aufwärtstrend.

Die brasilianische Ethanolproduktion ist von 2002 bis 2006 stark gestiegen, aber hatte mit etwas über 4 Mrd. Gallonen zunächst nur das Niveau von 1998 wieder erreicht. Schon seit 1991 bewegten sich die Mengen in einer Spannbreite von 3 bis 4,5 Mrd. Gallonen. Erst 2007 gelang mit dem Rückenwind steigender Ölpreise und stagnierender Zuckerpreise ein Durchbruch:

▶ 2007 wurden etwa 5,3 Mrd. Gallonen Ethanol produziert (345.000 b/d Ethanol). Die Zuckerrohrernte lag bei 431 Mio. Tonnen.

▶ 2008 wird bereits mit 6 Mrd. Gallonen gerechnet (390.000 b/d Ethanol). Die Ernte soll bei 485 Mio. Tonnen liegen.

Die Großhandels*preise* liegen mittlerweile bei 1,64 Dollar je Gallone (ca. 2,5 Dollar in Benzinäquivalenten) und damit deutlich unter den Benzinpreisen in den USA (3,5 $/g). 15–20 % des Ethanols wird exportiert, davon die Hälfte in die USA.

Die Herstellungs*kosten* für Ethanol liegen bei etwa 0,29 $/l (46 $/b Ethanol bzw. 60 $/b in Benzinäquivalenten). Die Ethanolproduktion ist bei hohen Benzinpreisen also sehr profitabel. Die Tankstellenpreise für einen Liter Ethanol liegen im Schnitt immer ein Drittel unter den (fossilen) Benzinpreisen, um dem geringeren Energieinhalt Rechnung zu tragen.

Trotz des sehr großen Potenzials müssen einige Fragezeichen gesetzt werden:

1. In jüngster Zeit sind in Brasilien größere Erdölvorkommen entdeckt worden. Brasilien ist bereits Selbstversorger und wird in wenigen Jahren Erdölüberschüsse exportieren. Das könnte die brasilianische Regierung in Versuchung führen, die Energiepreise aus sozial- oder industriepolitischen Gründen unter Weltmarktniveau zu halten oder ganz allgemein der Ethanolproduktion weniger Aufmerksamkeit zu schenken. Die Versorgung der Industriestaaten mit brasilianischem Ethanol könnte also bereits an den Prioritäten der brasilianischen Innenpolitik scheitern.

2. Die brasilianische Ethanolbranche wird von einer großen Zahl mittelständischer Familienbetriebe geprägt.[9] Etwa 210 Unternehmen betreiben die 368 Zucker- und Ethanolfabriken, wobei die fünf größten Anbieter auf einen Marktanteil von nur 17 % kommen. In der Vergangenheit hat es sich immer wieder als schwierig erwiesen, große Strukturveränderungen oder Projekte mit den eigenständigen „Zuckerbaronen" umzusetzen. Zum Beispiel scheiterte Japan nach jahrelangen Verhandlungen bei dem Versuch, größere Ethanolexporte zu vereinbaren. Es ist fraglich, ob die nötige Infrastruktur mit Fabriken, einer großen Zahl von Feldarbeitern (die Arbeitsbedingungen werden immer wieder kritisiert), Pipelines und Hafenanlagen zügig ausgebaut werden kann.

3. Zuckerrohr wird in vielen Staaten angebaut. Das Angebot kann immer wieder problemlos ausgeweitet werden. Die größten Zuckerexporteure der Welt sind Brasilien und die EU, die beide auch als Produzenten an erster Stelle stehen. Weitere große Zuckerländer sind Indien, China, USA und Mexiko. Die Schattenseite dieser Eigenschaft liegt darin, dass der Zuckerpreis kaum gestiegen ist. Während sich die Preise der meisten anderen agrarischen Rohstoffe wie Mais, Weizen, Soja, Raps oder Palmöl verdoppelt oder vervielfacht haben, hat sich der Zuckerpreis in den letzten Jahren kaum bewegt. Dadurch könnten langfristige Investoren abgeschreckt werden, denn auch der Ethanolpreis wird dadurch in Mitleidenschaft gezogen, wenn keine Exportmöglichkeiten vorhanden sind.[10]

4.   Noch sind in Brasilien sehr umfangreiche freie Flächen vorhanden, aber der Staat wird sich langfristig zwischen Zuckerrohr, Naturschutz und Nahrungsmittelproduktion entscheiden müssen, wenn die Ethanolmengen massiv steigen sollen.

8.2.2   USA: Bioethanol aus Mais

Es wird schon seit einigen Jahrzehnten nach Wegen gesucht, Getreidekornethanol aus Mais oder Weizen als Kraftstoff zu konkurrenzfähigen Preisen auf den Markt zu bringen. Dabei ist es gelungen, den Energieeinsatz seit 1980 um die Hälfte zu reduzieren. Der Produktionsaufwand wird aber auch in Zukunft hoch bleiben, denn es werden keine größeren Techniksprünge mehr erwartet. Einsparpotenziale gibt es vor allem durch den Bau größerer Anlagen oder durch eine Kombination von Anwendungen, etwa wenn Reststoffe zur Herstellung von Biogas und damit als Ersatz für Erdgas verwendet werden.[11]

Durch Skalenvorteile und schrittweise Verbesserungen werden die Kosten reduziert, aber angesichts des hohen Energieaufwandes beim Anbau des Getreides und der Herstellung des Ethanols könnten steigende Erdgaspreise diese Vorteile rasch zunichte machen. Sind jedoch umgekehrt die Preise für fossile Energie unerwartet niedrig, verschärft sich das Wettbewerbsumfeld für das Endprodukt Ethanol. Das ist ein zentrales Dilemma, in dem alle Biokraftstoffe der ersten Generation wegen ihres niedrigen Nettoenergieertrages stecken.

Politische Förderung

Getreideethanol wird in den USA fast ausschließlich aus Mais produziert. Maisethanol wird von einer breiten und ungewöhnlich zusammengesetzten Koalition unterstützt: Sie reicht vom Agro-Business über Umweltschutzgruppen, Biotechnologiefirmen, Chemiekonzerne, Autoproduzenten bis zu Wallstreet Banken und konservativen Militärlobbys, die durch heimisches Ethanol eine größere Unabhängigkeit von arabischen oder venezolanischen Ölimporten anstreben („*Mid West* statt *Middle East*").

Die Ethanolförderung begann 2004 im Rahmen des American Jobs Creation Act und wurde im Energy Policy Act von 2005 und im EISA Act Ende 2007 bekräftigt und erweitert. Ethanol wird bis mindestens 2010 mit 0,51 $/g und zahlreichen indirekten Maßnahmen für den Agrarsektor subventioniert.[12]

Der Markt wurde aber zunächst vor allem dadurch unterstützt, dass der fossile Benzinzusatz MTBE durch Ethanol ersetzt werden musste. MTBE war wegen der Schadstoffbelastung des Grundwassers in die Kritik geraten. Als der US-Kongress die Haftungsbefreiung für MTBE-Hersteller lockerte, stellte die Mineralölindustrie ihre Anlagen ruckartig von MTBE auf Ethanol um, um möglichen Haftungsklagen aus dem Weg zu gehen. Die Nachfrage nach Ethanol stieg sprunghaft an und führte im Sommer 2006 dazu, dass die Ethanolpreise weit über den Benzinpreisen lagen.

Einen weiteren Schutz für die Branche bietet eine Importabgabe von 0,54 Dollar je Gallone auf importiertes Ethanol, die bis mindestens 2009 erhoben wird. Trotz der hohen Abgabe stiegen die Importe von 135 Mio. (2005) auf über 600 Mio. Gallonen (2006). Sie kamen vor allem aus Brasilien, aber auch aus Jamaika (wegen einer Gesetzeslücke), China, den Niederlanden und Pakistan.[13]

Distribution und Absatzmärkte

Der Großhandelspreis für eine Gallone Ethanol schwankte in den letzten Jahren zwischen zwei und vier US-Dollar. Eine Gallone Ethanol aus brasilianischem Zuckerrohr kann bereits für 1,75 Dollar produziert und in die USA transportiert werden, inklusive der Importabgabe von 0,54 Dollar pro Gallone. Der Schiffstransport aus Übersee hat zudem den Vorteil, dass das Ethanol in den Verbrauchszentren an den Küsten anlandet, während es aus Nebraska oder Iowa mit dem überlasteten Eisenbahnnetz oder per LKW herbeigeschafft werden muss.

Bioethanol kann nicht problemlos durch das bestehende Ölpipelinenetz gepumpt werden, weil es Wasser zieht und leicht verunreinigt wird. Ethanol wird also getrennt per LKW, Eisenbahn oder Binnenschiff transportiert und kann erst am Verwendungsort dem fossilen Kraftstoff hinzugemischt werden. Solange Bioethanol nur im Mittleren Westen in der Nähe der Ethanolraffinerien nachgefragt wurde, hielt sich das Transportproblem in Grenzen, aber mittlerweile konsumieren Kalifornien und New York bereits ein Viertel des Angebots, so dass die Engpässe bei der Distribution immer akuter werden.

Benzinfahrzeuge können normalerweise ohne Probleme mit einer Ethanolbeimischung von 10 % fahren (E10). Im Mittleren Westen und zunehmend auch an den Küsten gibt es außerdem eine größere Anzahl von Ethanolfahrzeugen, die 70–90 % Ethanol im Tank haben (E85).

Fast alle Ölkonzerne setzen Ethanol als Beimischung ein. Heute hat etwa die Hälfte des amerikanischen Benzins eine Beimischung von 10 %. Ein wachsendes Problem ist jedoch der Widerstand der Ölkonzerne, denen mit jedem E85-Fahrzeug Umsatz verloren geht. Mit diversen Mitteln verringern sie die Attraktivität von E85 bei den Betreibern der 170.000 US-Tankstellen, die als Franchiser häufig von ihnen abhängig sind. Nur etwa 1200 Tankstellen bieten E85 an. Es wird nur von Anbietern aktiv vermarktet, die von Ölkonzernen unabhängig sind. Das sind auf der einen Seite die großen Supermarktketten wie Wal-Mart und Kroger, auf der anderen Seite kleine unabhängige Tankstellenbesitzer. Der Staat New York hat deshalb Exklusivverträge verboten, mit denen Tankstellen an einen einzigen Mineralölkonzern gebunden werden.[14]

Etwa 6 der 237 Mio. Benzinfahrzeuge sind Flex-Fuel-Fahrzeuge (FFV), die zwischen Benzin und E85 wählen können, aber nur 1 % des Ethanols wird von ihnen verbraucht.

Boom ab 2004 und die Ernüchterung 2007

Das Energiegesetz von 2005 forderte eine Verdopplung der Ethanolproduktion auf 7,5 Mrd. Gallonen bis 2012. Das entspricht knapp 500.000 b/d Ethanol bzw. 330.000 b/d Benzin (4 % des Benzinkonsums). Dieses Ziel wird voraussichtlich schon 2008 erreicht (vgl. Tab. 8.2).

Die hohen Profitmargen bei der Ethanolproduktion haben 2005/2006 zu einem wahren Ethanolrausch bei Investoren geführt. Selbst der Microsoft-Gründer Bill Gates ließ es sich nicht nehmen, in innovative Ethanol-Unternehmen zu investieren.[15] Ein damals knappes Ethanolangebot und 2 Mrd. Dollar staatlicher Subventionen pro Jahr sorgten für eine sichere Geldanlage. Bei Kosten von 1 bis 1,5 $/g und 0,51 Dollar Subventionen sorgte ein Marktpreis über der 2 Dollar-Marke für die nötigen Anreize. In der Spitze erreichte der Ethanolpreis sogar 4,5 $/g gegenüber 3,5 $/g für fossiles Benzin. Im Laufe des Jahres 2007 fiel er allerdings bis auf 1,8 Dollar.

	Produktion (inkl. Importe)	in Benzinäquivalenten	in % der amerik. Kraftstoffnachfrage im Straßenverkehr 2007 (11,4 mb/d)
2001	1,7 Mrd. Gallonen	74.000 b/d	0,6 %
2006	5,5 Mrd. Gallonen	239.000 b/d	2,1 %
2007	7,3 Mrd. Gallonen	317.000 b/d	2,8 %
2008 (Schätzung)	**9,0 Mrd. Gallonen**	**391.000 b/d**	**3,4 %**
2010 (Prognose)	11 Mrd. Gallonen	480.000 b/d	4,2 %
2012 (Prognose)	13–14 Mrd. Gallonen	565.000–609.000 b/d	4,9–5,3 %
2022 Politisches Ziel	36 Mrd. Gallonen, davon 22 Mrd. mit neuen Verfahren	1.565.000 b/d	13,7 %

Tabelle 8.2 Entwicklung des amerikanischen Ethanolmarktes[16]

Seit 2007 bewegt sich der Ethanolmarkt wieder in normalen Bahnen. Das machte erstmals die Risiken der neuen Branche sichtbar:

▶   Die Kapitalkosten für den Bau einer Ethanolfabrik sind hoch. Sie lagen 2005/2006 zwischen 21.000 und 30.000 Dollar für eine Produktionskapazität von einem Barrel pro Tag.[17]

▶ Getreideethanol bewegt sich in einem komplizierten Marktumfeld. Da sind auf der einen Seite die stark schwankenden Benzinpreise und auf der anderen Seite die ebenso volatilen und seit 2007 steil steigenden Getreidepreise.

▶ Hinzu kommt die Unsicherheit, wie sich die Energieinputpreise (insbesondere Erdgas) entwickeln und wie lange die staatlichen Fördermaßnahmen laufen werden.

▶ Nicht zu vernachlässigen sind auch die typischen Risiken agrarischer Produkte (Missernten).

▶ Der Markt ist noch relativ klein und die Terminmärkte haben eine geringe Liquidität. Der Handel mit Maisethanol-Kontrakten an der CBOT in Chicago und mit Zuckerethanolkontrakten an der NYBOT in New York ist noch zu dünn, um größere Produzenten durch Terminverkäufe absichern zu können.

▶ Die ambivalente Rolle der Ölkonzerne als Partner und Konkurrenten der Ethanolhersteller macht langfristige Absatzprognosen schwierig.

Seit Frühjahr 2007 wird sogar eine Ethanolschwemme in den USA befürchtet, wenn es nicht gelingt, den Absatz über das von Washington angepeilte Ziel von 7,5 Mrd. Gallonen bis 2012 hinaus zu steigern. Die Kapazitäten werden sich von 2006 bis 2009 verdoppeln, wenn die geplanten Anlagen verwirklicht werden. Auch die Anbaufläche für Mais ist 2006/2007 massiv um 15 % auf 90 Mio. Acres ausgeweitet worden. Das entspricht der Gesamtfläche Deutschlands.[18] Für 2008 wird erwartet, dass Ethanol etwa 35 % der amerikanischen Maisernte konsumiert.[19]

Ende des Wachstums absehbar?

Ende 2007 wurden bereits 7,3 Mrd. Gallonen pro Tag hergestellt. Das sind umgerechnet 480.000 b/d Ethanol, die knapp 320.000 b/d fossiles Benzin ersetzen. 2008 werden an die 9 Mrd. Gallonen (587.000 b/d Ethanol) erwartet.[20] Dennoch sind die Prognosen vorsichtiger geworden:

1. Die erste „administrative" Wachstumswelle ist ausgelaufen: Der fossile Benzinzusatz MTBE musste in den Raffinerien durch Bioethanol ersetzt werden. Das hatte eine sichere Nachfrage von knapp 7 Mrd. Gallonen (450.000 b/d Ethanol oder 300.000 b/d Benzin) geschaffen. Die Umstellung ist jetzt abgeschlossen.

2. Der Ausbau der Infrastruktur zur Verteilung des Ethanols kommt nur schleppend voran. Das Tankstellennetz für Ethanol-Reinstoff (E85) bleibt außerhalb des Mittleren Westens sehr dünn. Auch der Bau von Ethanolpipelines braucht mehr Zeit als erwartet. Als 2007 die Dieselnachfrage in den USA leicht anstieg, war das vor allem eine Folge der boomenden Transportnachfrage für Ethanol, das per Schiene oder Tanklastwagen transportiert wird.[21] Wenn die Ethanolproduktion bis 2022

wie von Washington gewünscht auf 36 Mrd. Gallonen steigen sollte, würde die Dieselnachfrage deutlich steigen, falls das Transportproblem nicht gelöst wird.

3. Fast die gesamte PKW-Flotte mit Benzinmotoren kann maximal eine Ethanolbeimischung von 10 % tanken. Wenn man berücksichtigt, dass die Verfügbarkeit von Ethanol in manchen Landesteilen eingeschränkt ist, dürfte der Ethanolmarkt bei etwa 15 Mrd. Gallonen an eine technische Grenze stoßen. Der Marktanteil bliebe also deutlich unter 10 %. Noch ist unklar, ob die Automobilkonzerne tatsächlich eine größere Zahl von FFV-Modellen auf den Markt bringen werden. Aber selbst dann wird die Erneuerung der Fahrzeugflotte sehr langsam vor sich gehen.

4. Ethanol wird in der Öffentlichkeit immer kritischer gesehen. Umweltgruppen kritisieren die Umweltschäden und CO_2-Emissionen bei Produktion und Transport, religiöse Gruppen und Menschenrechtsorganisationen kritisieren die Verwendung von Nahrungsmitteln für die Kraftstofferzeugung. Mit Hinweis auf stark steigende Nahrungsmittelpreise, vor allem bei Mais, versuchen republikanisch regierte Bundesstaaten unter der Führung von Texas die Produktionsvorgaben für Ethanol außer Kraft zu setzen. Die Bundesbehörden werden in der zweiten Jahreshälfte 2008 entscheiden, ob für einzelne Bundesstaaten Ausnahmegenehmigungen erteilt werden.

5. Größere Mengen an Zellulose-Ethanol können realistischerweise nicht vor 2020 erwartet werden. Auch diese Kraftstoffe werden an die eben skizzierten infrastrukturellen und technischen Grenzen stoßen. Es ist daher höchst fraglich, ob bis 2022 um die 22 Mrd. Gallonen Zellulose-Ethanol bereitgestellt werden können.

6. Die Maispreise sind in den letzten zwei Jahren deutlich von etwas über 3 Dollar/Bushel auf über 7 Dollar/Bushel im Sommer 2008 gestiegen, auch wegen der wetterbedingten Ernteausfälle im Mittleren Westen. Dadurch sinkt die Rentabilität der Ethanolproduktion und kleinere Ethanolproduzenten werden aus dem Markt gedrängt.

7. Die Benzinnachfrage in den USA scheint 2008 zu fallen. Die Ethanolhersteller müssen also fossiles Benzin aus dem Markt verdrängen, um ihre wachsende Produktion unterzubringen. Bei sehr hohen Rohölpreisen ist das auch im Interesse der großen Ölkonzerne, die von der vergleichsweise billigen Ethanolbeimischung profitieren. Aber bei fallenden Ölpreisen dürfte der Widerstand der Ölkonzerne größer werden.

8.2.3   Deutschland: Biodiesel, Pflanzenöl und Getreideethanol

In Deutschland konnten Biokraftstoffe in wenigen Jahren beträchtliche Marktanteile erobern. Bioethanol, Biodiesel und Pflanzenöl erreichten 2005 einen Marktanteil von 3,6 %. Im Jahr 2007 lag er mit 4,29 Mio. Tonnen bei 7,0 %.[22] Die weitere Entwicklung ist jedoch unklar: Der Abbau der Steuervorteile zugunsten von Beimischungsquoten hat den Biodieselmarkt Ende 2007 einbrechen lassen und die geplante Erhöhung der Ethanolbeimischung wurde im Frühjahr 2008 überraschend ausgesetzt. Andererseits verbessert der steil steigende Rohölpreis die Konkurrenzposition der Biokraftstoffe.

Biodiesel

Die Idee, Pflanzenöle für Dieselmotoren einzusetzen, ist nicht neu. Schon Rudolph Diesel experimentierte mit Erdnussöl. Aber Pflanzenöle kamen im Verkehr über Nischenmärkte nicht hinaus und wurden zunächst vorwiegend bei der Wärme- und Stromerzeugung eingesetzt. Biodiesel für den Kraftstoffmarkt ist schon seit den 1980ern auf dem Markt, aber erst 10 Jahre später gelang der Durchbruch mit politischem Rückwind aus Berlin und Brüssel.

Der deutsche Biodieselboom begann erst vor wenigen Jahren. Noch 1992 lag die Produktion bei vernachlässigbaren 5.000 Tonnen pro Jahr. 1997 wurde die Marke von 100.000 t überschritten und bereits fünf Jahre später die Grenze von 1.000.000 t. Die heimische Produktionskapazität für Biodiesel lag Ende 2006 bei 3,9 Mrd. Liter (3,5 Mio. t/a) und Ende 2007 bei geschätzten 5,5 Mrd. Liter. Heimische Rohstoffe reichen aber nur für etwa 40 % dieser Kapazität.[23] Das deutsche Finanzministerium schätzt daher, dass rein rechnerisch etwa zwei Drittel der Rohstoffe für die deutschen Biodieselanlagen und alle Rohstoffe für den reinen Pflanzenöl-Kraftstoff importiert werden müssen (Stand 2007). Palmöl und Sojaöl erfüllen allerdings nicht den deutschen Standard für Biodiesel und dürfen dem Rapsöl deshalb nur beigemischt werden.[24]

Heute ist Deutschland der *weltweit mit Abstand wichtigste Produzent von Biodiesel.* In keinem anderen Land konnte er einen vergleichbaren Marktanteil erreichen. Im Jahr 2006 erreichten Biodiesel und reines Pflanzenöl erstmals einen zweistelligen *Marktanteil von 10,1 % am deutschen Dieselmarkt, im September 2007 waren es sogar 11,9 %* bevor der Markt einbrach.[25]

Biodiesel wird in Deutschland vorwiegend aus Raps hergestellt. In Ölmühlen wird den Rapspflanzen das Öl entzogen, das dann in Biodieselanlagen zum Dieselkraftstoff weiterverarbeitet wird. Dabei wird Pflanzenöl mit Hilfe von Methanol in Rapsmethylester (RME), also Biodiesel verwandelt. Wegen der vergleichsweise hohen Kosten und begrenzten Anbauflächen steigen Importe von Pflanzenöl.

Die Technik gilt als ausgereift und ist auf eine ganze Reihe von Pflanzenölen anwend-
bar, die von der in Indien und Afrika auf kargen Böden wachsenden Jatropha-Pflanze
(Purgiernuss) über Palmöl (Malaysia, Indonesien) und Sojabohnen (USA) bis zum Raps
(Deutschland) und zur Sonnenblume (Europa) reicht. Biodiesel kann im Gegensatz zu
Bioethanol problemlos in den bestehenden Pipelinenetzen transportiert werden.

Viele Fahrzeuge können sowohl Biodiesel als auch konventionellen Diesel tanken.
Wichtige Abnehmer waren Flottenbetreiber im Transportgewerbe (Busse, LKW-
Speditionen), die bis 2007 etwa 50 % der Mengen abnahmen, sowie die Mineralölkonzerne, die Biodiesel als Beimischung einsetzen müssen (etwa 40 %). Der Rest wurde bis
2007 als Reinkraftstoff über Tankstellen an PKW oder in der Landwirtschaft vertrie-
ben.

Der steile Anstieg der letzten Jahre war auf die *steuerliche* Begünstigung gegenüber Mineralöl zurückzuführen. Auch für die kommenden Jahre war zunächst ein deutliches
Wachstum der Branche erwartet worden, aber ein knappes, teures Angebot und die seit
Sommer 2006 stufenweise ansteigende Besteuerung von Biodiesel haben die Entwicklung erst einmal blockiert (s.u.).

Bioethanol[26]

Deutschland ist das Zentrum für die Ethanolproduktion aus Zuckerrüben. Der Hektarertrag ist höher als bei Getreide, allerdings sind die Kosten bedeutend höher als z.B.
beim brasilianischen Zuckerrohr.

Reines Bioethanol (E85 mit einem Volumenanteil des Biokraftstoffes von 70–90 %)
konnte Ende 2007 in Deutschland nur an 100 öffentlichen Tankstellen getankt werden
und machte etwa 1 % der abgesetzten Ethanolmengen aus.

Bioethanol wird in Deutschland in Form von ETBE beigemischt, das zu 45 % aus
Ethanol und zu 55 % aus fossilem Isobuten besteht. ETBE kann ebenso wie sein rein
fossiles Pendant MTBE die Qualität des Treibstoffs verbessern. Die Mineralölkonzerne
erfüllen daher ihre Ethanolquote vor allem durch die Beimischung von ETBE.

Hauptprobleme sind die steigenden Kosten der pflanzlichen Rohstoffe und der Prozessenergie sowie politische Unsicherheiten. Das gilt vor allem seit dem Frühjahr 2008,
als die Bundesregierung überraschend einen Stopp ihrer Ausbaupläne ankündigte. Die
Beimischungsquote soll nicht wie geplant von 5 % auf 10 % angehoben werden, sondern bei 5 % verharren. Automobilverbände hatten Befürchtungen geäußert, dass an
etwa 3 Mio. älteren Fahrzeugen technische Schäden durch hohe Ethanolanteile nicht
ausgeschlossen werden könnten. Diese Fahrzeuge müssten auf etwas teurere Kraftstof-

fe („Super Plus") ausweichen. Mit dieser finanziellen Mehrbelastung wurde der Stopp der deutschen Bioethanolpolitik begründet.

Pflanzenöl in Deutschland

Auch reines Pflanzenöl, das nicht zu Biodiesel weiterverarbeitet, sondern direkt als Kraftstoff verwendet wird, kann auf eine lange Entwicklung zurückblicken. Aber der Markt beschränkt sich bislang auf LKW-Speditionen, die Landwirtschaft und das Baugewerbe, während der PKW-Markt kaum erreicht wurde.

In Deutschland wird Pflanzenölkraftstoff ebenso wie Biodiesel vor allem aus Rapssaaten gewonnen. Obwohl es auf der Kostenseite attraktiv sein kann, erzeugt es doch immer wieder technische Probleme bei modernen Dieselmotoren und ist mit Umrüstungskosten verbunden. Der Markt scheint zu klein, um die Einführung angepasster Motoren zu ermöglichen.

Pflanzenöl bleibt steuerlich begünstigt und wird deshalb wohl weiter in seinen Nischenmärkten erfolgreich bleiben.

Exkurs: Biogas

Biogas ist eine Alternative zu fossilem Erdgas und kann überall dort eingesetzt werden, wo Erdgas Verwendung findet, also auch in Erdgasfahrzeugen. In einigen Ländern der Welt gibt es davon bereits eine größere Anzahl, während sie in Deutschland und den USA nur eine kleine Marktnische bilden.

Die Biogastechnologie ist weitgehend ausgereift. Sie kann ein großes Potenzial nachwachsender Biomasse sowie organische Reststoffe und Abfallstoffe nutzen. Dieses Material wird anaerob vergoren. Es entstehen Methan (reines Erdgas), Kohlendioxid und Spuren anderer Gase. Das ist im Prinzip derselbe Vorgang, der auch im Magen und Darm einer Kuh abläuft. Es ist ohne weiteres möglich, Biogas in das vorhandene Erdgas-Pipelinenetz dezentral einzuspeisen. Eine Weiterverarbeitung zu flüssigem Kraftstoff könnte auch in zentralen GTL-Anlagen erfolgen (vgl. Kap 9).

Allerdings ist es aufgrund des deutschen EEG-Gesetzes interessanter, Biogas zu verstromen. Biogas-Anlagen hatten 2007 eine Kapazität von 1300 MW, was einem großen Atomkraftwerk entspricht. In Deutschland sind über 3000 Biogasanlagen in Betrieb. Sie verwenden die Erträge von etwa 400.000 ha Ackerland. Der größte Teil des europäischen Biogases stammt allerdings nicht aus der Landwirtschaft, sondern aus Mülldeponien und Kläranlagen.

Krise seit 2007

Die europäische Biodieselbranche wird seit 2003 durch Steuererleichterungen und Beimischungspflichten stark gefördert. Im Jahr 2007 wurden weltweit etwa 9 Mio. Tonnen Biodiesel produziert, davon 5 Millionen in Europa. In Deutschland steigt die vorgeschriebene Quote der Biodieselbeimischung im Januar 2009 von 5 % auf 7 %.

Als 2006 die Profitmargen hoch und die Rohstoffkosten vergleichsweise niedrig waren, beschlossen Berlin und kurz darauf auch Paris eine Reduzierung der Steuerbegünstigung. Nur noch Reinkraftstoffe (E85, B100) und Kraftstoffe der zweiten Generation (BTL, Zellulose-Ethanol) werden steuerlich gefördert, während vermischte Biokraftstoffe durch eine Mindest-Beimischungsquote geschützt werden, aber dafür die Steuerbefreiung verlieren. Konventionelle Biokraftstoffe (Biodiesel/Bioethanol) werden also bis zur Beimischungsquote voll besteuert.

Wie die amerikanische Ethanolbranche, so geriet auch die europäische Biodieselbranche 2007 in eine Krise, die von Überkapazitäten, steigenden Kosten, billigen Importen und nachlassender politischer Unterstützung geprägt war. Im Laufe des Jahres hatten sich die Rapspreise verdoppelt, so dass er kaum noch mit fossilem Diesel konkurrieren konnte.

Anfang 2008 brach daraufhin der Absatz reinen Biodiesels in Deutschland *um zwei Drittel* ein. Das galt für den Tankstellenverkauf wie auch für die Verwendung bei großen Flottenbetreibern. So blieb neben dem Export nur der Beimischungsmarkt.[27] Daher wird es mittelständischen Biokraftstoffanbietern schwer fallen, eigene Distributionskanäle aufzubauen. Das Vermarktungsmonopol bleibt bei den Mineralölkonzernen, die je nach strategischer Ausrichtung, Preiserwartung und Raffineriestruktur die Entwicklung der Biokraftstoffe bremsen oder fördern werden.

Erfahrungen anderer Länder wie Brasilien, USA und Südafrika zeigen jedoch, dass die Einführung neuer Kraftstoffe nur auf der Grundlage langfristig angelegter politischer Programme *und* stabiler Produktions- und Vertriebskanäle gelingen kann.

Potenzial

Deutschland hat eine Fläche von 35,7 Mio. ha, wovon 12 Mio. ha als Ackerflächen genutzt werden. Die Anbaufläche für nachwachsende Rohstoffe stieg von 0,4 Mio. ha (1997) auf mehr als 2 Mio. ha (2007). Sie nutzen also 17 % der Ackerfläche. Der größte Teil entfällt auf den Rapsanbau für Biodiesel und Pflanzenöl (1,1 Mio. ha) und auf den Anbau von Pflanzen für Biogas (0,4 Mio. ha). Für die Gewinnung von Bioethanol wurden 2007 nur etwa 0,25 Mio. ha verwendet.

Auch die Importe stiegen deutlich an: 2006 wurden 0,6 Mio. t Biodiesel und 0,67 Mio. t Pflanzenöl für Biodiesel eingeführt. Das sind 25 % bzw. 67 % der deutschen Produktion. Die Biodieselbranche hängt also schon heute stark von Importen ab.[28]

Der Fachverband Nachwachsende Rohstoffe (FNR) schätzt, dass in Deutschland 2030 bis zu 4 Millionen Hektar für den Anbau nachwachsender Rohstoffe zur Verfügung stehen können, ohne die Nahrungsmittelproduktion oder den Naturschutz einschränken zu müssen. Die bereits genutzte Fläche könnte also verdoppelt werden.[29]

Eine Selbstversorgung des deutschen Straßenverkehrs durch Biokraftstoffe ist beim heutigen Stand der Technik nicht möglich. Für den gesamten Dieselbedarf wären 26 Mio. ha nötig, für das Benzin weitere 18 Mio. ha. Das ergäbe zusammen 44 Mio. ha, also mehr als die Gesamtfläche Deutschlands bzw. mehr als die dreifache Ackerfläche.

Angesichts knapper Flächen ist die Flächenproduktivität unterschiedlicher Rohstoffe von großer Bedeutung. Laut FNR sind die in Tab. 8.3 genannten Hektarerträge möglich.

	Ertrag pro Hektar in Liter/a	Kraftstoff-Äquivalente	Feedstock
Rapsöl (reines Pflanzenöl)	1520 (Raps)	0,96 Liter Diesel ersetzen 1 Liter Rapsöl	Raps Sonnenblume
Biodiesel (RME)	1520 (Raps)	0,91 Liter Diesel ersetzen 1 Liter RME	Raps Sonnenblume
BTL (Fischer-Tropsch-Verfahren)	2020–3230 (Energiepflanzen)	0,93 Liter Diesel ersetzen 1 Liter BTL-Diesel	Fast jede Biomasse
Bioethanol	2000–3500 (Getreide) 6620 (Zuckerrüben)	0,65 Liter Benzin ersetzen 1 Liter Bioethanol	Getreide, Stroh, Mais, Kartoffeln, Zuckerrüben, Waldholz

Tabelle 8.3 Hektarerträge in Deutschland[30]

Der Vergleich offenbart ein Dilemma: Die erfolgreiche Biodieselbranche nutzt die Rohstoffe mit dem niedrigsten Hektarertrag, während die neuen, teuren Verfahren die höchsten Erträge aufweisen. Früher oder später müsste also ein Kurswechsel stattfinden, wenn das Flächenpotenzial optimal genutzt werden soll.

8.2.4   Bioethanol in China

China ist der drittgrößte Bioethanolproduzent nach den USA und Brasilien. Bioethanol (E10) wurde 2001 eingeführt und ist mittlerweile in 10 der 22 Provinzen eine Pflichtbeimischung. Im Jahr 2005 wurden schätzungsweise 30.000 b/d Bioethanol produziert,

davon drei Viertel aus Mais, der Rest aus Weizen und Zuckerhirse. 2006 wurden etwa
10 % der Maisernte (16 Mio. t von 146 Mio. t) für den Biokraftstoff verwendet.

Peking will die Verfügbarkeit von Ethanol steigern, um die Abhängigkeit von Rohölimporten zu verringern. Die Ziele waren bis vor kurzem ambitiös. Der Boom musste
jedoch Ende 2006 gebremst werden, um ein starkes Ansteigen der Nahrungsmittelpreise in ländlichen Gebieten zu verhindern. Eine Reihe kleinerer Ethanolanlagen wurde
stillgelegt. Bei steigenden Maispreisen und fallenden Ethanolpreisen waren sie nicht
mehr rentabel. Die Subventionen für Ethanolfabriken wurden 2006/2007 schrittweise
verringert. Der Ethanolexport wurde steuerlich unattraktiv gemacht, um das inländische
Angebot zu erhöhen.

Im neuen „Agricultural Biofuel Industry Plan (2007–2015)" wird geplant, bis 2010 eine
neue Rohstoffbasis aufzubauen, die nicht mit der Nahrungs- und Futtermittelversor-
gung kollidiert.[31] Die Favoriten der neuen Ethanolpolitik sind vor allem Cassava (Mani-
ok/Yuca) und Sweet Sorghum (Zuckerhirse). Eine erste Cassava-Ethanolanlage mit
einer Kapazität von jährlich 200.000 t soll 2008 die Produktion aufnehmen.

Biodiesel hat demgegenüber eine weitaus geringere Bedeutung als Bioethanol. China
erntet zwar 30 % des weltweiten Raps auf 7 Mio. ha (das Tal des Jangtse ist das größte
zusammenhängende Rapsanbaugebiet der Welt), produziert aber nur etwa 100.000 t
Biodiesel.

8.2.5   Die zweite Generation: Zellulose-Ethanol

Bioethanol aus Lignozellulose (Zellulose-Ethanol) ist der potenziell wichtigste Biokraftstoff der Zukunft. Es können bislang kaum genutzte Pflanzenteile verwendet werden,
darunter auch Stroh, Holz, Gräser, Rest- und Abfallprodukte, die einen hohen Zellulo-
se-Anteil aufweisen. Der Vorteil besteht unter anderem darin, dass keine Konkurrenz
zur Produktion von Nahrungsmitteln bestehen müsste. Es werden Anbauflächen interessant, die für die Landwirtschaft zu unergiebig sind, aber für optimierte Pflanzen
(*energy crops*) noch ausreichen. Da sie kaum Dünger, Wasser oder Pestizide benötigen,
wäre ihre Energie- und CO_2-Bilanz weitaus besser als bei der konventionellen, energieintensiven Herstellung von Ethanol aus Getreide.

Schon seit mehreren Jahrzehnten wird nach Wegen gesucht, diese breite Rohstoffpalet-
te zu vertretbaren Kosten zu nutzen. Der Forschungsaufwand wird auch in Zukunft
sehr hoch bleiben. Grundsätzlich stehen zwei Wege zur Verfügung:

▶   Der biotechnische Ansatz (Zellulose-Ethanol) mit Enzymen, die in der Lage sind,
    die Zellulose aufzubrechen (dieses Kapitel).

▶ Der thermochemische Ansatz des Biomass-to-Liquids (BTL), der zunächst ein Synthesegas produziert, aus dem dann fast beliebige Kraftstoffe gewonnen werden können (siehe nächstes Kapitel).

Rohstoffbasis

Es ist eine Ironie der Geschichte: Das heute als Energiepflanze der Zukunft gepriesene Switchgrass (Rutenhirse) bedeckte einmal einen großen Teil des Ostens Nordamerikas von der Golfküste bis nach Kanada. Dieses Präriegras wurde zugunsten des Anbaus von Nahrungsmitteln zurückgedrängt und hat heute nur noch die Aufgabe, die Bodenerosion auf schlechteren Böden zu verhindern.

Der Hektarertrag dieser schnell wachsenden, holzigen Gräser wäre erstaunlich hoch. Die kanadische Firma Iogen (Kanada), die eine Pilotanlage für Zellulose-Ethanol betreibt, rechnet damit, dass der Ertrag durch laufende Verbesserungen bei den Pflanzen und der Verarbeitungstechnik von heute 3800 Liter/ha bis auf 9500 Liter/ha gesteigert werden kann.[32] Solche Spitzenwerte lägen weit über den heute erzielten Erträgen bei konventionellem Maisethanol. Nur die besten brasilianischen Zuckerrohrflächen erreichen ähnliche Werte.

Aber auch ohne Energiepflanzen wäre die bereits heute verwertbare Biomasse sehr umfangreich, wenn man z.B. Getreidestroh nutzt. Ausgehend von einem Verhältnis von 1:1 für Getreide und Stroh kommen Iogen/FAOSTAT auf die in Tabelle 8.4 aufgeführte Rohstoffbasis. Zusammen haben die genannten neun Regionen ein Potenzial von jährlich über 2 Milliarden Tonnen Stroh.

Zellulose-Rohstoffe in Millionen Tonnen	Weizenstroh	sonstiges Getreidestroh	Zuckerrohrstroh	Reisstroh
USA	59	317	28	
Mexiko	3	22	45	
Brasilien			411	
EU	112	105		
Osteuropa	38	56		
Russland	42	38		
China	91	141	93	187
Thailand			64	25
Indien	72		245	124

Tabelle 8.4 Rohstoffbasis für Zellulose-Ethanol aus Stroh[33]

Produktion

Trotz der potenziellen Bedeutung investieren nur wenige Firmen in diese neue Technologie. Es gibt weltweit nur eine Handvoll Pilotanlagen, aber noch keine kommerzielle
Produktion. Etwa ein Dutzend Firmen ist derzeit in den USA damit beschäftigt, Anlagen zu errichten:[34]

▸ Die kanadische Biotech-Firma Iogen zählt Shell und die Investmentbank Goldman
  Sachs zu ihren Eigentümern. Sie verfügt über die größte Pilotanlage und plant den
  Bau einer kommerziellen Anlage in Idaho. Sie soll Zellulose-Ethanol für
  1,35 Dollar je Gallone (etwa 28 Eurocent/Liter) produzieren. Das läge deutlich unter den aktuellen amerikanischen Benzinpreisen von 3,5 $/g.

▸ Die US-Firma Range Fuels baut in Georgia die nach eigenen Angaben erste kommerzielle Zellulose-Ethanolfabrik der Welt. In der ersten Stufe sollen 2008 etwa
  1300 b/d aus Holz und Holzabfällen produziert werden, drei Jahre später sollen es
  6500 b/d sein. Range Fuels ist eine der sechs Firmen, die vom US-
  Energieministerium beim Bau von kommerziell arbeitenden Zelluloseanlagen unterstützt werden.[35]

▸ Der US-Agrarriese ADM, der größte US-Produzent von Mais-Ethanol, plant mit
  neuen Verfahren die Nutzung größerer Teile der Maispflanzen.

▸ Abengoa Bioenergy will in Zusammenarbeit mit Cargill eine Pilotanlage in Spanien
  in Betrieb nehmen, die Ethanol aus großen Teilen der Weizen- und Maisstängel erzeugen kann. Abengoa ist der größte europäische Ethanolproduzent.

▸ Der Chemiekonzern DuPont plant den Bau einer Bioraffinerie, die viele der bislang ungenutzten Teile der Maispflanzen wie Blätter und Stängel verarbeitet. Du-
  Pont hofft dadurch, den Ethanolertrag eines Maisfeldes zu verdoppeln. Die Anlage
  soll 2010 in Betrieb genommen werden.

Politische Förderung

Die stark subventionierte Maislobby in den USA stand den innovativen Zellulose-
Verfahren zunächst abwehrend gegenüber. Aber es ist bereits absehbar, dass bei zu-
nehmenden Engpässen in der Erdgasversorgung und steigenden Rohölpreisen die
Nachfrage nach Ethanol das Angebot überschreiten wird.

Eine breite Lobby unterstützt Zellulose-Ethanol: Energiepolitiker, Umweltschützer,
Militärs sowie die einflussreichen Jäger-Verbände, die in Switchgrass-Habitaten bessere
Jagdmöglichkeiten sehen als in Maisfeldern. Auch die Autobauer, insbesondere GM,
unterstützen den Trend und hoffen, mit E85-Fahrzeugen der japanischen Hybrid- und

der deutschen Dieselkonkurrenz einen eigenen technologischen Pfad entgegenhalten zu können.

Die integrierte Bioraffinerie

Produktionstechnisch ermöglichen die neuen Verfahren den Bau einer integrierten *Bioraffinerie*, die alle Verfahren der 1. und 2. Ethanolgeneration unter einem Dach vereinigt. Fast alle Sorten von Biomasse aus Städten (Abfall), Landwirtschaft und Forstwirtschaft können hier verarbeitet werden. Je nach Biomasse kann der Zucker direkt extrahiert, aus Stärke fermentiert (1. Generation) oder mit den neuen enzymatischen Verfahren aus der Zellulose extrahiert werden (2. Generation).

Die notwendige Prozesswärme könnte durch Verbrennung der nicht für Ethanol geeigneten Pflanzenteile erzeugt werden, ähnlich der Bagasse-Nutzung in Brasilien. Die Energie- und Umweltbilanz wäre also hervorragend.

Der Output könnte flexibel den Marktanforderdernissen angepasst werden: Kraftstoffe, Wärme oder Feedstocks aller Art, die bislang in petrochemischen Anlagen gewonnen wurden. Die Bioraffinerie könnte zum flexiblen Nukleus einer nichtfossilen Rohstoff- und Energieversorgung werden.

Probleme und Potenziale

Die Enzymtechnik ermöglicht die Extrahierung von Stärke bzw. Zucker aus Korn und Frucht schon heute, wenn auch nur zu hohen Kosten. Zellulose ist jedoch für Enzyme ungleich „schwerer verdaulich". Ein zentrales Hindernis sind die enorm hohen Kosten für die Herstellung der speziellen Enzyme, die den Zucker aus der harten Zellulose lösen können. Ihre Bereitstellung kostete für die Herstellung eines Barrels Ethanol vor fünf Jahren noch über 200 \$/b. Mittlerweile sollen sie auf deutlich unter 50 \$/b gefallen sein. Optimistische Szenarien gehen davon aus, dass weitere Forschungen die Kosten noch einmal deutlich senken werden.36

Ein weiteres Investitionshindernis ist die Infrastruktur. Mais- und Zuckerrohr-Ethanol kann bei der Sammlung der Biomasse auf die vorhandene Infrastruktur zurückgreifen, während für Zellulose-Ethanol eine neue Infrastruktur geschaffen werden müsste.

Bis heute gibt es keine kommerzielle Produktion von Ethanol aus Lignozellulose. Alle Produktionsschritte von der aufwendigen Vorbehandlung der Biomasse bis zur Enzymherstellung und Ertragsoptimierung müssen weiterentwickelt und großtechnisch erprobt werden. Schon vor 10 Jahren wähnte man sich kurz vor dem kommerziellen Durchbruch. Doch immer wieder tauchten Probleme auf. Manche halten es auch langfristig für unwahrscheinlich, dass Zellulose-Ethanol zu akzeptablen Preisen hergestellt werden kann.[37] Die kommerzielle Grenze kann aber parallel zu den weiter nach oben kletternden Rohölpreisen verschoben werden und dürfte bald in Sichtweite sein.

Die Optimisten setzen auf die Welle aus Regierungsgeldern und Risikokapital sowie den steigenden Ölpreis. Switchgrass steht pflanzentechnisch gegenüber Mais erst am Anfang seiner Entwicklung. Durch Züchtung und genetische Manipulationen werden sich die Erträge voraussichtlich noch deutlich steigern lassen. Auch die Produktionstechnik steht bei manchen Verfahrensschritten noch am Anfang.

Über die Produktionskosten in einer kommerziellen Anlage lassen sich nur grobe Schätzungen anstellen. Sie liegen aber wohl noch deutlich über 100 $/b Ethanol, was wegen des geringeren Energiegehalts einem Preis von über 150 $/b Benzin entspricht. Eine Studie sieht die Kosten bei etwa 160 $/b.[38] Dieses Preisniveau wurde im Frühjahr 2008 an den amerikanischen Tankstellen bereits erreicht.

Wenn Zellulose-Ethanol einen relevanten Beitrag zur Kraftstoffversorgung liefern soll, sind die Produktionskosten nur *eine* Hürde. Die schwierigere Hürde dürfte der rasche Aufbau der enormen Infrastruktur sein, die für die Sammlung, Aufbereitung und Umwandlung der Biomasse und die Distribution des Ethanols benötigt wird. Das Beispiel der Ölsandindustrie zeigt immer wieder, dass auch die Expansion profitabler, risikoarmer Branchen durch fehlende Komponenten, regionalen Arbeitskräftemangel oder ökologische Rahmenbedingungen verzögert wird.

Ebenso müssen unerwartete Nebenwirkungen des Anbaus beachtet werden: Die Widerstandsfähigkeit vieler Energiepflanzen hat auch eine Kehrseite, da sie sich unkrautartig gegen andere Pflanzen durchsetzen. Künstliche Monokulturen könnten daher die Vielfalt der Pflanzenwelt gefährden.

Wie schon bei den konventionellen Verfahren ist auch hier nicht ausgeschlossen, dass für die Energiepflanzen Flächen verwendet werden, die bislang für den Anbau von Nahrungsmitteln vorgesehen waren, oder es werden neue Flächen gerodet, was die Klimabilanz radikal verschlechtern würde. Letztlich entscheiden die Bauern und Agrarkonzerne darüber, welche Anbaustrategie sie angesichts schwankender Weltmarktpreise und knapper Flächen wählen. Ein abstrakter technischer Vergleich der Pflanzen sagt noch wenig über die Ökobilanz der tatsächlichen Produktion aus.

8.2.6   Die zweite Generation: Biomass-to-Liquids (BTL)

Das thermochemische Verfahren BTL gehört ebenso wie Zellulose-Ethanol zu den Hoffnungsträgern der Biokraftstofftechnologien.[39]

BTL-Prozesse laufen ähnlich ab wie CTL- und GTL-Verfahren, bei denen Kohle bzw. Gas in Kraftstoffe verwandelt werden. Zunächst wird die Biomasse aufwendig gereinigt und aufbereitet, anschließend bei sehr hohen Temperaturen in ein vielseitig verwendbares Synthesegas transformiert, das aus Kohlenmonoxid und Wasserstoff besteht, und wie bei GTL und CTL mit der Fischer-Tropsch-Synthese in das gewünschte flüssige Ölprodukt verwandelt wird, vor allem Diesel.

Sowohl die Vergasung von Biomasse als auch die Fischer-Tropsch-Synthese sind seit Jahrzehnten bekannt und ausgereift. Das Problem besteht in der Kombination der beiden Verfahren angesichts der komplexen Zusammensetzung von Biogas gegenüber dem viel reineren Erdgas. Es ist nach wie vor problematisch, das Synthesegas in der notwendigen Zusammensetzung herzustellen und dann in einem großtechnischen Verfahren einzusetzen.

Die extremen Kostenüberschreitungen und ständigen technischen Probleme der GTL- und CTL-Anlagen geben bereits einen Vorgeschmack auf die Herausforderungen, denen sich BTL gegenübersehen wird.

BTL hat ähnlich wie Zellulose-Ethanol gegenüber Biodiesel oder konventionell hergestelltem Bioethanol den großen Vorteil, dass es viele Arten von Biomasse verwerten kann. Dazu gehören spezielle Energy Crops (z.B. Switchgrass), Holzabfälle, Stroh und praktisch alle organischen Abfälle einschließlich Klärschlamm, Müll und Gartenabfälle.

Es besteht also weder bei den Flächen noch bei den Rohstoffen *notwendigerweise* eine Konkurrenz zur Nahrungsmittelproduktion. Außerdem können die Produkteigenschaften maßgeschneidert werden, was einen Vorteil gegenüber biotechnologischen Verfahren darstellt.

BTL-Diesel wird allerdings noch nicht großtechnisch erzeugt und die Kosten scheinen deutlich höher zu liegen als bei konventionellem Biodiesel. Da zwei Drittel der Produktionskosten auf die energetisch sehr aufwendige Aufbereitung und Vergasung der Biomasse entfallen, ist das Einsparpotenzial begrenzt. Der Nettoenergieertrag ist wegen der Prozesswärme und der komplizierten Verfahrensschritte weitaus geringer als z.B. bei Zuckerrohr-Ethanol.

Erste Anlagen der Firma Choren[40]

Wie Zellulose-Ethanol steht auch BTL noch am Anfang der Entwicklung. Das am weitesten fortgeschrittene Verfahren wird derzeit in Deutschland getestet. In Freiberg wird von der Firma Choren, an der Shell eine Minderheitsbeteiligung hält, die weltweit erste kommerzielle Anlage zur Herstellung von BTL-Kraftstoff fertig gestellt. Sie wird im Laufe des Jahres 2008 ihre Produktion aufnehmen. Die Jahreskapazität dieser Pilotanlage beträgt 15.000 t Biokraftstoff der 2. Generation (etwa 350 b/d). Aus 5 Tonnen Biomasse könnte in solchen Anlagen 1 Tonne BTL-Diesel produziert werden.[41]

Die erste größere Anlage soll für eine Investitionssumme von 800 Mio. Euro erst im Jahr 2013 in Schwedt nahe der deutsch-polnischen Grenze den Betrieb aufnehmen. Die Kapazität im Endausbau soll dann bei 250 Mio Liter liegen (etwa 4.300 b/d).[42] Das entspricht etwa 0,7 % des deutschen Dieselbedarfs.

Die kleinere Anlage soll nach Firmenangaben in der Lage sein, hochwertigen BTL-Dieselkraftstoff für 1 Euro pro Liter zu erzeugen. Das entspricht einem Preis von etwa 240 Dollar für einen Barrel Diesel, was fast doppelt so hoch wie der Rotterdamer Spotpreis wäre (umgerechnet 140 $/b im August 2008). Die große Anlage soll bereits für 0,60 Euro/Liter produzieren können, was in etwa dem Marktpreis entspricht.[43]

8.2.7   Dieselkraftstoff aus Algen

Spezielle Algentypen können vergleichsweise sehr hohe Kraftstofferträge pro Hektar erbringen. Shell und HR Biopetroleum sprechen von einem 15 Mal höheren Ertrag pro Hektar gegenüber Rapsdiesel.

Die Probleme liegen vor allem bei der Züchtung, da es in offenen Tanks oder Teichen noch nicht gelingt, die geeigneten Algenarten – und nicht schneller wachsende, aber nutzlose Arten – gezielt zu vermehren. Geschlossene Systeme („Bioreaktoren") sind hingegen teurer. Dafür könnten sie aber neben CO_2-emittierenden Anlagen eingesetzt werden.

Die Kosten großer Anlagen können derzeit noch nicht geschätzt werden. Neben kleineren Demonstrationsanlagen ist noch keine größere technische Anwendung geplant.[44]

8.3   Globale Daten

8.3.1   Die Weltproduktion von Biokraftstoffen: Der aktuelle Stand

Die vorhandenen Quellen lassen nur einen groben Überblick über die auf der Welt erzeugten Biokraftstoffe zu. Die Daten über die Mengen und Kapazitäten sind stets unvollständig und für Regionen außerhalb der OECD und Brasiliens häufig unzuverlässig;[45] Immer wieder wird nicht deutlich zwischen Produktion und Kapazitäten unterschieden. Bei Mengenangaben in Barrel oder Tonnen ist oft unklar, ob sie bereits in Benzin/Diesel-Äquivalente umgerechnet wurden. Bei konventionellen Motoren ersetzen 3 Liter Ethanol nur 2 Liter Benzin; 10 Liter Biodiesel ersetzen 9 Liter fossilen Diesel. Biodiesel hat einen Energiewert von etwa 33,0 Megajoule/Liter, Bioethanol etwa 21,2 MJ/l, während fossiler Diesel 36,1 MJ/l und Benzin 33,5 MJ/l erreichen.

Auf der anderen Seite wird die Bedeutung der Biokraftstoffe *unter*schätzt. Aus 1 Tonne Rohöl entstehen je nach Ölqualität und Raffinerieanlage 0,2 bis 0,9 Tonnen Kraftstoffe. Energiepolitisch ist dieses Segment entscheidend, während die anderen Bestandteile, die z.b. in der Stromversorgung oder im Straßenbau Verwendung finden, strategisch weniger bedeutsam sind.

in b/d Kraftstoff-Äquivalenten		
	2006	Schätzung für 2008
BIOETHANOL		
WELT	587.000	
USA	230.000	391.000
Brasilien	196.000	241.000
China	43.000	
Indien	22.000	
Frankreich	13.000	
Deutschland	9.000	
Russland	9.000	
BIODIESEL		
WELT	135.000 b/d	
Deutschland	53.000 b/d (+23.000 b/d Pflanzenöl)	
Frankreich	16.000 b/d	
USA	15.000 b/d	
ALLE BIOKRAFTSTOFFE		
WELT	722.000	950.000

Tabelle 8.5 Globale Biokraftstoffproduktion 2006 und 2008[46]

Eine globale Übersicht (vgl. Tab. 8.5) ergibt für 2008 eine Kraftstoffmenge aus Biofuels, die 950.000 b/d Diesel bzw. Benzin ersetzt. Das entspricht 1,1 % der globalen Nachfrage nach Ölprodukten. Trotz der erheblichen politischen Anstrengungen in den USA, Brasilien und Europa ist es also noch nicht gelungen, die Rohölversorgung auf globaler Ebene nennenswert zu entlasten.

8.3.2 Prognosen

Jede langfristige Prognose zur Entwicklung der Biokraftstoffe ist mit großen Unsicherheiten verbunden:

1. Geplante Investitionsprojekte werden kurzfristig abgesagt oder angekündigt. Hier
    spielen Preiserwartungen die entscheidende Rolle. Da sich die Ölpreise wie auch
    die Preise für die Biomasse extrem schnell ändern, ist keine langfristige Investiti-
    onsplanung möglich.

2. Das politische Umfeld ist langfristig nicht vorhersehbar und Fördermaßnahmen
    laufen in der Regel nach wenigen Jahren aus. Das gilt für die USA ebenso wie für
    die Besteuerung von Biodiesel in Deutschland und die Zukunft der deutschen Bio-
    ethanolpolitik. In Brasilien ist zwar mit einem stabilen Umfeld zu rechnen, aber ein
    schwankender Zuckerpreis und eine Veränderung der Devisenkurse kann kurzfris-
    tig zu großen Veränderungen führen, weil die Produzenten immer die Wahl haben,
    Rohzucker oder Ethanol zu vermarkten. In Asien sind viele Plantagenprojekte
    noch in der Planungs- oder Bauphase. Auch hier bleibt abzuwarten, ob die hoch-
    gesteckten Erwartungen erfüllt werden.

3. Biokraftstoffe der ersten Generation (Biodiesel, Bioethanol) stehen in Konkurrenz
    zur Produktion von Nahrungs- und Futtermitteln. Steigende Nahrungsmittelpreise
    könnten schlagartig dazu führen, dass das politische Pendel umschlägt, wie sich
    schon 2007/2008 in Europa, den USA und einigen asiatischen Ländern abzeichne-
    te. Zum Beispiel haben sich die Palmölpreise im Jahr 2007 verdoppelt. Malaysia hat
    eine Beimischungspflicht für Diesel verschoben und wartet ab, bis die Preise wie-
    der auf ein innenpolitisch akzeptables Niveau gefallen sind. Palmöl ist das mit Ab-
    stand wichtigste Bratfett der Welt und wird auch in der Lebensmittelindustrie stark
    genutzt. Insgesamt wandern 93 % der Ernte (40 Mio. Tonnen) in diese Sektoren.
    Die asiatischen Länder wollen daher den Übergang zu neuen Rohstoffen beschleu-
    nigen. Statt Mais und Palmöl sollen Cassava, Sweet Sorghum und Jatropha geerntet
    werden.[47]

4. Biokraftstoffe der zweiten Generation könnten viele Probleme entschärfen, aber
    sie werden erst in wenigen Pilotanlagen produziert (siehe oben).

5. In Brasilien könnte sich die positive Entwicklung bei Zuckerrohrethanol fortset-
    zen. Die Produktionskosten sind nach wie vor gering, die Ernten steigen, die Infra-
    struktur wird ausgebaut und es gibt erhebliche Flächenreserven. Das Wachstum
    könnte aber durch die Branchenstruktur oder die Ölpolitik gebremst werden.

Trotz der methodischen Probleme haben EIA und IEA versucht, die zukünftige Herstellung von Biokraftstoffen zu prognostizieren. Vorhersagen, die über das Jahr 2010
hinausreichen, sind höchst unsicher, wie der unerwartete Trendbruch bei Ethanol Ende
2007 zeigte. Die EIA nimmt einfach eine konstante Steigerung an, die IEA geht von
einer Stagnation in allen Regionen außerhalb Brasiliens aus.

Die Tabelle 8.6 erfasst die Produktion von weltweit 1800 Biokraftstoffanlagen sowie die geplanten Erweiterungen und Neubauten. In der Zeitspanne *bis 2013 könnte Ethanol etwa ein Viertel* des *zusätzlichen* Bedarfs an Benzin abdecken, Biodiesel etwa 5 % des zusätzlichen Dieselbedarfs. Trotzdem bliebe der Marktanteil auch dann noch gering: Ethanol könnte 2013 etwa 5 % des globalen Benzinbedarfs abdecken, Biodiesel etwa 1 % des globalen Dieselbedarfs. Nach dieser Prognose könnten Biokraftstoffe 2013 also knapp 2 % der global benötigten Ölmengen liefern.

in 1000 b/d Biokraftstoff	**WELT**	USA	Brasilien	Europa (OECD)	davon Dtl.	Asien ohne China	China
2006	**851**	333	293	134	81	30	33
2007	**1055**	452	314	151	64	51	42
2008	**1352**	572	366	226	75	69	51
2009	**1693**	742	419	277	78	85	74
2010	**1796**	799	464	279	81	89	81
2011	**1842**	799	510	279	81	89	81
2012	**1892**	799	561	279	81	89	81
2013	**1948**	799	617	279	81	89	81
Anm: Es handelt sich um die addierten Mengen von Bioethanol und Biodiesel, also nicht um Benzin- oder Dieseläquivalente (vgl. Tab. 8.5)							

Tabelle 8.6 Biokraftstoffproduktion 2006–2013[48]

8.3.3   Potenzialschätzungen

Schätzung der IEA

Die IEA schätzt, dass *2006 etwa 14 Mio. ha für die Produktion von Biofuels verwendet wurden. Das sind 1 % der globalen Anbauflächen.* Darauf wurde wie erwähnt knapp 1 % des globalen Ölangebots erzeugt.

Angesichts knapper freier Flächen mit ausreichender Wasserversorgung hält die IEA einen großflächigen Anbau der heute verwendeten Biokraftstoffe für unrealistisch. Ein Durchbruch könnte erst mit den Biokraftstoffen der 2. Generation gelingen.[49]

Wie hoch wäre das globale Potenzial? Maximalschätzungen[50] gehen davon aus, dass noch 1–2 Mrd. ha Anbau- oder Weideflächen zur Verfügung stehen, die nicht für die Nahrungsmittelproduktion erforderlich sind. Weitere 1,7 Mrd. ha sind marginale Flächen, die zum Teil für anspruchslose Energiepflanzen geeignet wären. Addiert man land- und forstwirtschaftliche Rest- und Abfallstoffe kommt man bei einer sehr effizienten Nutzung auf *theoretisch* mögliche Erträge von 6,0–11,9 Mrd. Tonnen Ölprodukten. Der aktuelle globale Ölkonsum liegt bei 3,9 Mrd. Tonnen. Selbst wenn man nur

halbwegs realistische Annahmen einfließen lässt, wird deutlich, dass die gesamten verfügbaren Anbauflächen nicht ausreichen, um die Erdbevölkerung gleichzeitig mit Nah-
rung und Ölprodukten zu versorgen.

Die Tab. 8.7 gibt einen Überblick über die Ernteerträge pro Hektar und die Gesamtern-
temengen. Es zeigen sich deutliche Unterschiede: Die Hektarerträge von Zuckerrohr
sind mehr als viermal so hoch wie bei Raps, fast dreimal so hoch wie bei europäischem
Getreide und mehr als doppelt so hoch wie bei amerikanischem Mais. Die vergleichsweise niedrigen europäischen und amerikanischen Erträge könnten jedoch mit neuen
Verfahren wie Zellulose-Ethanol oder BTL-Diesel deutlich erhöht werden.

Um 1 mb/d aus Biokraftstoffen bereitzustellen, müssten also 13 Mio. ha Zuckerrohr
gepflanzt werden oder 29 Mio. ha Mais oder 54 Mio. ha Raps. Wollte man die gesamte
Ölversorgung (86 mb/d) auf diese Weise erzeugen, wären also zwischen 1,1 Mrd. und
4,6 Mrd. ha notwendig. Das ist natürlich eine Rechnung im luftleeren Raum, da der
Nettoenergieertrag deutlich niedriger wäre, aber die Zahlen vermitteln ein Gefühl über
die Größenordnungen. Trotzdem zum Vergleich: Die weltweit genutzten Agrarflächen
liegen bei etwa 1,5 Mrd. ha. Die gesamten Ackerflächen Deutschlands liegen bei
14 Mio. ha.

Ein Konflikt mit der Nahrungsmittelproduktion wäre also hierzulande und weltweit
vorprogrammiert, sobald mit den heutigen Methoden ein größerer Teil des Ölmarktes
durch Biokraftstoffe bereitgestellt werden soll.

	Welternte in Mio. t	Ertrag (Ethanol oder Biodiesel) in Liter je Hektar	Ertrag in Diesel- oder Benzin-Äquivalenten in Liter je Hektar
Weizen	593	2500 (EU)	1650
Zuckerrohr	1169	6800 (Brasilien)	4490
Zuckerrüben	213	5000 (EU)	3300
Mais	693	3000 (US)	1980
Sojabohnen	229	700 (Brasilien)	630
Palmöl	39	2500 (Südostasien)	2250
Raps	47	1200 (EU)	1080
Ligno-Zellulose-Ethanol		4300	2840
BTL-Diesel		3000	3000

Tabelle 8.7 Erträge verschiedener Biokraftstofftypen[51]

Potenzial für amerikanisches Zellulose-Ethanol[52]

In einer Studie wurde untersucht, ob die USA 30 % ihres Benzinkonsums, also etwa
3,4 mb/d fossiles Benzin, durch Zellulose-Ethanol ersetzen könnte. Dazu wären etwa

1 Mrd. Tonnen Biomasse (trocken) pro Jahr nötig. Die staatlichen Agrarbehörden halten das für möglich, selbst wenn die Nahrungs- und Futtermittelproduktion und die Exporte unverändert bleiben. Sie errechneten die folgenden theoretischen Potenziale:

▶ Forstwirtschaftliches Potenzial (inkl. Holzabfälle): 370 Mio. Tonnen/Jahr (mt/a).

▶ Landwirtschaftliches Potenzial ohne spezielle Energiepflanzen: 400–600 mt/a.

▶ Landwirtschaftliches Potenzial mit Energiepflanzen: 600–1000 mt/a.

▶ Davon Getreideethanol: 53–97 mt/a.

Um in diesem Szenario mit Zellulose-Ethanol 1 mb/d fossiles Benzin zu ersetzen, wäre eine Anbaufläche zwischen 92.000 und 368.000 Quadratkilometer nötig.

Das wären 3–12 % des amerikanischen Anbau- und Weidelandes. Auch die USA wären also nicht in der Lage, bei einem Ölbedarf von 20 mb/d mit modernen Biokraftstoffen autark zu werden.

Schätzung von Strahan/Wood

Strahan, der sich seinerseits auf Studien von Wood bezieht, hat sich bei seiner Schätzung auf brasilianisches Zuckerrohr konzentriert.[53]

Brasilien verfügt nach Regierungsangaben über 90 Mio. ha freie Flächen, die für den Zuckerrohranbau genutzt werden könnten, ohne den Regenwald anzutasten. Bei einem durchschnittlichen Ertrag von 5639 Liter Ethanol auf einem Hektar, wie sie im Jahr 2004 auf den bereits bepflanzten 2,66 Mio. ha erzielt wurden, ließen sich *9 mb/d Ethanol pro Tag gewinnen, die 6 mb/d Benzin ersetzen*. Das entspricht immerhin *20 % der Weltnachfrage nach Kraftstoffen für den Straßenverkehr* (Benzin und Diesel) oder 7 % der gesamten Weltölnachfrage.

Zusätzliche große Gebiete mit ausreichender Wasserversorgung stehen z.B. auch in Angola, Mozambique und Tansania zur Verfügung. Rein rechnerisch sind das zusätzliche 150 Mio. ha.

Bei Biodiesel sind die Potenziale, so Strahan weiter, mindestens genauso groß wie bei Zuckerrohr, wenn Jatropha angebaut wird, das auf schlechten Böden mit wenig Wasser und wenig Dünger gedeiht. In Indien wird das bereits auf mehreren Tausend Hektar durchgeführt. Die indische Regierung spricht von 40 Mio. ha, die bislang ungenutzt und verfügbar sind. Auch Madagaskar verfügt über große geeignete Flächen.

Strahan errechnete, dass für die weltweite Dieselnachfrage etwa 360 Mio. ha nötig wären, wenn man von einer Nachfrage von 971 Mio t und einem Hektarertrag von 2700 Liter pro Jahr für Jatropha ausgehe.

8.4 Kosten, Umwelt- und Klimabilanz

8.4.1 Kostenvergleich

Diverse Studien haben die Kosten von Biokraftstoffen der 1. und 2. Generation in Deutschland untersucht.[54] Sie kommen zu dem Ergebnis, dass sie auch bei hohen Erdölpreisen nur dann konkurrenzfähig sein können, wenn sie steuerlich begünstigt werden oder wenn eine Beimischung gesetzlich vorgeschrieben wird. Selbst dann besteht die Gefahr, dass aus heimischer Biomasse gewonnener Kraftstoff gegenüber importierten Biokraftstoffen Marktanteile verlieren wird.

Allerdings ist jede Kostenschätzung schon in dem Moment überholt, in dem sie publiziert wird. Nicht nur die Erdölpreise, auch die Preise für Mais, Palmöl und Raps schwanken extrem und sind in den letzten zwei Jahren stark gestiegen. Die Kosten hängen vor allem vom Rohstoff, vom Standort und von den Energiekosten (meist Erdgas) ab. Jede Publikation kommt zu anderen Ergebnissen, selbst wenn der Zeitpunkt der Veröffentlichung nur wenige Monate auseinander liegt.[55] Das spiegelt den schwierigen Zugang zu verlässlichen Daten, volatile Produktionskosten und unterschiedliche Erhebungsmethoden wider.[56]

Die Momentaufnahme der Tabelle 8.8 ist aus dem Jahr 2007. Sollten die Preise für Biomasse und Prozessenergie (Erdgas, Kohle) weiter steigen, müssten die dort erwähnten Werte allerdings schon wieder angehoben werden.

	Dollar/Liter in Kraftstoffäquivalenten
Ethanol aus Zuckerrohr in Brasilien	0,25 $/l
Ethanol aus Zuckerrüben in Großbritannien	0,80 $/l
Ethanol aus Mais in den USA	0,60 $/l
Ethanol aus Lignozellulose in Pilotanlagen	0,80–1,00 $/l
Biodiesel (Raps, Soja)	0,70–0,90 $/l
zum Vergleich: 1 l Rohöl bei einem Rohölpreis von 50 $/b 1 l Rohöl bei einem Rohölpreis von 100 $/b	0,31 $/l 0,63 $/l

Tabelle 8.8 Produktionskosten der Biokraftstoffe – Momentaufnahme 2006/2007[57]

8.4.2 Klima- und Umweltbilanz

Die Debatte über die ökologischen Vor- und Nachteile von Biokraftstoffen ist in vollem Gang und die Resultate fallen immer häufiger zuungunsten der Biokraftstoffe aus. Eine Verschärfung der Klimaschutzpolitik hätte also nicht zwangsläufig positive Auswirkungen auf den Biokraftstoffmarkt. Während europäische und amerikanische Anbaumethoden einen niedrigen Nettoenergieertrag und einen starken Einsatz von Düngemitteln und Pestiziden aufweisen, sind viele asiatische und lateinamerikanische Ernten immer wieder mit hohen Rodungsemissionen verbunden oder verdrängen den Anbau von Nahrungsmitteln.

Besonders der Düngereinsatz und die Rodung können die Ökobilanz der Biokraftstoffe erheblich verschlechtern. Stickstoffdünger, die insbesondere beim Raps- und Maisanbau eingesetzt werden, führen zu hohen Lachgasemissionen. Ihr Treibhauseffekt ist vermutlich 300 Mal höher als der von CO_2. In jüngster Zeit kamen Studien zu dem Ergebnis, dass nicht nur ein 1 % des Düngers als Lachgas verdampft, sondern 4–5 %. In diesem Fall wäre Biodiesel aus Raps oder Ethanol aus Mais deutlich umweltschädlicher als fossiler Diesel. Lediglich Zuckerrohr hätte wegen des geringen Düngerbedarfs auch weiterhin eine gute Bilanz.[58]

Auch die Energiebilanz ist umstritten. Konventionelle Biokraftstoffe, z.B. Maisethanol, haben einen niedrigen Nettoenergieertrag, da für den Anbau der Pflanzen, die Ernte, die Weiterverarbeitung und den Transport des Ethanols zum Verbraucher große Mengen fossiler Energie benötigt werden. Dazu gehören die energetisch aufwendig produzierten Düngemittel und Pestizide, die großen Mengen an Erdgas, die in den Ethanolfabriken eingesetzt werden, und die erheblichen Dieselmengen, die vor allem in den USA für die Verteilung des Ethanols verbraucht werden.

In den USA wird von vielen Fachleuten die Meinung vertreten, dass selbst unter günstigen Bedingungen 3 Energieeinheiten fossiler Energie nötig sind, um 4 Energieeinheiten Maisethanol zu produzieren. Diese unbefriedigende Bilanz macht es praktisch unmöglich, durch Maisethanol (oder andere Getreidearten) die Abhängigkeit von fossilen Energieträgern wesentlich zu reduzieren.[59]

Zudem könnten steigende Preise für Erdgas einige Ethanolfabriken veranlassen, auf Kohle umzusteigen, was die Energie- und Umweltbilanz nochmals erheblich verschlechtern würde. So baut zum Beispiel der Agrarkonzern ADM in den USA ein Kohlekraftwerk in Columbus/Nebraska, um damit seine benachbarten Ethanolanlagen mit Energie zu versorgen.

In dem Maße, wie große Agrarkonzerne in den Markt einsteigen, steigt auch die Größe der Ethanolfabriken. Da sie mit größerer Finanzkraft ausgestattet sind als die Kooperativen, können sie kapitalintensivere Anlagen bauen, die auf Kohle oder auch Biomasse als Energieträger zurückgreifen, die langfristig günstiger sind. Das gilt für die USA ebenso wie für die großen ostdeutschen Ethanolproduzenten. Wenn Braunkohle eingesetzt wird, werden die Treibhausgasemissionen per saldo höher ausfallen als beim Einsatz von fossilem Benzin oder Diesel.[60]

Die IEA resümiert eine Reihe neuerer Untersuchungen, die den Energieeinsatz für die Ethanolproduktion in den USA und Europa auf etwa 80 % der gewonnenen Energie veranschlagen. In Brasilien sind nur etwa 12 % Energieeinsatz nötig. Auch beim Zuckerrübenanbau ist die Bilanz deutlich besser als bei Getreide.

Bei Biodiesel aus Rapsöl liegen die Einsparungen der Treibhausgase bei etwa 50 % im Vergleich zu fossilem Diesel. Auch bei Palmöl ist die Emissionsbilanz vergleichsweise günstig, da der Anbau oft ohne Dünger oder Pestizide auskommt.[61] Die Ethanolindustrie in den USA stimmt Studien zu, wonach die CO_2-Emissionen von Bioethanol 18–28 % niedriger liegen als bei fossilen Kraftstoffen, solange keine Kohle in den Ethanolfabriken eingesetzt wird.[62]

Diese Analysen gehen ausnahmslos davon aus, dass bereits erschlossene Ackerflächen genutzt werden. Anders sieht es aus, wenn neue Flächen gerodet werden müssen. Die Erweiterung der Anbauflächen für Biokraftstoffe der 1. Generation wird in einigen Staaten früher oder später nur auf Kosten des Regenwaldes möglich sein. Das gilt besonders für die Palmölrodungen in Indonesien und Malaysia. Zuckerrohr wiederum könnte Soja und Viehzucht Richtung Regenwald verdrängen.

Zwei neuere Studien zu Maisethanol berücksichtigen auch die Treibhausgasbelastung durch die Rodung neuer Flächen. In diesen Fällen lohnt sich Maisethanol aus ökologischer Sicht erst nach 167 Erntejahren. Bei Rodungen für indonesische Palmölplantagen dauert es sogar 420 Jahre. Bei brasilianischen Sojaplantagen im Regenwald wird durch die Rodung 319 Mal mehr Treibhausgas freigesetzt als durch den Einsatz des Biodiesels jährlich gegenüber fossilem Diesel eingespart wird.[63] Selbst brasilianisches Zuckerrohr, für das Brachland gerodet wird, kommt erst nach 17 Jahren auf eine positive Bilanz.

8.5 Fazit

8.5.1 Kraftstoffprofile

Die Tabelle 8.9 gibt einen Überblick über die Profile der einzelnen Biokraftstoffe. Dabei wird zwischen der 1. und 2. Generation sowie Zuckerrohr unterschieden, das eine Zwischenstellung einnimmt.

	Bioethanol und Biodiesel (USA und Europa)	Zuckerrohr-Ethanol (Brasilien)	Biokraftstoffe der 2. Generation aus Energiepflanzen, Rest- und Abfall-stoffen
nationale Versorgungssicherheit	positiv, da Abhängig-keit von Rohölimpor-ten verringert wird	sehr positiv	sehr positiv
Klimaschutz- und Nettoenergiebilanz - ohne Rodung	leicht positiv oder leicht negativ Biokraftstoffe der 1.Generation sind kein Beitrag zum Klimaschutz.	positiv	potenziell positiv
- mit Rodung	sehr negativ	negativ	negativ
sonstiger Umweltschutz	negativ (Flächen, Dünger, Wasser)	leicht negativ	potenziell nur leicht negativ
Kostenbilanz	überwiegend negativ	positiv; auch positi-ve Arbeitsplatzeffek-te	zur Zeit noch negativ; potenziell sehr positi-ve Arbeitsplatzeffekte
Nutzungskonkurrenz, insbesondere mit Nahrungsmitteln	negativ	bisher weitgehend neutral	potenziell neutral

Tabelle 8.9 Profile der Biokraftstoffe im Vergleich zu fossilen Kraftstoffen

Durch Biokraftstoffe nimmt die Abhängigkeit von Ölimporten ab. Auf der anderen Seite wird bei der Verarbeitung Erdgas eingesetzt, wodurch die Abhängigkeit von Gas-exporteuren verschärft wird. Hinzu kommt die Abhängigkeit von klimatischen Einflüs-sen, die die Ernteerträge beeinflussen. Wichtiger noch dürften neue Importabhängigkei-ten werden: Länder wie Deutschland weisen vergleichsweise ungünstige Anbaubedin-gungen auf. Das Lohnniveau ist hoch und freie Flächen werden in wenigen Jahren knapp. Klimatisch begünstige Länder werden das Kostenniveau deutscher Biokraft-stoffhersteller unterbieten und dadurch neue Importabhängigkeiten schaffen. Allerdings ist anzunehmen, dass diese Abhängigkeiten anders als bei Rohöl weniger stark regional konzentriert sein werden. Die stärkere Diversifizierung der Importquellen wird die Versorgungssicherheit also tendenziell erhöhen.

8.5.2   Von der politischen Nische zum Markt

Eine breite politische und steuerliche Unterstützung hat Biokraftstoffen in Brasilien, den USA und der EU zum Durchbruch verholfen. Aus marginalen Mengen wurden Marktnischen, die in den riesigen Benzin- und Dieselmärkten kleine, aber nicht uner-hebliche Marktanteile erobern konnten.

Doch nun stehen sie vor einer veränderten Situation. Gibt es Markterfolge auch jenseits der staatlich garantierten Nischen? Gelingt der Übergang zu einem selbst tragenden Wachstum, das den Fährnissen wechselnder politischer Prioritäten und schwankender Marktpreise stand hält?

Der Nachsteuervergleich ist sinnvoll, wenn man die Marktchancen der Biokraftstoffe in der Startphase bei geringen Volumina betrachtet. Sollen sie jedoch höhere Marktanteile erreichen, steht die Haushaltspolitik vor der Frage, wie die enormen Steuerausfälle ausgeglichen werden können. In Deutschland werden die Steuervorteile bereits abgebaut, in den USA steht die Entscheidung 2010 an. Kein Land hat sich bislang zu einer *langfristig* garantierten Bevorzugung der Biokraftstoffe durchringen können.

Die Erfahrungen im brasilianischen Ethanolmarkt, dem bislang einzigen unter Marktbedingungen funktionierenden Biokraftstoffmarkt, sind hier lehrreich. Sie zeigen, dass die kritische Größe zunächst durch die Militärregierungen der 1970er/80er Jahre politisch durchgesetzt werden mussten. Niedrige Ölpreise und Zwangssparmaßnahmen schienen der jungen Branche in den 1990ern den Garaus zu machen, aber die Infrastruktur erwies sich als widerstandsfähig und eroberte bei hohen Rohölpreisen 50 % des Benzinmarktes. Der stetige Produktivitätsanstieg in der Zuckerrohrindustrie macht Ethanol heute auch bei niedrigen Ölpreisen konkurrenzfähig. Es behauptet sich nun in einem sehr komplexen und volatilen Markt zwischen Rohölpreis, Zuckerpreis und schwankenden Devisenkursen. Auch die heimische Branche ist volatiler geworden, da die zahlreichen Flex-Fuel-Fahrzeuge täglich zwischen fossilem Benzin und Ethanol wählen können.

Dieser Übergang vom politischen Programm zum Markt hat sich in Brasilien unter sehr speziellen Rahmenbedingungen vollzogen. Trotzdem verweist sie auf eine Reihe von Herausforderungen, die auch für die Märkte in den USA und Europa von Bedeutung sind, wie die folgenden Ausführungen zeigen sollen.

8.5.3   Volatile Preise

Die Ethanolproduzenten bekamen 2007 erstmals die Risiken volatiler Märkte zu spüren. Anfang des Jahres fiel der Rohölpreis unerwartet unter 50 $/b. Zur selben Zeit stiegen die Rohstoffkosten für fast alle Biofuels: Mais, Raps, Weizen und Palmöl. Doch Ethanolanbieter können steigende Kosten nicht weitergeben, da sie gegen fossiles Benzin konkurrieren, dessen Preis am Rohölmarkt hängt. Die agrarischen Rohstoffe wechseln daher vom Kraftstoffmarkt in den Nahrungs- und Futtermittelmarkt. Auch in Deutschland ist die Flächenkonkurrenz zwischen Nahrungsmitteln, Biogasanlagen, Biodiesel und Bioethanol bereits spürbar. Die Boden- und Rohstoffpreise steigen. In

Südostasien und Europa sind Agrargüterpreise so stark gestiegen, dass sie für den Kraftstoffmarkt zeitweise unattraktiv geworden sind.

In den USA lief es umgekehrt. Dort brach der Ethanolpreis 2007 aufgrund des sprunghaft steigenden Angebots ein. Die Rendite der Ethanol-Bioraffinerien (Ethanolpreis minus Maispreis) lag im Juni 2006 auf dem Allzeithoch von 3,50 Dollar für eine Gallone, Mitte 2007 nur noch bei 0,57 Dollar. Die Ethanolwelle ebbte daraufhin erst einmal ab.[64]

Der weltweite Anstieg der Getreidepreise – nicht zuletzt eine Folge der Biokraftstoffpolitik – und starke Regenfälle im Mittleren Westen der USA haben den Preisauftrieb 2008 noch einmal beschleunigt und die Ethanolraffinerien unter Druck gesetzt. Erst der steile Ölpreisanstieg auf über 100 $/b machte Biokraftstoffe wieder attraktiver und ermöglichte den Ölkonzernen stattliche Sonderprofite, da der Ethanolpreis wegen des Überangebots weniger stark stieg als der Rohölpreis.

8.5.4 Internationaler Handel

Ein weiterer Aspekt ist der internationale Handel von Biokraftstoffen. Schon heute wird brasilianisches Ethanol und malaysisches Palmöl trotz zahlreicher Handelshemmnisse in die USA und europäische Länder exportiert.[65] Viele nationale Programme können realistischerweise nur durch massive Importe von Biomasse oder Biokraftstoffen verwirklicht werden. Insbesondere den EU-Staaten werden schon bald Flächen fehlen, auf denen sich noch höhere Mengen an Raps, Zuckerrüben oder Weizen anbauen lassen.

Öffnet man die Grenzen, gerät jedoch die heimische Branche in Probleme. Importe aus klimatisch oder regulativ begünstigten Staaten setzen die europäische Biodieselproduktion schon heute unter Konkurrenzdruck. Auch ist die Nettoenergiebilanz und Klimabilanz etwa von Zuckerrohr aus Brasilien weitaus günstiger. Insofern sind Schutzzölle ein ambivalentes Instrument.[66] Im Moment lässt sich noch nicht abschätzen, ob die Märkte der Industrieländer abgeschottet werden. 2009 läuft die amerikanische Importabgabe für brasilianisches Ethanol aus. Spätestens dann wird sich – unter einer neuen Administration – zeigen, welche Richtung eingeschlagen wird.

Diese Unsicherheit muss jedoch kein Investitionshemmnis werden, solange die Produzenten in ihren jeweiligen Heimatländern einen Absatzmarkt finden. Dies ist in Brasilien schon heute der Fall. In anderen Staaten wie Indien, Malaysia, China und Indonesien muss sich erst noch zeigen, ob eine großflächige Infrastruktur für Ethanol und Biodiesel geschaffen werden kann, bevor Proteste gegen steil steigende Lebensmittelpreise den Ausbau stoppen.

8.5.5   Infrastruktur

Die Bereitstellung von Biokraftstoffen ist nur *eine* Voraussetzung für ihre Durchsetzung
auf dem Markt. Die Tankstelleninfrastruktur muss die Beimischung oder den reinen
Biokraftstoff verteilen können und es müssen passende Fahrzeugmotoren angeboten
werden.

Die IEA führt das Beispiel USA an:[67] Wenn alle amerikanischen Benzinfahrzeuge wie
geplant bis 2015 10 % Ethanol tanken sollen, müssen 15 Mrd. Gallonen (1 mb/d) verteilt werden. Die Realisierung wird schwierig, weil einige Bundesstaaten die Ethanol-
Nutzung immer noch nicht vorschreiben. Die restliche Fahrzeugflotte müsste um so
rascher angepasst werden, um die geplanten Ethanolmengen überhaupt absetzen zu
können, da konventionelle Motoren höhere Beimischungen als 10 % häufig nicht ver-
tragen. Eine größere Anzahl von Flex-Fuel-Fahrzeugen, die sowohl mit Benzin als auch
mit hohen Ethanolanteilen fahren können, wäre also notwendig. Hier fehlt es aber an
Tankstellen. Fast alle Betankungsmöglichkeiten für E85 liegen dort, wo Ethanol produziert wird, also im Mittleren Westen der USA.

Eine flächendeckende Bereitstellung von E85 oder reinem Ethanol hätte auch Effi-
zienzvorteile, denn die Motoren könnten so optimiert werden, dass sie denselben
Verbrauch (in l/km) wie Benzinmotoren hätten, und nicht über ein Drittel weniger, wie
es bei den normalen Benzinmotoren der Fall ist. Bevor dies geschieht, ist es aber wie in
Brasilien wahrscheinlicher, dass sich Flex-Fuel-Fahrzeuge durchsetzen, die sowohl
Benzin als auch Ethanol tanken können. In diese Richtung scheinen sich auch die großen amerikanischen Autobauer zu orientieren.

8.5.6   Kontrolle durch Ölkonzerne

Biokraftstoffe schneiden in das Geschäft der Ölkonzerne, die bislang weder beim Anbau noch bei der Verarbeitung von Biokraftstoffen eine große Rolle spielen wollen.

Allerdings kontrollieren sie große Teile der Distribution der Biokraftstoffe, also des
Pipeline- und Tankstellennetzes. Es wäre also schwierig, neue Treibstoffe gegen den
Widerstand der Ölkonzerne auf den Markt zu bringen.

Auch an dieser Frage könnte in den USA ähnlich wie in Deutschland die flächendeckende Einführung von E85 scheitern. Die Automobilindustrie ist eventuell bereit, die
Flex-Fuel-Fahrzeuge auf den Markt zu bringen, aber die Ölindustrie zögert und scheint
die Vermarktung auf die Beimischung E10 beschränken zu wollen.

8.5.7   Ausblick

Trotz aller Vorbehalte gilt, dass auch die Biokraftstoffe der 1. Generation ein wichtiges Element im Ölmarkt des 21. Jahrhunderts bleiben. Ein breiter Durchbruch könnte durch die Biokraftstoffe der 2. Generation wie Zellulose-Ethanol und BTL gelingen. Der Aufbau der Infrastruktur wird Jahrzehnte in Anspruch nehmen, aber der Einsatz lohnt sich, denn sie haben umwelt- und klimapolitisch, energie-, sicherheits- und ernährungspolitisch ein weitaus besseres Profil. Das Produktionspotenzial wäre mit speziellen Energiepflanzen deutlich höher und die Flächenkonkurrenz mit der Nahrungsmittelproduktion könnte minimiert werden.

Der Übergang zu dieser neuen Generation müsste politisch engagiert begleitet und gefördert werden. Fatal wäre eine Blockade des technischen Fortschritts durch konventionelle Biokraftstoffanbieter oder fossile Ölinteressen, die beide keine langfristigen Perspektiven anbieten können. Biofuels profitieren zwar überall auf der Welt vom politischen Rückenwind, aber die Zahl konkreter und langfristiger Maßnahmen ist immer noch gering. Ganz im Gegenteil: Die Entwicklung der Biokraftstoffbranche droht nach wenigen Jahren stürmischen Wachstums schon 2008 in eine ernste Krise zu geraten:

▸ In den USA läuft die erste Wachstumswelle aus. Der verordnete Übergang vom fossilen MTBE zu Ethanol ist abgeschlossen. Engpässe in der Infrastruktur und in der Fahrzeugtechnik werden sichtbar. Die politische Förderung für Maisethanol und Biodiesel könnte 2009/2010 auslaufen.

▸ In Deutschland zeigen sich bereits Engpässe bei der Biodiesel- und Pflanzenölproduktion. Immer mehr Biomasse muss importiert werden. Der politische Rückwind flaut ab, während die Besteuerung steigt. Bei Bioethanol steht die langfristige Entwicklung auf der Kippe.

▸ In Asien (v.a. China und Malaysia) führen steigende Lebensmittelpreise zu einer Kürzung der Biokraftstoffförderung. Der Übergang zu Pflanzen wie Cassava und Jatropha läuft erst an.

▸ Brasilien hat enorme Potenziale. Aber ihre Erschließung könnte durch die Branchenstruktur und andere energiepolitische Prioritäten gebremst werden.

▸ Die Kraftstoffe der zweiten Generation (BTL, Zellulose-Ethanol) sind noch nicht über Pilotanlagen hinausgekommen. Erst um 2012 herum wird eine kleine kommerzielle Produktion erwartet. Nennenswerte Mengen dürfen nicht vor 2020 erwartet werden.

Eine starke Unterstützung bieten die weiterhin steigenden Rohölpreise. Sie ermöglichen der Branche auch bei steigenden Biomassepreisen auskömmliche Renditen. Dennoch ist die Biokraftstoffbranche noch lange nicht reif für eine subventionslose, marktgesteuerte Entwicklung. Die nationalen Regierungen sind nach wie vor die wichtigsten Akteure. Eine selbst tragende Entwicklung gibt es nur in Brasilien.

Im Moment scheint es so, dass der erste Boom bei Biokraftstoffen vor 2010 enden wird. Drei Herausforderungen müssen bewältigt werden, wenn ein zweiter Sprung gelingen soll:

1. Der Übergang zu speziellen Energiepflanzen (einschließlich Zuckerrohr) und den riesigen Mengen land- und forstwirtschaftlicher Rest- und Abfallstoffe.

2. Der Übergang zu den Verfahren der zweiten Generation (Zellulose-Ethanol, BTL) im Rahmen integrierter Bioraffinerien.

3. Eine massive politische Förderung, die erst abgebaut werden kann, wenn die Branche stabile Strukturen aufgebaut hat, die einen direkten und breiten Marktzugang ermöglicht. Dazu gehört eine finanzielle Unterstützung, ein neutrales Distributionsnetzwerk für Kraftstoffe aller Art und die breite Einführung von Flex-Fuel-Fahrzeugen, die Biokraftstoffe auch in hohen Anteilen nutzen können.

9 Alternativen: Nicht-konventionelles Öl

9.1 Einleitung

Rohöl wird normalerweise in konzentrierter, flüssiger Form aus unterirdischen Lagerstätten an die Oberfläche befördert. In dem Maße, wie solche konventionellen Vorkommen knapper werden, rücken andere Rohstoffe in den Blickpunkt, die zusammenfassend als nicht-konventionelles Öl bezeichnet werden.

Manche Publikationen unterscheiden noch feiner zwischen nicht-konventionellem Öl, das aus Ölsand, Schwerstöl und Ölschiefer gewonnen wird, und synthetischem Öl („XTL") aus *Synthesegas*, das seinerseits aus *anderen Rohstoffen* wie Erdgas (GTL), Kohle (CTL) oder Biomasse (BTL) produziert wird. Die Sprachregelung ist allerdings nicht eindeutig und wird durch Markennamen und eine große Vielfalt von Produktionsverfahren noch unübersichtlicher. Beispielsweise können Biokraftstoffe aus unterschiedlichen Verfahren entstehen, von denen BTL nur eine Variante ist. Auch bei der Kohleverflüssigung gibt es verschiedene Methoden, deren Endprodukte dann jeweils dem synthetischen oder nicht-konventionellen Öl zugerechnet werden müssten.

Aus diesem Grund wird hier „nicht-konventionelles Öl" als Oberbegriff für alle Alternativen zum normalen („konventionellen") Rohöl verwendet. Synthetisches Öl ist nur eine verfahrensspezifische Variante in diesem Spektrum.

Nicht-konventionelles Öl ist im Allgemeinen schwer zu fördern und erfordert eine aufwendige Weiterverarbeitung. Dafür ist es weltweit in sehr großen Mengen vorhanden.

Ein gemeinsamer Nenner vieler nicht-konventioneller Ölformen besteht darin, dass ihre Verarbeitung die normale Genese von Öl entweder *beschleunigt oder umkehrt*. Das Bitumen in Ölsand oder Schwerstöl ist degradiertes, also durch Sauerstoff oder Bakterien abgebautes Öl, das erst wieder auf eine normale Struktur zurück transformiert werden muss. Moderne Biokraftstoffe wiederum entstehen teilweise dadurch, dass ein normalerweise über Jahrmillionen laufender Prozess in Bioraffinerien beschleunigt wird. Ähnliches gilt für Schieferöl, wo eine Vorform von Rohöl (Kerogen) erst in normales Öl bzw. Ölprodukte verwandelt werden muss.[1]

1. Erdöl entsteht in einer bestimmten Gesteinsschicht und wandert von dort Richtung Oberfläche, wo es sich wie in einem Schwamm unter einer undurchdringlichen Sperre ansammelt. Fehlt diese Sperre, dringt es bis an die Erdoberfläche. Dort gehen die leichteren Bestandteile in der Atmosphäre verloren. Die schwereren Bestandteile werden durch den Kontakt mit Sauerstoff und Bakterien chemisch zu einem festen, klebrigen Stoff abgebaut: zu Bitumen (Erdpech). Ölsand ist ein Gemisch, das Bitumen, Wasser, Sand und Ton enthält.

    Der Übergang von Schweröl über Schwerstöl bis Bitumen ist fließend, je nach Dichte und chemischer Zusammensetzung. Die BGR definiert Ölsorten als nicht-konventionelle Schwerstöle, wenn sie schwerer als 1,0 g/cm^3 sind.[2] Sie sind also schwerer als Wasser. Deshalb hat die Lagerstätte nicht die typische Wasser-Öl-Grenze, bei der sich Öl oberhalb des Wasserspiegels absetzt.

    Die Zähflüssigkeit (Viskosität) schwankt bei Schwerstölen je nach der Umgebungstemperatur. Sie ist bei den venezolanischen Sorten deutlich besser als bei den kanadischen Vorkommen, weshalb im ersten Fall gerade noch flüssige Schwerstöle, im anderen Fall fester Bitumen auftritt.

2. Ölschiefer verdankt seine Entstehung einer anderen „Fehlentwicklung": Wenn die Gesteinsichten mit der Biomasse nicht tief genug absinken, um für ausreichend Druck und Hitze zu sorgen, entsteht nur eine Vorform von Rohöl. Dieses Kerogen ist ein fester Stoff, dessen organische Elemente unvollständig transformiert wurden.

    Kerogen ist Bestandteil eines tonigen Sedimentgesteins (Schiefer, Karbonate, Marl). Der Kerogengehalt des Gesteins ist sehr unterschiedlich und reicht von etwa 4 % bis 40 %. Erst durch eine aufwendige mechanische und thermische Behandlung kann daraus Öl (Schieferöl, Schwelöl, *Shale Oil*) gewonnen werden. Flüssiges *Shale Oil*, das in seinen Eigenschaften der Kohle ähnelt, wird schon seit Jahrhunderten in geringen Mengen genutzt.

3. Öl besteht ebenso wie Kohle, Erdgas und Biomasse aus Kohlenstoff und Wasserstoff in unterschiedlichen molekularen Zusammensetzungen. Die in Deutschland entwickelten Fischer-Tropsch-Verfahren und ihre Weiterentwicklungen und Varianten von Lurgi, Sasol oder Shell sind in der Lage, mit beträchtlichem Aufwand aus allen diesen Rohstoffen ein Synthesegas herzustellen, aus dem hochwertige Ölprodukte entstehen. Je nach Ausgangsstoff wird zwischen drei verschiedenen „XTL-Typen" unterschieden:

    ‣ GTL (Gas-to-Liquids): Die Ölprodukte werden aus Erdgas hergestellt.

    ‣ CTL (Coal-to-Liquids): Die Ölprodukte werden aus Kohle produziert.

    ‣ BTL (Biomass-to-Liquids): Die Ölprodukte werden aus Biomasse aller Art gewonnen (vgl. Kap. 8).

9.2   Kanadischer Ölsand

Ölsand aus der kanadischen Provinz Alberta stellt eine der größten Hoffnungen für die langfristige Ölversorgung der Welt dar. Er kann vor allem bei der Versorgungssicherheit punkten. Kanada ist politisch stabil und hat enge Bindungen an die USA. Die größten Lagerstätten liegen in unmittelbarer Nähe zum größten Ölkonsumenten der Welt.

Die Vorkommen sind unbestritten riesig. Umstritten ist hingegen, wie schnell und in welchem Umfang die Reserven erschlossen werden *können* und angesichts des hohen Energieeinsatzes und der Emissionen erschlossen werden *sollen*. Kanada ist damit zum Prüfstein für die Frage geworden, ob nicht-konventionelles Öl die erwartete Knappheit bei konventionellem Öl entschärfen kann.

Skeptische Experten gehen davon aus, dass die Produktion wegen der vielen technischen, ökonomischen, ökologischen und gesellschaftlichen Hindernisse nur langsam steigen kann. Auch die IEA äußert sich vorsichtig und fürchtet, dass der Mangel an Erdgas und Wasser die Ölsandproduktion ab 2015 hemmen könnte.[3]

Optimistische Einschätzungen verweisen dagegen auf das rasche Innovationstempo der noch neuen Technologien und rechnen damit, dass die Ölproduktion aus Ölsanden in absehbarer Zeit zu einer Entlastung der Ölmärkte beitragen wird. Ökologische Schäden ließen sich durch neue Verfahren minimieren.

Bitumen ist eine teerartige, zähflüssige oder feste Mischung vieler verschiedener, meist schwerer Kohlenwasserstoffe. Jedes Sandkorn ist von einem Wasserfilm bedeckt, der wiederum von Bitumen umschlossen wird.

Diese Mischung erklärt, dass etwa 2 Tonnen Ölsand abgebaut werden müssen, um ein Barrel Öl (159 Liter) zu erzeugen. Der Anteil des Bitumens in Ölsanden schwankt zwischen 1 % und 20 %. Bei der Verarbeitung zu Rohöl verliert Bitumen etwa 11 % seines Volumens.[4]

Wie sind diese Ölsande entstanden? Vermutlich wanderte leichtes Öl aus dem Süden Albertas nach Norden, ungefähr zu der Zeit, als die Rocky Mountains entstanden. Dabei gelangte das Öl zeitweise an die Oberfläche, wo es zu Bitumen degradierte. Die Alberta-Vorkommen sind auf einer Fläche von 77.000 Quadratkilometern verteilt. Die größten Vorkommen wurden an den Flüssen Athabasca (76 %) und Peace River (12 %) sowie am Cold Lake (12 %) entdeckt.

Die Schätzungen über die Größe der Vorkommen schwanken, da einige Regionen noch nicht untersucht sind und die Abbaumethoden ständig weiterentwickelt werden. Kanada verfügt vermutlich über 75 % der globalen Ölsandressourcen. Andere Länder mit

nennenswerten Vorkommen sind die USA und China, Regionen in der ehemaligen
Sowjetunion, die Karibik und Pakistan.[5]

9.2.1   Entwicklung der Produktionsverfahren

Schon vor dem 18. Jahrhundert wurde das kanadische Bitumen zur Abdichtung von
Kanus genutzt. Seit Ende des 19. Jahrhunderts ist das enorme Potenzial der Vorkom-
men am Fluss Athabasca, insbesondere in der Nähe der Stadt Fort McMurray, allge-
mein bekannt. Aber erst 1967 nahm die heutige Suncor die erste Ölsandmine mit einer
Kapazität von 45.000 b/d in Betrieb. Die Investition galt als extrem riskant, da die
Kosten für die Herstellung von einem Barrel Öl in der Nähe des Rohölpreises lagen.
Erst die Ölkrisen der 1970er lösten einen breiten Investitionsschub im „nordamerikani-
schen Saudi-Arabien" aus.

Die Unternehmen mussten pausenlos technologisches und organisatorisches Neuland
betreten. Hinzu kamen Wechselkurssorgen, als der kanadische Dollar gegenüber dem
US-Dollar immer weiter anstieg. Schritt für Schritt gelang es, die operativen Kosten bis
Mitte der 1980er Jahre zu halbieren. Aber der Zusammenbruch der internationalen
Rohölpreise machte Ölsand Mitte der 1980er einmal mehr zu einem Verlustgeschäft.
Doch die hohen, auf lange Frist angelegten Investitionen wurden nicht gestoppt. Die
Produktion stieg in den 1990ern auf 150.000 b/d und die Kosten sanken weiter.

Auch die niedrigen Ölpreise Ende der 1990er konnten den Ausbau nur verzögern, aber
nicht beenden. „Big Oil" hielt sich zurück, aber Suncor und andere hielten an ihren
Vorhaben in der Hoffnung auf steigende Ölpreise und sinkende Kosten fest.

Nach dem Jahr 2000 ging diese Rechnung endgültig auf. Zwar wird Rohöl immer noch
teurer produziert als in Saudi-Arabien oder im Golf von Mexiko, aber bei Weltmarktpreisen jenseits der 100 Dollar erlaubt auch der marginale kanadische Ölsand-Barrel
eine hohe Rendite.

Seit dem steilen Anstieg der Ölpreise nach 2003 ist das Interesse sprunghaft gestiegen.
Neben zahlreichen kleineren Unternehmen sind es jetzt auch die großen Ölkonzerne,
die Land erwerben oder bestehende Unternehmen akquirieren.

9.2.2   Technik

Das zähflüssige oder feste Bitumen kann nicht wie konventionelles Öl einfach durch
eine Bohrung angezapft werden. Die Verfahren sind technisch und energetisch erheblich aufwendiger. Ölsandunternehmen mit ihrem Gewirr aus Minen, Förderanlagen,

Transportwegen, Mülldeponien und Abwasserseen haben die Region um die Stadt Fort McMurray in eine Industrielandschaft verwandelt, die in rasantem Tempo wächst.

Die Branche steht täglich vor neuen operativen Herausforderungen. Jeder Fehler verursacht angesichts der riesigen Dimensionen der Minen und der technischen Anlagen hohe Kosten. Immer wieder gibt es ungeplante Produktionsstopps, massive Kostenüberschreitungen bei Neuanlagen, Mangel an Arbeitskräften, Wasser und Material, energiepolitische Wendungen (Steuererhöhungen, CO_2-Abgaben) und immer wieder Großfeuer, die die Produktion über viele Monate lahm legen.

Das in den Ölsanden enthaltene Bitumen wird mit zwei unterschiedlichen Verfahren gewonnen und anschließend direkt verwendet oder in Upgradern in synthetisches Rohöl verwandelt:[6]

a) Tagebau in Ölsandminen

Etwa 10 % der Ölsande liegen nahe der Oberfläche in weniger als 50 Meter Tiefe. Hier ist der Tagebau in großen Minen möglich. Fast das gesamte Bitumen kann auf diesem Weg gewonnen werden (82 %).

Der Ölsand wird von Baggern auf riesige LKWs verladen (400 Tonnen) und zu einer Trennanlage befördert, wo das Bitumen mit Wasser, Chemikalien und mechanischen Mitteln vom Sand getrennt wird. Das Bitumen wird anschließend verdünnt und zu einem Upgrader befördert.

Praktisch die gesamte Minenproduktion – also etwa zwei Drittel des insgesamt geförderten Bitumens – wird zu Rohöl veredelt. Bei Suncor und Syncrude geschieht das in den Anlagen vor Ort, nicht zuletzt, weil das Bitumen für einfache Raffinerien nicht geeignet wäre. Albian Sands (Shell) kann sein etwas reineres Bitumen in konventionellen Raffinerien, die weiter entfernt liegen, weiterverarbeiten lassen.

b) In-Situ-Verfahren

Etwa 90 % der Ölsande liegen für den Tagebau zu tief. Es muss also gebohrt werden. Schon unter der Oberfläche (also am Fundort, lat. *in situ*) werden Bitumen und Sand durch heißen Dampf getrennt. Er löst das Bitumen aus dem Ölsand und erhöht seine Fließfähigkeit. Anders als bei dem recht stark verunreinigten Bitumen aus dem Tagebau kann das so gewonnene Bitumen direkt in normalen Raffinerien weiterverarbeitet werden.

Eine ganze Palette von Verfahren wird eingesetzt. Das SAGD-Verfahren kam in den letzten Jahren verstärkt zum Einsatz, denn es verspricht die Recovery Rate von 10 % auf 40 % zu steigern. Wenn es sich bewährt, könnten die technisch und wirtschaftlich förderbaren Reserven Kanadas deutlich heraufgestuft werden. Bei SAGD wird durch ein horizontales Bohrloch heißer Dampf injiziert, der das Öl so stark erhitzt, dass es nach unten in ein zweites, parallel verlaufendes Bohrloch fließt und von dort an die Oberfläche gelangt.

c) Konventionelle Förderung

Am südlichen Ende der Ölsandregionen befinden sich außerdem noch größere Schwerstölvorkommen, die konventionell gefördert werden können. Aus ihnen werden zurzeit etwa 10 % des kanadischen Bitumens gewonnen.

Die Ölsandindustrie bietet vier Produkte an:

▶ Ein Mischung aus synthetischem Öl und Bitumen (Synbit)

▶ Eine Mischung aus Kondensaten (als Verdünner) und Bitumen (Dilbit)

▶ Reines Bitumen

▶ Reines Rohöl mit dem Markennamen Syncrude (Synthetic Crude Oil).

Um synthetisches Öl herzustellen, muss das Bitumen zunächst in einem aufwendigen Prozess von Schwefel und anderen Verunreinigungen gereinigt werden. Anschließend werden die schweren Moleküle aufgebrochen und entweder Wasserstoff hinzugefügt oder Kohlenstoff entzogen.

In Upgradern wird das Bitumen auf etwa 500°C erhitzt, was eine Ausbeute von 70 % synthetischen Öls (SCO) liefert. Dieses sog. *Syncrude* wird anschließend in kanadischen oder amerikanischen Raffinerien zu den gewünschten Ölprodukten weiterverarbeitet. Der Rest wird zu Gasen gecrackt oder als Koks und Asphalt eingesetzt. Etwa 2 Kubikmeter Ölsand sind nötig, um 1 Barrel leichtes Öl zu produzieren. Das Endprodukt, also das synthetische Rohöl, ist hochwertig und hat nur geringe Schwefel- und Stickstoffanteile.

Es ist zu erwarten, dass die Förderung und das Upgrading immer stärker verzahnt werden. Die Ölsandkonzerne werden spezialisierte Raffinerietypen errichten, die optimal auf die besonderen Ansprüche von Bitumen ausgerichtet sind.

9.2.3   Reserven

Die Energiebehörde der kanadischen Provinz Alberta (EUB) veröffentlichte zuletzt Ende 2006 ihre Reservenschätzung:[7] Die gesamten Ressourcen umfassen demnach 1701 Gb (OOIP), wovon zur Zeit 315 Gb als förderbar eingestuft werden (URR). Beim Tagebau kann zurzeit etwa 82 % des vorhandenen Bitumens gefördert werden, bei In-situ-Verfahren sind es bislang nur 18 %. Aber diese Anteile sind nicht in Stein gemei-

ßelt, da die Ausbeute der In-situ-Verfahren laufend verbessert wird. Eine deutliche
Aufwärtskorrektur wäre dann möglich.

Die kanadische Energiebehörde wählte das untere Ende der bisher genannten Spannbreite von 1700 bis 2500 Milliarden Barrel. Die IHS nennt 1700 Gb „*established*" und
2500 Gb als „*ultimate potential*".[8] Aber selbst die niedrigere Zahl entspricht noch dem
Weltölverbrauch für 50 Jahre.[9]

Die gesicherten, kommerziell förderbaren Reserven liegen bei 173 Gb (179 Gb abzüg-
lich der bereits geförderten 6 Gb). Die Produktion lag 2006 bei 0,46 Gb. Die Reserven-
zahlen sind aber im Fluss und hängen von Ölpreisen und den laufenden Explorations-
ergebnissen ab. Bei höheren Ölpreisen und verbesserter Technologie müssten also die
sicheren Reserven ebenso wie die förderwürdigen Vorkommen höher bewertet werden.
Vor allem die Prognose des förderbaren Ölanteils (*Recovery Rate*) bei den Bohrverfahren
schwankt beträchtlich zwischen 20 % und 80 %, da immer wieder neue Methoden
eingeführt werden.[10]

Die Höhe der Gesamtressourcen (OOIP) ist wie bei vergleichbaren Rohstoffen wie
Kohlen oder Metallen relativ willkürlich und methodisch nicht mit dem entweder konzentriert oder gar nicht auftretenden Rohöl vergleichbar. Bisher werden Vorkommen
mit einem Bitumenanteil von über 3 % statistisch erfasst.

9.2.4   Produktion

Die Bitumenproduktion aus Ölsanden hatte sich in den 1990er Jahren zunächst verhalten, aber stetig entwickelt. Sie stieg von 400.000 b/d auf 600.000 b/d. Nach dem Jahr
2000, als sich ein steiler Ölpreisanstieg abzeichnete und die Technik immer besser be-
herrschbar wurde, stiegen die Investitionen steil an. Von 2000 bis 2007 verdoppelte sich
die Produktion auf 1,25 mb/d, vor allem dank der drei großen Minenbetreiber Syncrude Canada mit einer Produktion von 310.000 b/d, Suncor Energy mit 303.000 b/d und
Albian Sands Energy mit 146.000 b/d.

Kanadische Experten erwarten, dass das Bitumen Mitte des kommenden Jahrzehnts je
zur Hälfte aus Minen und den In-Situ-Bohrverfahren mit thermischer Unterstützung
kommen wird. Damit verschieben sich die Abbaumethoden zugunsten der Bohrloch-
förderung, während der Tagebau relativ an Bedeutung verliert.

Nach dem Abbau werden zwei Drittel des Bitumens zu leichtem synthetischem Öl
weiterverarbeitet. Das restliche Drittel wird je nach Marktlage und Erdgaspreisen in der
Prozesskette verbrannt oder als Asphalt verwendet.[11]

Mitte 2007 waren 30 In-Situ-Bohranlagen sowie 23 Tagebau- und Upgrader-Anlagen in der Bauphase. Für den Zeitraum 2007–2015 wurden Investitionen von 125 Mrd. Dollar angekündigt. Die Investitionen ballen sich jedoch um das Jahr 2010, so dass aufgrund von Kapazitätsengpässen eine Streckung der Bauzeiten erwartet wird. Wenn alle angekündigten Projekte wie geplant verwirklicht werden sollten, könnte die Produktion im kommenden Jahrzehnt auf 4–5 mb/d steigen. Doch das gilt wegen der Engpässe bei Ausrüstung und Personal als unwahrscheinlich. Ein deutlicher Produktionsanstieg ist dennoch vorprogrammiert. Die meisten Schätzungen gehen von 3,0–3,5 mb/d bis 2015 aus. Für die fernere Zukunft gehen die Erwartungen weiter auseinander. Je nach Entwicklung des Ölpreises und Stärke der Projektverzögerungen werden 4 mb/d bis 6 mb/d erwartet (vgl. Tab. 9.1).[12]

Jahr	Bitumenproduktion
1990	0,4 mb/d
2000	0,6 mb/d
2003	0,9 mb/d
2004	1,0 mb/d
2005	1,1 mb/d
2006	1,1 mb/d
2007	1,2 mb/d
2008	1,3 mb/d
2010	1,6–2,0 mb/d
2015	2,5–3,0 mb/d
2020	3,0–4,0 mb/d
2030	4,0–5,0 mb/d

Tabelle 9.1 Entwicklung der Bitumenproduktion in Kanada 1990–2030[13]

9.2.5 Kostenexplosion

Die Kostenschätzungen gehen weit auseinander. Die hohe Lebensdauer der Projekte gibt einen weiten Spielraum bei der Kostendiskontierung oder bei der Veranschlagung zukünftiger Erdgaspreise.[14] Bei *bestehenden* Anlagen galt 2005, dass die Rohölproduktion aus Ölsand ein Ölpreisniveau von über 40 $/b braucht, um die operativen und die Kapitalkosten zu decken.[15] *Neue* Projekte versprachen bei einem Ölpreis über 60 $/b auskömmliche Renditen. Jüngste Schätzungen sprechen sogar von mindestens 80 $/b.[16] Bei Ölpreisen über 100 $/b ist das Ölsandgeschäft also hochprofitabel, solange die Abgaben und Steuern nicht deutlich erhöht werden.[17]

Auf der Kostenseite sorgen höhere Energie-, Arbeits- und Materialkosten für Druck, ebenso der Kursanstieg des kanadischen Dollar gegenüber dem US-Dollar. Die Materialkosten sind in den letzten Jahren steil gestiegen, da sich Stahl, Zement und Ausrüstungen verteuert haben. Auch die Lohnkosten sind wegen knapper Arbeitskräfte und ständiger Abwerbeversuche zwischen den Unternehmen deutlich höher. Ölsandprojekte sind arbeitsintensiv und erfordern mehrere Tausend Beschäftigte pro Projekt. Dasselbe gilt für die Energiekosten und die Kosten für die immer strikteren Umweltschutzvorschriften. Schließlich sorgen auch steigende Steuern und Abgaben für niedrigere Profite.[18]

Um die Kapazität dauerhaft um 1 Barrel pro Tag zu erhöhen, sind im Vergleich zur konventionellen Erdölförderung sehr hohe Investitionen erforderlich. Dafür kann die Fördermenge über 40 Jahre oder noch länger aufrecht erhalten werden, während die meisten konventionellen Rohölfelder, die in jüngerer Zeit gefunden wurden, schon nach wenigen Jahren ihren Förderzenith überschreiten.

Die Kapitalkosten für eine dauerhafte Produktionskapazität von einem Barrel pro Tag liegen je nach Verfahren bei 15.000–20.000 Dollar. Dazu kommen 32.000 Dollar für die Kapazität beim Upgrading des Bitumens zu leichtem Rohöl.

Die jüngsten Kostensteigerungen sind dabei noch nicht berücksichtigt. Wood Mackenzie schätzt, dass die Kosten 2005–2007 um 55 % gestiegen sind.[19] Die durchschnittlichen Projektkosten haben sich von 5 auf 10 Mrd. Dollar verdoppelt. Eine Vorstellung von den Größenordnungen gibt das Projekt Fort Hills von Petro-Canada, das im Endausbau 320.000 b/d Bitumen bzw. 280.000 b/d Syncrude produzieren soll. Die Kapitalkosten werden derzeit auf 26 Mrd. Dollar geschätzt.

Für 2010 werden Kapitalkosten von 100.000 Dollar erwartet, um die Förderkapazität um 1 Barrel pro Tag zu erhöhen.[20] Sie lägen damit sogar höher als bei Ölprojekten in der Tiefsee oder der Arktis.

9.2.6 Produktivitätsfortschritte

<u>Tagebau:</u> Bereits heute werden über 80 % des Bitumens aus dem Ölsand extrahiert, der im Tagebau gewonnen wird. Hier sind also nur geringe Verbesserungen zu erwarten.

Allerdings konnten durch technologische und organisatorische Fortschritte während der letzten 20 Jahre die operativen Kosten um die Hälfte gesenkt werden, wenn man die gestiegenen Energiekosten einmal unberücksichtigt lässt.[21]

Die Innovationsanstrengungen konzentrieren sich derzeit auf die Reduzierung (kostenintensiver) ökologischer Schäden, insbesondere die Minimierung der nach wie vor großen Mengen an kontaminiertem Abwasser, die bei der Trennung des Bitumens von Wasser und Sand anfallen. Sie werden in künstlichen Teichen gelagert, die Schritt für Schritt gereinigt und saniert werden müssen.

In-Situ-Verfahren: Bei diesen Verfahren kann die Recovery Rate voraussichtlich noch deutlich von heute knapp 20% auf über 40 % des vorhandenen Bitumens wachsen. Beim häufig eingesetzten SAGD-Verfahren wird daran gearbeitet, mit weniger heißem Dampf auszukommen, neuartige Lösungsmittel einzusetzen und weniger Wasser zu verbrauchen. Neue technologische Ansätze sind die Verbrennung oder Vergasung der Vorkommen, um das Bitumen mobiler zu machen, sowie der Einsatz katalytischer Stoffe, die den Energieverbrauch reduzieren.

Es ist zu erwarten, dass es auch weiterhin gelingen wird, den operativen Aufwand zu senken. Diesen Einsparungen stehen höhere Erdgaspreise und steigende Lohn- und Ausrüstungskosten gegenüber.

9.2.7 Erdgasversorgung und Nettoenergieertrag[22]

Die Ölsandbranche arbeitet sehr energieintensiv. Auf dem Weg von der Mine oder der unterirdischen Lagerstätte bis zum fertigen Rohöl müssen *10–25 % der im Endprodukt enthaltenen Energiemenge* eingesetzt werden. Bei konventioneller Ölförderung liegt der Anteil nur bei 6 %.

Es wird befürchtet, dass die Abhängigkeit der Ölsandindustrie von billigem Erdgas das Wachstum bremsen wird. Spätestens 2030, vielleicht aber schon 2015 könnte es bei unveränderten Ausbauplänen und unveränderter Technik zu Versorgungsproblemen kommen. Der Erdgasbedarf steigt nicht nur wegen des Wachstums der Branche, sondern auch wegen der technologischen Veränderungen bei der Förderung. Beim Abbau im Tagebau werden ca. 8 Kubikmeter Erdgas pro Barrel Bitumen benötigt. Beim In-Situ-Verfahren, auf das sich die meisten neuen Projekte konzentrieren, ist der Verbrauch mit etwa 30 Kubikmeter vier Mal so hoch. Anschließend benötigt das Upgrading des Bitumens zum synthetischen Rohöl, das verstärkt in Alberta stattfinden wird, bei beiden Verfahren noch einmal 15 Kubikmeter pro Barrel.

Es wären also bei *unveränderter Technologie* an die 8.000 Mrd. Kubikmeter Erdgas nötig, um die gesamten gesicherten Reserven von 173 Gb nutzen zu können. Diese Gasmenge liegt viermal so hoch wie die gesamten sicheren Erdgasreserven Kanadas. Daraus ergibt sich, dass ein rascher technischer Fortschritt oder eine alternative Energiequelle nötig ist, wenn die Steigerung der Produktion nicht am Erdgasmangel scheitern soll. Es kann daher nicht beruhigen, dass heute nur 4 % des kanadischen Erdgaskonsums auf die Ölsandindustrie entfallen. Die Erdgasproduktion kann nicht mehr gesteigert werden, selbst wenn die Regierung das Förderverbot im Pazifischen Ozean aufhebt. Sie wird in den nächsten Jahrzehnten aller Voraussicht nach deutlich fallen. Erdgasimporte durch LNG (Flüssiggas) sind grundsätzlich möglich, konkurrieren aber mit der starken Nachfrage aus den USA. Die Ölsandindustrie wird deshalb nach 2012 mehr als 10 %

des kanadischen Angebots verbrauchen und könnte 2020 ein Drittel der Gasnachfrage darstellen.

Für die USA bedeutet das ein Dilemma: Kanada, das heute noch etwa die Hälfte seines Erdgases in die USA exportiert, müsste die Versorgung des Nachbarlandes mit *Erdgas* reduzieren, um die Versorgung der USA mit *Rohöl* aus Ölsand ausbauen zu können.

Alternativen zu Erdgas

Erdgas wird für die Herstellung von heißem Dampf und Wasserstoff verwendet. Alternativen wären die Eigennutzung des Bitumens, Kohleverbrennung, Kohlevergasung oder Nuklearenergie. Der Einsatz von Atomreaktoren wurde vom französischen Ölkonzern Total in die Diskussion gebracht, aber bislang nicht weiter verfolgt. In den 1950ern schlugen kanadische Wissenschaftler sogar vor, Atombomben unterirdisch zur Explosion zu bringen, um das Bitumen durch die Hitze zu verflüssigen und damit leichter an die Oberfläche zu fördern. Atomenergie wird derzeit nur in der nordrussischen Goldmine in Bilibino für die Rohstoffgewinnung eingesetzt.[23]

Die wahrscheinlichste Lösung ist die Verwendung eigener Energieträger, nämlich der kohleähnlichen Bitumenrückstände, die beim Upgrading zu synthetischem Rohöl entstehen. Alternative Wasserstofftechnologien stehen zur Verfügung, wie z.b. Steam Methane Reforming oder auch die Vergasung von Kohle bzw. der Bitumenrückstände. Im Long Lake-Projekt von Nexen und Ormat wird diese Technik bereits eingesetzt, so dass hier weitgehend auf Erdgas verzichtet werden kann – allerdings auf Kosten höherer CO_2-Emissionen. Ein integrierter SAGD/Upgrader-Komplex würde 20–30 % des geförderten Bitumens benötigen, um seinen Energie- und Wasserstoffbedarf zu decken. Allerdings könnte dadurch das Upgrading vereinfacht werden, weil der raffinerietechnisch schwierigste Teil des Bitumens bereits entfernt wäre. Die Vergasung von Bitumen oder Koks könnte im kommenden Jahrzehnt den Erdgasbedarf pro Barrel deutlich senken.[24]

Aber auch die Produktionsverfahren bergen noch große Einsparpotenziale. Lauwarmes Wasser statt Heißdampf (*cold production*), Lösungsmittel statt Dampf und die kontrollierte Verbrennung der Ölsande durch Sauerstoffzufuhr sind einige der Wege, die zur Zeit erprobt werden.[25] Insgesamt gibt sich die Branche optimistisch, das Problem der Erdgasversorgung durch neue Techniken lösen zu können.

Treibhausgasemissionen

Die Ölsandindustrie verursacht eine ganze Palette von Umweltschäden: Flächenverbrauch, Schadstoffemissionen, hoher Energie- und Wasserkonsum sowie enorme Müllmengen. Auch emittiert die Ölsandindustrie etwa 3 % der Treibhausgase in Kanada.[26] Zwar konnten die CO_2-Emissionen pro Barrel seit 1990 um 25–50 % gesenkt werden, aber die steigende Produktion wird in den kommenden 10 Jahren vermutlich zu einer Verdopplung der Gesamtmenge führen.

Der hohe Energieeinsatz bei der Bitumenproduktion führt zwangsläufig zu hohen CO_2-Emissionen. Die Verwendung von Bitumenrückständen anstelle von Erdgas würde dieses Problem nur verschärfen. Langfristig bietet sich nur die Lagerung von CO_2 in stillgelegten Öl- oder Gaslagerstätten an. Die Kosten für die Ölsandindustrie würden dadurch um 4–5 Mrd. Dollar pro Jahr bzw. um 10 Dollar pro Barrel Bitumen steigen. Die kanadische Regierung plant, die CO_2-Speicherung ab 2012 vorzuschreiben. Andernfalls müssen die Unternehmen 15 kanadische Dollar pro Tonne CO_2 (etwa 10 Euro) in einen Umweltschutzfonds abführen.[27]

9.2.8   Weitere Entwicklungsprobleme

Wasserverbrauch

Für die Trennung des Bitumens aus dem Ölsand sowie für den Heißdampf bei In-Situ-Verfahren sind erhebliche Mengen Wasser nötig. Der Fluss Athabasca wird in wenigen Jahren überfordert sein. Die Ölsandindustrie verbraucht eine Wassermenge, die einem Viertel des Trinkwasseraufkommens der Provinz Alberta entspricht.[28]

Beim Tagebau müssen dem Athabasca für jeden Ölbarrel 2 bis 4,5 Barrel Wasser entzogen werden. Trotz Recycling landet der größte Teil davon in kontaminierten Absetzbecken. Beim SAGD-Verfahren wird dagegen 90–95 % des für Dampf eingesetzten Wassers wieder verwendet. Trotzdem werden pro Barrel Bitumen 0,2 Barrel Grundwasser verbraucht.

Insbesondere das Problem der immer zahlreicher und größer werdenden Absetzbecken mit ihren hohen Konzentrationen an Schadstoffen ist derzeit noch ungelöst.

Engpässe auf dem Arbeitsmarkt und bei der Ausrüstung

Die Provinz Alberta profitiert finanziell vom Ölsandboom. Die Bodenschätze gehören den Provinzen und nicht der kanadischen Zentralregierung, die nur indirekt über erhöhte Steuereinnahmen Nutznießerin ist. Vor kurzem erhielt jeder Bürger in Alberta einen Scheck über 400 kanadische Dollar (ca. 260 Euro) aufgrund der hohen Haushaltsüberschüsse.

Aber der Boom hat auch seine Kehrseite. Die Stadt Fort McMurray, die im Zentrum der Ölsandvorkommen liegt, hatte 1961 noch 1.100 Einwohner, heute sind es über 60.000 und in wenigen Jahren werden es 100.000 sein. Soziale Infrastrukturen und der

Wohnungsbau können mit diesem Tempo kaum mithalten. Eine Preisexplosion auf dem Immobilienmarkt ist die Folge.

Über 30.000 Arbeitsplätze wurden bis 2005 durch den Ölsandboom direkt oder indirekt in Alberta geschaffen. Bis 2008 werden 150.000 neue Jobs erwartet, in ganz Kanada sogar 240.000. Städte wie Fort McMurray sind zu den ersten Ölboomstädten des 21. Jahrhunderts geworden.

Der Mangel an Arbeitskräften ist so groß geworden, dass Investitionen verschoben werden müssen. Für das Horizon-Projekt werden eigene Flugplätze angelegt, um den Beschäftigten eine attraktive Pendelmöglichkeit in das 250 Meilen entfernte Edmonton zu bieten.[29] In vielen Branchen wie z.B. in der Landwirtschaft fehlen Arbeitskräfte, die von den weitaus höheren Löhnen in der Ölsandindustrie angezogen werden.

Auch bei der technischen Ausrüstung gibt es häufig Engpässe. Im Tagebau fehlt es immer wieder an Ersatzteilen für die riesigen Speziallastwagen mit 400 Tonnen Ladegewicht. Der notorische Mangel an Spezialreifen wird mittlerweile in fast jeder Analyse erwähnt.

Aussichten[30]

Die IHS gibt sich dennoch optimistisch, dass für die Entwicklungsprobleme der kanadischen Ölsandindustrie rechtzeitig Lösungen gefunden werden können:

▶ Bei In-Situ-Projekten sinken die Kapitalkosten deutlich.

▶ Die Verwendung von Bitumen statt Erdgas löst das Problem der Erdgasversorgung.

▶ Wasserverbrauch und Müllberge können durch verstärktes Recycling entschärft werden.

▶ CO_2-Emissionen können durch bessere Verfahren und langfristig durch CO_2-Speicherung verringert werden.

9.3   Venezolanisches Schwerstöl

Reserven

Schwerstölvorkommen sind in mehreren Regionen der Welt gefunden worden, u.a. in Russland, in der Nähe der großen kanadischen Ölsandvorkommen, in China und vor der Küste Brasiliens.

Die mit Abstand größten Ressourcen, etwa 90 % der bekannten Vorkommen, liegen entlang des Flusses Orinoco im Osten Venezuelas. Die Potenziale sind in der Ölbranche seit langem bekannt, aber eine nennenswerte Förderung begann erst in den späten 1990er Jahren. Da es noch keine flächendeckende Exploration gibt, schwanken die Schätzungen:[31]

▸   Die OOIP-Schätzungen bewegen sich zwischen 1180 Gb und 1895 Gb.

▸   Die Schätzungen der förderbaren Reserven bewegen sich zwischen 100 Gb und 270 Gb, meist zwischen 230 und 270 Gb. Der Wert von 236 Gb, der vom venzolanischen Staatskonzern PdVSA genannt wird, ergibt sich aus der erwarteten Förderrate (Recovery Rate) von 20 %.

Venezuela drängt darauf, mindestens 230 Gb der Orinoco-Vorkommen als gesicherte Ölreserven in die Statistiken der OPEC aufzunehmen. Der südamerikanische Staat wäre dann mit 312 Gb Reserven noch vor Saudi-Arabien und Kanada das Land mit den größten Ölreserven.[32] Aufgrund verbesserter Produktionstechniken und höherer Ölpreise ist zu erwarten, dass der Anteil der gewinnbaren Reserven an den Ressourcen (Recovery Rate) deutlich steigen wird.[33] *Derzeit liegt die Recovery Rate nur bei etwa 8 % des Öls*, der Rest bleibt im Boden. Der Staatskonzern PdVSA drängt auf die Anwendung moderner und aufwendigerer Fördermethoden, wie sie bei den kanadischen Ölsanden bereits zur Anwendung kommen, insbesondere SAGD-Verfahren mit Dampfinjektionen. Dadurch könne die Recovery Rate *von 8 % auf 20 %, eventuell sogar 60 %* steigen.[34]

Die Förderkosten liegen zur Zeit noch sehr niedrig, da auf eine thermische Stimulation verzichtet wird. Ohne diese Dampfinjektion dürften die Förder- und Upgradingkosten nach einer Schätzung aus dem Jahr 2003 bei unter 15 $/b liegen.[35]

Produkte

Anders als bei den kanadischen Ölsanden sind die Temperaturen in den venezolanischen Lagerstätten ausreichend hoch, um Bitumen und Schwerstöl fließen zu lassen. Bei etwa 55 °C in der Lagerstätte sinkt die Viskosität des Schwerstöls so weit, dass es fast wie konventionelles Öl gefördert werden kann. Es muss dann aber an der Oberfläche verdünnt werden, um durch Pipelines gepumpt werden zu können.

Zwei Produkte können daraus hergestellt werden:

1. Das gewonnene Rohöl könnte wie sein kanadisches Pendant zu einer wichtigen Quelle für die Weltölversorgung werden – wenn mehr investiert wird. Aus 120 Barrel Schwerstöl werden in einem aufwendigen Prozess etwa 104 Barrel leichtes Rohöl hergestellt und unter dem Namen *Syncrude* vermarktet. Der Rest ist Koks und Schwefel.

2. *Orimulsion*, der Markenname für das schwere venezolanische Heizöl, spielt auf den Weltölmärkten keine große Rolle mehr. Es ist eine Mischung aus Bitumen (70 %) und Wasser (30 %). Es wird alternativ zu schwerem Heizöl oder Kohle von Kraftwerken direkt verbrannt. Die Produktion von Orimulsion ist in den letzten Jahren deutlich zurückgegangen und wurde im Laufe des Jahres 2007 eingestellt. Die Veredlung zu *Syncrude* ist angesichts steil steigender Rohölpreise erheblich profitabler als der Verkauf in einem von Kohlepreisen dominierten Verstromungsmarkt.

Produktion

Die Ölvorkommen im Orinoco-Gürtel wurden schon 1935 entdeckt. In den 1960ern wurde das Gebiet systematisch erforscht, aber erste Versuche der staatlichen PdVSA, das Schwerstöl zu fördern, scheiterten an technischen Problemen und wurden Ende der 1980er vorläufig eingestellt.[36]

Mitte der 1990er nahmen internationale Ölkonzerne einen neuen Anlauf, der zur Gründung von vier großen Projekten führte. Seit 1997 wird Schwerstöl gefördert, das an der Küste weiterverarbeitet wird. Insgesamt betrugen die Investitionskosten 17 Mrd. Dollar. PdVSA und internationale Ölkonzerne bauten eine Produktionskapazität von 620.000 b/d Schwerstöl auf. Die tatsächliche Produktion lag Mitte 2007 bei etwa 500.000 b/d.[37]

Die Ressourcen am Orinoco sollen nach Regierungsplänen in den nächsten Jahren flächendeckend mit seismischen Methoden lokalisiert, geschätzt und anschließend so rasch wie möglich erschlossen werden.

Die dafür notwendigen Investitionen liegen allerdings auf Eis. Die Quasi-Verstaatlichung der vier Orinoco-Projekte führte zur Neuverhandlung aller Verträge mit den westlichen Ölkonzernen. Im Mai 2007 übernahm PdVSA endgültig die Kontrolle über die vier großen Orinoco-Projekte, deren Wert auf mittlerweile 31 Mrd. Dollar geschätzt wird.

Es ist zurzeit unklar, ob die im Land verbliebenen westlichen Firmen größere Investitionen riskieren wollen und welche Mittel die staatliche Ölgesellschaft bereitstellen kann. Venezuela hofft offiziell, die Produktion am Orinoco bis 2012 auf 1,2 mb/d verdoppeln zu können, aber die meisten Beobachter sind angesichts der ölpolitischen Turbulenzen der letzten fünf Jahre sehr skeptisch und rechnen eher mit einer Stagnation.

9.4   Coal-to-Liquids: Öl aus Kohle

Kohle ist nach Öl der zweitwichtigste Energieträger der Welt und steht bei der Stromerzeugung sogar an erster Stelle. Der Anstieg des Ölpreises hat die weltweite Suche nach neuen Technologien intensiviert. Dazu gehören auch Verfahren, die auf Kohle zurückgreifen, um flüssige (*CTL Coal-to-Liquids*) oder gasförmige (*CTG Coal-to-Gas*) Kohlenwasserstoffe zu produzieren.

CTL wird nach dem steilen Ölpreisanstieg vor allem in China und den USA intensiv diskutiert.[38] Ende 2007 kostete Öl auf Energiebasis gerechnet fünfmal so viel wie Kohle. Hohe Investitionskosten und eine schlechte ökologische Bilanz (Schadstoffe, Wasser, CO_2) stehen der hohen Versorgungssicherheit gegenüber, denn alle großen Ölverbraucher sind große Kohleländer, insbesondere die USA und China, aber auch Indien und Deutschland.

Dennoch bleibt fraglich, ob sich außerhalb von China und Südafrika eine nennenswerte CTL-Industrie entwickeln wird.

Technik

Kohle ist ein fossiler Energieträger, der über Jahrmillionen aus abgestorbenen Pflanzen unter hohem Druck entstanden ist. Im Vergleich zu Erdöl oder Erdgas ist der Anteil des Kohlenstoffs sehr hoch und der Anteil des Wasserstoffs gering. Dieses Manko muss durch aufwendige Verfahren beseitigt werden. Im Prinzip wird entweder Kohlenstoff entzogen oder Wasserstoff hinzugefügt. Alle grundlegenden Verfahren wurden ursprünglich in Deutschland entwickelt und werden mittlerweile weltweit eingesetzt.

Die Moleküle werden bei hohem Druck und hohen Temperaturen aufgespalten und anschließend durch direkte Zugabe von Wasserstoff oder über die zwischengeschaltete Vergasung zu unterschiedlich langen Kohlenwasserstoffmoleküle zusammengesetzt. Kurze Moleküle sind gasförmig, längere Moleküle sind flüssig. Drei Verfahrenstypen können unterschieden werden:

▸ Fischer-Tropsch-Synthese (die auch bei BTL und GTL zum Einsatz kommt)

▸ Kohlehydrierung (Bergius-Pier-Verfahren)

▸ Direkte Kohleverflüssigung

Je nach Verfahren entstehen unterschiedliche Anteile von Benzin, Diesel/Heizöl oder Aromaten für die petrochemische Industrie. Das Verfahren mit der größten Energieausbeute könnte die direkte Kohleverflüssigung werden. Es wird aber bislang nur in kleinen Pilotanlagen eingesetzt und soll erstmals bei den neuen CTL-Anlagen in China großtechnisch erprobt werden.

Erfahrungen in Deutschland und Südafrika

Kohlehydrierung und Fischer-Tropsch-Synthese wurden in Deutschland nach der Jahrhundertwende entwickelt. Trotz der sehr hohen Kosten wurde sie im Rahmen der

Kriegsvorbereitungen in den 1930er Jahren großtechnisch realisiert. Bis 1940 wurde eine Kapazität von 72.000 b/d errichtet, was damals fast der Hälfte des deutschen Ölverbrauchs entsprach. 1943 wurden für kurze Zeit 124.000 b/d produziert.[39] Niedrige Ölpreise und andere energiepolitische Prioritäten führten nach dem Krieg dazu, dass die Verfahren nur noch in Pilotanlagen eingesetzt wurden. 2004 wurde die letzte Anlage demontiert und nach China exportiert.

Ebenfalls politische Gründe führten in Südafrika zu einer neuen Blüte. Südafrika hat große Kohlereserven, aber bescheidene Erdölvorkommen. Die internationale Isolierung und Ölembargos gegen das damalige Apartheid-Regime machten die deutschen Verfahren interessant. Der südafrikanische Rohstoff- und Chemiekonzern Sasol begann daher schon in den 1950er Jahren mit der Herstellung von synthetischem Gas und Öl auf Kohlebasis mit Hilfe eines von Lurgi modifizierten Fischer-Tropsch-Verfahrens.

Sasol deckt ein Drittel des Kraftstoffbedarfs Südafrikas. Bis heute hat Sasol über 1,5 Mrd. Barrel Treibstoffe durch CTL-Verfahren erzeugt und steht damit mit weitem Abstand an der Weltspitze. Heute verfügt die Firma über eine breite Palette moderner CTL- und GTL-Verfahren, die auch von Chevron, Conoco-Phillips und Shell genutzt wird.

Die Anlagen, die in den 1980er Jahren errichtet wurden, haben heute eine Kapazität von 150.000 b/d und erzeugen vor allem Diesel und Naphtha. Der Bau einer weiteren Anlage mit 80.000 b/d war geplant.[40] Allerdings scheint Sasol seine Anlagen von Kohle (CTL) auf Erdgas (GTL) umzustellen, nicht zuletzt weil die Verwendung von Kohle angesichts der anhaltenden Stromkrise Südafrikas unsicher und umstritten ist.

Planungen in China

Es gibt weltweit immer wieder Interesse an CTL, aber voraussichtlich wird China der nächste große Anwender sein. China ist ein Kohleland. Angesichts der großen Reserven lag es für Peking nahe, die Techniken der Kohleverflüssigung zu fördern. Erste Versuchsanlagen wurden bereits in den 1980er Jahren gebaut, aber strategische Bedeutung erlangte CTL erst Mitte der 1990er, als China zum Importeur von Öl wurde.

Das Ziel ist die Bereitstellung von Kraftstoffen für den rasch wachsenden Autoverkehr und die Versorgung der Kohlechemie. In China wird schon heute eine große Zahl von Kohlevergasungsanlagen für die Herstellung von Kunstdünger und Chemikalien eingesetzt.

Ein erstes größeres Pilotprojekt in Pingdingshan (Provinz Henan) scheiterte 1999. Zwei Jahre später ging der Kohlekonzern Shenhua Group mit verbesserten Technologien erneut an den Start. Schließlich fiel 2004 der Startschuss für eine große Anlage mit neuen Direktverflüssigungsverfahren in Ordos (Provinz Innere Mongolei). Shenhua will diese Anlage mit zunächst 20.000 b/d 2008 oder 2009 in Betrieb nehmen. Ihre Kapazität soll dann auf 100.000 b/d erweitert werden. Es werden 3,2 Tonnen Kohle benötigt, um 1 Tonne Ölprodukte wie Diesel, LPG oder Naphtha herzustellen.

Weitere Projekte sollen folgen. Im April 2006 kündigte die Yankuang-Gruppe den Bau einer großen Anlage in der Provinz Shaanxi mit Gesamtkosten von 10 Mrd. Dollar an. Bis 2020 soll eine Kapazität von 205.000 b/d geschaffen werden. Zusätzlich zu diesen von Peking unterstützten Projekten gibt es eine Vielzahl kleinerer Projekte, die von Provinzen und Regionen initiiert worden sind. Hohe Ölpreise und niedrige Kohlepreise versprechen eine hohe Rendite und mehr Unabhängigkeit von den marktbeherrschenden chinesischen Ölkonzernen.

Auch ausländische Energiekonzerne sind aktiv geworden. Shenhua und Sasol kooperieren bereits seit einigen Jahren und vereinbarten im Juni 2006 den Bau von zwei Anlagen mit Sasols Niedrigtemperatur-Syntheseverfahren. Es sollen zwei Anlagen mit einer Kapazität von je 80.000 b/d erstellt werden. Sie werden voraussichtlich je 5 Mrd. Dollar kosten und etwa 2013 in Betrieb gehen. Shell und Shenhua vereinbarten im Juli 2006 gemeinsame Pilotprojekte für moderne CTL-Verfahren mit indirekter Kohleverflüssigung. In Ningdong soll bis 2009 geklärt werden, ob eine Anlage mit 70.000 b/d Kapazität bis 2012 erstellt werden soll.[41]

Insgesamt waren 2007 in China 30 Projekte für CTL (Kohleverflüssigung) oder CTG (Kohlevergasung für petrochemische Produkte) in der Planung oder im Bau. Die geplanten Kapazitäten für Ölprodukte liegt bei 300.000 b/d, also etwa 7 % der aktuellen chinesischen Ölimporte. Shenhua plant den weiteren Ausbau seiner Anlagen bis auf 600.000 b/d um das Jahr 2020. Das würde aber bereits 5 % der chinesischen Kohleproduktion verbrauchen.[42] Insgesamt wäre es also denkbar, dass China 2030 an die 1 mb/d Ölprodukte aus CTL-Anlagen herstellen kann.

Die hohe Dynamik, mit der die CTL-Branche in den letzten Jahren vorangetrieben wurde, stößt allerdings auch auf Widerstände. Peking will eine Überhitzung des Sektors verhindern und hat die Mindestgröße für neue Anlagen angehoben. Die Regierung fürchtet, dass kleinere Anlagen eine zu geringe Produktivität haben, was einen übermäßigen Kohle- und Wasserverbrauch sowie extrem hohe Emissionen zur Folge hätte.

Die Kohlereserven sind groß, aber nicht unbegrenzt: Die derzeit bekannten, wirtschaftlich förderbaren Kohlereserven des Landes entsprechen rechnerisch nur dem 60fachen aktuellen Jahresverbrauch.

Kosten und Nettoenergieertrag

Die CTL-Verfahren sind mit großen Energieverlusten verbunden. Nur *40–60 % der in der Kohle enthaltenen Energie* bleibt in den flüssigen Endprodukten erhalten, wobei die direkte Kohleverflüssigung einen höheren Ertrag ermöglicht als die indirekten Verfahren mit Fischer-Tropsch-Synthese.[43] Aus einer Tonne Kohle (Sorte Illinois Nr. 6) entstehen nur etwa 2 Barrel Ölprodukte.

Auch sind die Kapitalkosten im Vergleich zu konventionellem Rohöl oder GTL-Verfahren hoch, weil ein größerer technischer Aufwand betrieben werden muss. Dafür sind die operativen Kosten relativ gering, wenn billige und große Kohlevorkommen von mindestens 2 Mrd. Tonnen Reserven in der Nähe vorhanden sind.

Die Profitschwelle für CTL-Anlagen lag 2007 bei einem Ölpreisniveau von 40–60 $/b. Wenn eine Abscheidung und Lagerung des emittierten CO_2 eingerechnet wird, dürfte die Schwelle bei 50–75 $/b liegen. Steigende Kohle- und Projektkosten dürften dafür sorgen, dass die Profitschwelle für Neuanlagen aktuell (Mitte 2008) noch einmal ein Drittel höher liegt.[44] Der Ölpreis muss also bei über 80 $/b (ohne CO_2-Kosten) bzw. über 100 $/b liegen (mit CO_2-Kosten), damit CTL-Anlagen profitabel arbeiten können.

Hinzu kommt eine enorme Umweltbelastung: Aufgrund der hohen Emissionen wird CTL klimapolitisch erst in Verbindung mit CO_2-Speicherung (CCS) erträglich. Selbst dann bleiben Probleme wie der sehr hohe Wasserverbrauch und Abraum. Ohne CCS verursacht die Dieselproduktion mit CTL-Verfahren etwa 70 % mehr CO_2-Emissionen als der Diesel, der aus Erdöl gewonnen wird.[45]

Wenn die chinesische CTL-Ölproduktion bis 2030 auf 1 mb/d steigen sollte, würde dies je nach Verfahren CO_2-Emissionen von 140–250 Millionen Tonnen pro Jahr verursachen. Bei direkter Kohleverflüssigung ergibt sich der untere Wert von 140 Mio. Tonnen, da er eine Nettoenergieausbeute von 60 % hat. Bei indirekter Verflüssigung werden 250 Mio. t emittiert, da nur 40 % erreicht werden.[46]

Auch die Auswirkungen auf die Wasserversorgung wären unmittelbar spürbar. Die meisten CTL-Projekte sind in der Nähe der Kohlevorkommen in den Provinzen Innere Mongolei und Shanxi geplant, wo Wasser bereits knapp ist. Fischer-Tropsch-Anlagen brauchen für die Produktion eines Barrel Öl 5–7 Barrel Wasser.[47]

Hirsch weist darauf hin, dass es unter den gegenwärtigen rechtlichen und gesellschaftlichen Bedingungen wohl über 10 Jahre dauern dürfte, bis eine große CTL-Anlage in den USA realisiert werden kann. Die Chancen, ein paar Dutzend dieser Anlagen zu erstellen, tendieren nach seiner Einschätzung gegen Null.[48] Die südafrikanischen Sasol-Anlagen zeigen allerdings, was unter politischem Druck möglich ist. Hier vergingen bei beiden Anlagen nur drei Jahre zwischen Entscheidung und Realisierung.

Produktionsprognosen

Prognosen zur weltweiten CTL-Produktion geben kein einheitliches Bild. Für die USA schwanken sie für das Stichjahr 2030 zwischen Null und 5,5 mb/d.[49] Derzeit sind 11 Anlagen bekannt, für die Machbarkeitsstudien, Planungs- oder Designstudien in Auftrag gegeben wurden. Zusammen hätten sie eine Kapazität von etwa 240.000 b/d. Da die zukünftige CO_2-Politik der USA und damit die Kostenbasis der Anlagen unklar ist, warten die Investoren jedoch ab.

Neben China und Südafrika ist daher nur noch Indien zu nennen:[50] Sasol plant dort den Bau einer großen CTL-Anlage mit einer Kapazität von mehr als 100.000 b/d. Aber es gibt im stark regulierten indischen Kohlemarkt rechtliche Probleme, so dass der Zeitpunkt der Realisierung völlig unklar ist. Die indische Regierung hat nach Medienberichten im März 2008 den Bau der großen CTL-Anlage genehmigt, die gemeinsam von der südafrikanischen Sasol-Gruppe und dem indischen Tata-Konzern errichtet werden soll.

Aus heutiger Sicht erscheint daher nur der Bau der chinesischen Shenhua-Werke wahrscheinlich. Dort könnte die Produktion 2009 beginnen (20.000 b/d) und bis 2012 eine Höhe von 160.000 b/d erreichen.[51] Das sind 2 % des heutigen chinesischen bzw. 0,2% des globalen Ölbedarfs.

9.5 Gas-to-Liquids: Öl aus Erdgas (GTL)

Gas-to-Liquids-Verfahren (GTL) verwandeln Erdgas in einem aufwendigen technischen Verfahren in sehr hochwertige Ölprodukte wie Diesel oder petrochemische Rohstoffe. Dadurch könnten die großen und immer noch wachsenden bekannten Erdgasreserven für die Erdölversorgung genutzt werden.

Ein wichtiger Vorteil besteht darin, dass kleinere oder abgelegene Gasvorkommen erschlossen werden könnten, für die sich der Bau einer Gaspipeline nicht lohnt. Dieses sog. *Stranded Gas* stammt aus Erdgasfeldern oder aus Ölfeldern, deren Gaskappen abgefackelt werden, weil eine kommerzielle Verwendung nicht möglich ist. Anders als bei Öl spielen Transportkosten bei Erdgas eine große Rolle. Wenn der Bau einer Pipeline zu teuer oder technisch nicht möglich ist, gibt es nur drei Möglichkeiten:

▶ Keine Nutzung: Das Erdgasfeld wird nicht erschlossen oder das Gas aus einem Erdölfeld wird abgefackelt.

▶ LNG (*Liquefied Natural Gas*): Der Aufbau einer aufwendigen Kühlkette, für die das Gas so stark abgekühlt wird, dass es schrumpft, flüssig wird und in Spezialschiffen transportiert werden kann. Am Bestimmungsort wird es wieder zu Erdgas verdampft.

▶ GTL: Die Umwandlung des Gases in flüssige Ölprodukte.

Der *potenzielle* Markt für GTL ist sehr groß: Es werden jährlich etwa 110 Mrd. Kubikmeter Erdgas abgefackelt.[52] Das ist mehr als der gesamte deutsche Gasverbrauch und
entspricht etwa 4 % der weltweiten Erdgasförderung. Könnte das gesamte abgefackelte
Gas durch GTL-Verfahren in Ölprodukte transformiert werden, ergäbe das eine Produktion von 1 mb/d, was immerhin 1,3 % der Weltölnachfrage decken könnte.

Das Potenzial des gesamten *Stranded Gas* in Erdgasfeldern, das mangels Transportmög-
lichkeiten nicht genutzt werden kann, ist noch um ein Vielfaches höher. Allerdings
müssten auch hier kleinere GTL-Anlagen (Mikro-GTL) erst ihre kommerzielle An-
wendbarkeit belegen. Auch große Erdgasfelder sind für GTL interessant, sobald der
Ölpreis stark steigt. Ölprodukte könnten dann trotz der aufwendigen Produktion eine
höhere Rendite ermöglichen als Erdgas.

Technik

In GTL-Anlagen wird Erdgas durch Zufuhr von Sauerstoff und Wasserdampf in Synthesegas verwandelt, das aus Kohlenmonoxid und Wasserstoff besteht. Im zweiten
Schritt kommt, wie auch bei BTL- und CTL-Anlagen, die schon in den 1920ern in
Deutschland entwickelte Fischer-Tropsch-Synthese (FT) zum Einsatz. Sie wurde 1934
erstmals großtechnisch von der Ruhrchemie AG als Alternative zur Kohleverflüssigung
eingesetzt. Sie verwandelt das Synthesegas in flüssige Kohlenwasserstoffe, aus denen
hochreine Ölprodukte wie insbesondere Diesel und Naphtha (Rohbenzin) gewonnen
werden können. Das Produkt enthält im Gegensatz zu natürlichem Rohöl weder
Schwefel noch Stickstoffe. GTL-Diesel kann aufgrund seines extrem niedrigen Schad-
stoffgehalts alle aktuellen und geplanten Emissionsstandards unterschreiten.

Allerdings ist der Energieverlust sehr hoch. Bei einer größeren Anlage können etwa
3500 Barrel Ölprodukte aus 1 Million Kubikmeter Gas gewonnen werden. Der Energieverlust bei der Konversion liegt also *bei 45 %* und damit auf dem niedrigen Verwer-
tungsniveau der Kohleverflüssigung (CTL).[53] Die Verringerung der Energieverluste ist
daher eine zentrale Herausforderung für die Zukunft von GTL.

Bestehende und geplante Anlagen

Es gab im Sommer 2008 weltweit nur drei produzierende GTL-Anlagen:[54]

1. Mossel Bay von PetroSA in Südafrika mit einer Kapazität von 22.500 b/d. Die
    staatliche PetroSA begann schon 1993 mit der Produktion von Benzin, Kerosin
    und LPG aus nahegelegenen Erdgasvorkommen. Ähnlich wie bei den CTL-
    Anlagen von Sasol sollte damit die Abhängigkeit Südafrikas von Rohstoffimporten
    reduziert werden.

2. Die Bintulu-Anlage von Shell in Malaysia mit einer Kapazität von 12.500 b/d. Sie arbeitet bereits seit 1993.

3. Die Oryx-Anlage in Katar produziert seit April 2007 mit einer maximalen Kapazität von 34.000 b/d. Die tatsächliche Produktion liegt weit darunter, da immer wieder technische Probleme auftauchen. Oryx GTL ist ein Joint Venture von Katar Petroleum, Sasol und Chevron. Ende 2008 soll die tatsächliche Produktion 27.000 b/d erreichen.

In Katar sollten ursprünglich GTL-Anlagen mit einer Kapazität von 400.000 b/d entstehen. Aber seit 2005 tritt die Regierung auf die Bremse. Die lange Liste von Gasprojekten erfordert den raschen Ausbau der Gasförderung. Die Regierung will neue Projektgenehmigungen verzögern, um beide Entwicklungen in Einklang zu bringen und um den überlasteten Baumarkt abzukühlen.

Das große Palm-Projekt in Katar (150.000 b/d) wurde Anfang 2007 von Exxon gestoppt. Die voraussichtlichen Kosten waren von 7 auf 15 Mrd. Dollar gestiegen und die Versorgung mit billigem Erdgas erschien dem Konzern zunehmend unsicher. Auch Marathon Oil und ConocoPhillips haben ihre GTL-Projekte gestoppt.

Beim Pearl-Projekt sind die Aussichten günstiger. Die gemeinsame Anlage von Shell und Katar Petroleum soll 2012 140.000 b/d GTL-Produkte sowie Kondensate und LPG produzieren. Sie wäre dann die mit Abstand größte GTL-Anlage der Welt. Die Grundsteinlegung war Anfang 2007. Die ursprünglichen Kostenschätzungen lagen bei 4 Mrd. Dollar. Heute liegen sie bei 18 Mrd. Dollar.

Eine weitere GTL-Anlage mit einer Kapazität von 34.000 b/d wird von Chevron und dem Staatskonzern NNPC in Escarvos (Nigeria) gebaut. Sie sollte 2009 in Betrieb genommen werden, aber lokaler Widerstand und Kostenüberschreitungen scheinen die Fertigstellung bis mindestens 2011 zu verzögern.[55]

Kosten[56]

GTL-Projekte und ihre Renditen sind schwer zu kalkulieren, da viele Variablen einwirken: die Weltdieselpreise, der konkurrierende LNG-Markt, die Erdgaspreise (gerechnet ab Bohrloch) und die Kostenentwicklung für Bau und Betrieb der technisch anspruchsvollen Anlagen.[57]

Es ist zu erwarten, dass sich die Erdgaspreise in den kommenden Jahren immer stärker vom Ölpreis abkoppeln werden. In den USA und Teilen Asiens ist das heute schon der Fall. In Europa steht eine ähnliche Entwicklung an, sobald sich die frei auf dem Weltmarkt verfügbaren Mengen durch LNG-Tanker erhöhen.

Die Wechselwirkungen zwischen den Energiemärkten erschweren die Risikoanalyse bei GTL-Projekten. Das Beispiel Katars zeigt, dass Pläne sehr schnell obsolet werden, wenn sich die Variablen ändern – trotz der vermutlich billigsten Erdgasressourcen der Welt in Katars North Field. Eine Produktionskapazität von einem Barrel pro Tag im Pearl-Projekt kostet mindestens 130.000 Dollar, selbst wenn die Anlage von Anfang an mit hoher Auslastung arbeiten sollte, was unwahrscheinlich ist. Die Kosten liegen also deutlich über den teuersten konventionellen Erdölprojekten auf der Sachalin-Insel oder im Golf von Mexiko.

Fazit

Die Prognosen der letzten Jahre sind heute bereits überholt, da mehrere große Projekte gestoppt wurden. Viele Analysen unterschätzten die Wechselwirkungen zwischen GTL, LNG, Eigenbedarf der Produzenten und volatilen Preisen. GTL-Öl steht in einer doppelten Konkurrenz zu LNG und Rohöl. Fallen die Kosten bei LNG schneller als erwartet, könnten Energiekonzerne die aufwendigeren GTL-Projekte auf die lange Bank schieben. Dasselbe gilt für ein unerwartetes Nachgeben der Ölpreise oder bei einem steilen Anstieg der Gaspreise, also der Rohstoffkosten für GTL-Anlagen.

Die IEA rechnete bereits im Jahr 2010 mit 1 mb/d Ölproduktion aus GTL-Anlagen. Die EIA ist mittlerweile vorsichtiger und hält 1,1 mb/d erst 2030 für wahrscheinlich.[58]

Tatsache ist, dass *die Kapazität 2007 erst bei 80.000 b/d und die Produktion unter 60.000 b/d* lag. Wenn die am weitesten fortgeschrittenen Projekte (Pearl und Escarvos) wie geplant realisiert werden, *dürfte die GTL-Kapazität bis 2012 auf 250.000 b/d* steigen. Alles danach liegt im Dunkeln und kann nicht seriös geschätzt werden.

Anfang der 1990er wurden die Vorteile von GTL überbetont, mittlerweile werden die Probleme in den Vordergrund gerückt:

1. GTL bringt keine nennenswerte Verbesserung der geopolitischen Versorgungssicherheit, da die aussichtsreichen Gasressourcen meist in denselben Regionen wie die Ölvorkommen liegen.

2. Die Verfahren sind mit hohen Energieverlusten verbunden und haben eine sehr schlechte CO_2-Bilanz.

3. Die Projekte leiden an der Überhitzung der Beschaffungsmärkte und konkurrieren direkt mit LNG-Plänen. Die Anlagen sind komplex und kapitalintensiv. GTL ist ein komplexer chemischer Prozess, LNG entsteht durch einen aufwendigen, aber relativ simplen physikalischen Kühlungsvorgang.

Nach dem großen Enthusiasmus Anfang des Jahrzehnts ist Ernüchterung eingekehrt. Eine Reihe großer Projekte wurde auf Eis gelegt. Die Gasproduktion kann offensichtlich nicht schnell genug steigen, um neben ihren Stammmärkten auch noch den angespannten Ölmarkt zu entlasten. Zudem steigt der Eigenverbrauch in vielen Regionen, so dass immer weniger für den Export übrig bleibt. Die mit viel Vorschusslorbeeren gestartete Technologielinie GTL hat derzeit kaum Aussichten auf einen nachhaltigen Wachstumsschub.

9.6   Shale-to-Liquids: Ölschiefer

Geologie[59]

„Ölschiefer" (*shale oil*) ist eine allgemein gebräuchliche, aber etwas irreführende Bezeichnung, da die Vorkommen kein konventionelles Rohöl enthalten und nicht nur in Schiefergestein zu finden sind. Ölschiefer ist Gestein (Schiefer, Karbonat, Marl), das *Kerogen* enthält, ein festes organisches Material. Kerogen ist gewissermaßen eine Vorform von Öl oder Gas, das aber nie ausreichend tief in die Erdkruste gesunken ist, um sich über die dadurch entstehende Hitze in Öl oder Gas verwandeln zu können. Ölschiefer steht damit am Anfang der Ölgenese, im Gegensatz zu Ölsanden, die degradiertes Öl am Ende der Ölgenese darstellen.

Gefördertes Kerogen verwandelt sich nach der Erhitzung auf etwa 500°C in flüssiges *shale oil*, das in seinen Eigenschaften flüssiger Kohle ähnelt. In dieser Form wird es schon seit Jahrhunderten in geringen Mengen genutzt.

Ressourcen und Reserven[60]

Ölschiefer ist auf allen Kontinenten in über 50 Ländern vorhanden. Die Kerogenressourcen (OOIP) werden im allgemeinen auf 2600 Gb bis 3500 Gb veranschlagt. Das wäre mehr als das gesamte konventionelle Öl, das bislang entdeckt worden ist. Die größten Vorkommen befinden sich nach einer Schätzung:[61]

▸   in den Staaten der früheren Sowjetunion (1400 Gb)

▸   in den USA (700 Gb)

▸   in Brasilien (700 Gb)

▸   in China (400 Gb)

▸   in Kanada (300 Gb)

▸   zum Vergleich: Die saudischen konventionellen Ölreserven werden auf 260 Gb geschätzt.

Größere Ressourcen finden sich außerdem in Australien (Stuart Oil Shale), Jordanien (El-Lajjun), Estland (Kukkersit) und Skandinavien (Alaunschiefer).[62]
IEA und BGR halten 1.060 Mrd. Barrel für technisch förderbar.[63] Bei dieser Schätzung wird angenommen, dass 50 % der bisher bekannten Vorkommen abgebaut werden und 75 % des geförderten Kerogens in Öl verwandelt wird. Im Allgemeinen gelten Vorkommen mit mehr als einem halben Barrel Kerogen pro Tonne Gestein als attraktiv. Diese Zahlen sind mit Vorsicht zu genießen, da es bislang keine großtechnischen Erfahrungen gibt. Die Wirtschaftlichkeit hängt stark davon ab, wie hoch der Rohölpreis ist, wie hoch die Energiekosten sind, welche klimapolitischen Auflagen gemacht werden und welche Qualität das jeweilige Vorkommen hat.

Für die USA schwanken die Angaben zwischen 700 und 2000 Gb Ressourcen, wovon 423 Gb als wirtschaftlich förderbar gelten, d.h. mehr als 100 Liter Kerogen je Tonne Gestein in einer über 3 Meter dicken Schicht enthalten. Damit könnte rein rechnerisch – also ohne Berücksichtigung der Inputenergie – der Ölbedarf der USA für 60 Jahre gedeckt werden.[64]

Die USA verfügen über mehrere große Vorkommen, worunter die Lagerstätten am Green River hervorstechen. Sie sind Gegenstand zahlreicher Analysen und Pilotprojekte geworden. Im Grenzgebiet von Wyoming, Utah und Colorado befinden sich hochwertige Vorkommen mit mehr als 100 Liter Kerogen pro Tonne Gestein in 30 bis 300 Meter dicken Schichten nahe an der Erdoberfläche.

Es wird geschätzt, dass allein in diesem 43.000 Quadratkilometer großen Gebiet 130 Gb Schieferöl gefördert werden könnten. Das liegt in derselben Größenordnung wie die kanadischen Ölsande.[65]

Technik[66]

Ähnlich wie Ölsand kann Ölschiefer entweder in großen Minen abgebaut oder *In-Situ* in größerer Tiefe durch Bohrungen gewonnen werden. Während die Tagebauverfahren im kleineren Maßstab erprobt sind, wurden die In-Situ-Verfahren noch nie großtechnisch oder gar kommerziell getestet. Dennoch wird ihnen voraussichtlich die Zukunft gehören, da sie weitaus weniger Umweltschäden nach sich ziehen. Technische Anregungen gibt es immer wieder von den neuen Verfahren, die für kanadische Ölsande entwickelt werden.

Tagebau: Das kerogenhaltige Gestein muss zunächst gesprengt, abtransportiert und zerkleinert werden. Anschließend werden durch Verkokung oder Verschwelung höherwertige Kohlenwasserstoffe gewonnen, z.B. in Schwelreaktoren mit nachgeschalteten Destillationsanlagen.

In-Situ-Verfahren: Da Ölschiefer erheblich weniger durchlässig sind als die kanadischen Sandsteine, reicht es bei der In-Situ-Förderung nicht aus, einfach nur heißen Dampf zu injizieren. Das Gestein muss durch Explosionen oder hydraulischen Druck aufgebrochen werden, damit das Kerogen erhitzt und verschwelt werden kann. Dabei wird Sauerstoff zugeführt. Die durch das Bohrloch an die Oberfläche strömenden Schwelgase können anschließend weiterverarbeitet werden.

Energieverbrauch

Ölschiefer enthält zwischen 4 % und 40 % Kerogen. Nach der Erhitzung auf 400–500°C lassen sich aus einer Tonne Gestein 20 bis 200 Liter leichtes, schwefelarmes Mitteldestillat gewinnen, das ohne Raffinerie direkt verwendet werden kann.[67]

Das Gestein muss jedoch vorab über Jahre (!) hinweg erhitzt werden, um das feste Kerogen in fließendes Öl zu verwandeln. Um zu verhindern, dass seitlich eindringendes Wasser diesen Prozess stört, wird die Umgebung der Bohrlöcher so stark abgekühlt, dass das im Boden enthaltene Wasser gefriert (!).

Derzeit ist noch unklar, ob diese energieintensive Technik (*ICP – in-situ conversion process*) kommerziell tragbar ist. Etwa *ein Drittel* der in Ölform gewonnenen Energie geht durch den für die Förderung notwendigen Energieeinsatz verloren.[68] Beim Mahogany-Projekt von Shell muss das Vorkommen zwei Jahre lang am Rand eingefroren und im Zentrum mittels elektrischer Energie auf 700 Grad erhitzt werden. Die Förderung besteht dann aus zwei Dritteln Öl und einem Drittel Erdgas. Das Erdgas wird als Inputenergie vollständig verbraucht.[69]

Produktion

In Gotland (Schweden) wurde Öl schon im 17. Jh. aus Alaunschiefer gewonnen. Erst 1966 wurde die Produktion eingestellt. In Frankreich und Schottland wurde es im 19. Jh. als Schmiermittel und Lampenöl genutzt.[70] Estland ist ein Sonderfall. Dort wird Ölschiefer schon seit längerem in großen Mengen direkt zur Stromerzeugung verbrannt. Wegen der extremen Umweltbelastung sucht Estland zusammen mit Brüssel nach Alternativen.

Auch die USA verfügen über eine lange Geschichte der Schieferölnutzung. 1909 gründete die Regierung eine *US Naval Oil Shale Reserve*. Ein erster Boom in den 1920ern endete schnell, nachdem neue konventionelle Ölreserven entdeckt worden waren. In den 1950er und 1960er Jahren wurden immer wieder Pilotanlagen erstellt, deren weiterer Ausbau aber an den Kosten scheiterte.

Nach der Ölpreiskrise 1973/74 förderten die USA erneut die Erforschung von Ölschiefer. Amoco führte erfolgreiche Tests für die In-Situ-Produktion durch. 1979 gründete der US-Kongress die US Synthetic Fuels Corp., die ein enormes Budget von 88 Mrd. Dollar erhielt, um Projekte für synthetisches Öl, darunter Schieferöl, zu unterstützen. 1980 wurde mit den Planungen für eine Anlage von Unocal mit einer Kapazität von 50.000 b/d begonnen.

Aber der Fall des Ölpreises in den 1980ern bedeutete das abrupte Aus für alle größeren Investitionen und Forschungsprogramme. Ölschiefer wurde zum Milliardengrab für Steuergelder und Unternehmensinvestitionen. Schon 1985 wurde das Programm wieder beendet. In den 1990ern wurden nur kleinere Projekte durchgeführt.

Nach 2000 stieg das Interesse weltweit. In Brasilien, China und den USA sind mehrere Pilotprojekte in Planung. China kann auf eine längere Tradition der Ölschiefernutzung zurückblicken. Aber selbst Peking beschränkt sich auf kleinere Pilotanlagen, die zusammen mit westlichen Firmen erstellt werden sollen. Shell ist seit Jahren mit Petrochina im Gespräch, um die Vorkommen in der Provinz Jilin zu nutzen, wo sich über die Hälfte der chinesischen Ölschiefer befindet.

Ein australisches Projekt (*Stuart Shale*), das im Endausbau 200.000 b/d produzieren sollte, wurde nach einer Greenpeace-Kampagne wegen ökologischer Bedenken und anhaltender technischer Probleme gestoppt. Es produzierte nie mehr als 4.000 b/d.[71]

In einem etwas älteren Überblick wurde die weltweite Ölproduktion aus Ölschiefer auf gerade einmal 11.600 b/d (2002) geschätzt[72], davon 5.500 b/d in Estland, 3.100 b/d in Brasilien und 2.000 b/d in China. Das entspricht zusammen gerade einmal der Förderung eines kleinen Ölfeldes. Shell betreibt in seinem *Mahogany-Projekt in den USA seit 2000 die einzige funktionierende In-Situ-Anlage*. Allerdings werden dort nur kleinste Mengen erzeugt. Alle anderen Anlagen fördern im Tagebau.

Ausblick

Der größte Schub der Ölschiefernutzung kommt zurzeit aus den USA. Das Innenministerium will staatliche Grundstücke zur Erschließung von Ölschiefer freigeben. Das Energieministerium unterstützt die Entwicklung im Rahmen des Energiegesetzes von 2005 und des Ölschieferprogramms von 2003. Aber der Kongress hat neue Projekte mit dem Hinweis auf ökologische Risiken gestoppt. Neue Lizenzgebiete können frühestens 2012 freigegeben werden. Die Bevölkerung in den betroffenen Regionen, insbesondere Colorado, wehrt sich gegen befürchtete Umweltschäden und einen Investitionsboom, der zu einem sprunghaften Bevölkerungsanstieg in einigen ländlichen Kommunen führen würde. Die Ölkonzerne wiederum zögern angesichts ihrer Fehlinvestitionen in den 1980er Jahren.

Die Kosten sind in der Tat kaum kalkulierbar. Das amerikanische Energieministerium schätzt, dass die Förderung erst ab einem Rohölpreis von 70–95 $/b profitabel betrieben werden kann.[73]

Es ist aus heutiger Sicht unwahrscheinlich, dass eine größere Anlage vor 2020 ihren Betrieb aufnimmt. Selbst der Shell-Konzern, der über die größte operative Erfahrung verfügt, will erst nach 2010 entscheiden, ob eine kommerzielle Anlage gebaut werden soll.[74]

9.7   Zusammenfassung

9.7.1   Die Ressourcen: OOIP

Die Erde verfügt über große Vorkommen an konventionellen und nicht-konventionellen Kohlenwasserstoffen, die erst zu einem kleinen Teil verbraucht sind. Diese In-Place-Vorkommen (OOIP) umfassen nach oft zitierten Schätzungen:[75]

▸   13.000–15.000 Gb konventionelles und nichtkonventionelles Erdöl (ohne Ölschiefer)

▸   1.400 Billionen Kubikmeter Erdgas (ohne Gashydrate, aber inklusive CBM/Flözgas)

▸   14.000 Milliarden Tonnen Kohle (Grades A-E).

Die IHS erwartet bei nicht-konventionellem Öl (Schwerstöl, Bitumen in Ölsand, Ölschiefer) ein OOIP von 7500 Gb Öl, davon 86 % in Kanada, den USA und Venezuela. Die wahrscheinlich großen Ressourcen Russlands sind noch nicht ausreichend untersucht, um quantifiziert werden zu können.[76] Diese 7500 Gb verteilen sich auf:

▸   Schwerstöl in Venezuela: 1900 Gb

▸   Sonstiges Schwerstöl: 150 Gb

▸   Bitumen in Kanada (Ölsand): 2500 Gb

▸   Sonstiges Bitumen: 300 Gb

▸   Ölschiefer in den USA: 2100 Gb

▸   Sonstiger Ölschiefer: 550 Gb

Andere Schätzungen gehen beim OOIP von einer ähnlichen Höhe (7000 Gb) aus.[77] Immer wieder werden neue Vorkommen gemeldet, zuletzt große Ölsandvorkommen im Kongo und umfangreiche Schwerstölreserven in Kolumbien.

9.7.2   Die förderbaren Reserven: URR

Die Zahlen für die *förderbaren* Mengen (URR) in nicht-konventionellen Ölvorkommen liegen zwischen 1000 und 3000 Gb, wobei die BGR 1500 Gb und internationale Öl-konzerne um die 1700 Gb veranschlagen.[78] Die USGS sieht ein URR von 1100 Gb für Schwerstöl und Bitumen.[79]

Die ASPO geht einen anderen Weg bei der Berechnung. Die Größe der Ressourcen oder Reserven sei irrelevant. Wichtig sei nur, wie viel davon in einem überschaubaren Zeitraum produziert werden kann. Sie schätzt diese Menge auf maximal 207 Gb bis zum Jahr 2100, in der jüngsten Schätzung sogar nur 184 Gb. Eine höhere Förderge-schwindigkeit sei aus technischen und ökologischen Gründen nicht möglich.[80]

In den folgenden Absätzen soll auf der Grundlage dieses Kapitels eine Potenzial-Schätzung durchgeführt werden:

CTL-Reserven: Das URR für CTL (Coal-to-Liquids) ergibt sich prinzipiell aus den gesamten Kohlevorkommen der Welt. Selbst wenn man nur die Teilmenge der gesi-cherten und wirtschaftlich abbaubaren Reserven berücksichtigt, kommt man auf über 900 Milliarden Tonnen. Das URR kann also den Einsatz von CTL-Öl aus geologischer Sicht nicht begrenzen. Das ist jedoch eine theoretische Größenordnung, da die aktuell geförderten Kohlemengen vollständig durch die Verstromung und die Kohlechemie absorbiert werden.

GTL-Reserven: Ähnliches gilt für GTL (Gas-to-Liquids), das im Prinzip alle Erdgas-vorkommen nutzen könnte. Die als „sicher" gemeldeten wirtschaftlich förderbaren Erdgasreserven liegen bei 177 Billionen Kubikmeter (177 tcm).[81] Beim heutigen Stand der GTL-Technik lassen sich daraus etwa 700 Gb Ölprodukte herstellen. Auch hier gilt, dass die konkurrierende Gasnachfrage für Verstromung, Gasheizungen und Petroche-mie neuen GTL-Anlagen nur wenige Spielräume lässt.

Bitumen aus Ölsand (Kanada): Das OOIP der kanadischen Ölsande wird aktuell auf 1.700 Gb geschätzt, wovon 315 Gb als förderbares URR gelten. Eine Höherbewertung des URR im Laufe der nächsten Jahre ist wahrscheinlich.

Schwerstöl (Venezuela): Hier wird das OOIP auf 1200–1800 Gb veranschlagt, wovon zurzeit 100–270 Gb als URR gelten. Auch hier ist eine Höherbewertung des URR im Laufe der nächsten Jahre wahrscheinlich. Hinzu kommen schwer schätzbare Schwerst-ölvorkommen in anderen Teilen der Welt.

Ölschiefer: Hier liegen die OOIP-Angaben bei 2600–3500 Gb. Das geschätzte URR schwankt stark zwischen 160 Gb und 1060 Gb. Da es bislang keine größere Anlage gibt, die eine kommerzielle Nutzung belegt, könnte das URR auch bei Null liegen.

Die Tabelle 9.2 gibt einen Überblick. Da die Produktion von Rohöl oder Ölprodukten aus nicht-konventionellem Öl, Kohle oder Gas mit hohen Energieverlusten verbunden ist, wird die Inputenergie nach dem heutigen Stand der Technik berücksichtigt. Das bedeutet, dass bei Bitumen, Schwerstöl und Schieferöl zwar die genannte Bruttomenge an Öl/Ölprodukten verfügbar wird, dafür aber andere Energieträger verbraucht werden müssen. Bei CTL und GTL fließt dieser Verlust automatisch in die Berechnung ein.

Die theoretische Summe ergibt 2600–3800 Gb. Sie unterstellt, dass Kohle und Erdgas ausschließlich für die Ölproduktion eingesetzt werden. Das ist natürlich irreal, vermittelt aber eine Vorstellung von den Größenordnungen der CTL- und GTL-Verfahren: Alle bekannten Erdgasreserven könnten den Ölbedarf für 23 Jahre decken, alle bekannten Kohlereserven reichen für 50 Jahre.

Geht man von einem realistischeren Szenario aus, dann muss man unterstellen, dass GTL und CTL keine große Zukunft beschert ist. Auch die Erschließung des Schieferöls ist völlig ungeklärt. Es bleiben Bitumen und Schwerstöl aus Kanada und Venezuela, die zusammen *415–585 Gb Öl* bereitstellen könnten. Das entspricht dem Weltölbedarf von 13–20 Jahren.

	OOIP	URR (brutto/netto)
CTL (Öl aus Kohle)	theoretisch alle Kohlevorkommen	gesicherte bekannte Kohlereserven: ca. 1500 Gb CTL-Öl netto
GTL (Öl aus Erdgas)	theoretisch alle Erdgasvorkommen	gesicherte bekannte Erdgasreserven: ca. 700 Gb GTL-Öl netto
Bitumen (Kanada)	1700 Gb	315 Gb brutto 220 Gb netto
Schwerstöl (Venezuela)	1200–1800 Gb	100–270 Gb brutto 80–220 Gb netto
Schieferöl	2600–3500 Gb	0–1060 Gb brutto 0–640 Gb netto
Theoretische Summe (Brutto)		2600–3800 Gb
Nur Bitumen und Schwerstöl		
- brutto		415–585 Gb
- netto		300–440 Gb
zum Vergleich: ASPO Schätzung der *Produktion* bis 2100		184 Gb

Tabelle 9.2 Theoretische Potenziale für nicht-konventionelles Öl

9.7.3   Produktionsprognosen

Eigene Schätzung

Die Tabelle 9.3 präsentiert eigene Produktionsschätzungen auf der Basis der Erkenntnisse und Daten aus diesem Kapitel. Die Prognose bis 2020 stützt sich auf laufende Projekte und bereits sichtbare politische Weichenstellungen. Die Prognose für 2030 ist deutlich spekulativer und hängt nicht zuletzt davon ab, wie steil der Förderrückgang bei konventionellem Öl ausfällt, welchen Einfluss die Klimapolitik haben wird und wie sich die venezolanische Ölpolitik entwickelt.

	2007	Schätzung für 2020	Prognose 2030
CTL	0,15 mb/d	0,80 mb/d	1,0–2,0 mb/d
Ölschiefer	0,01 mb/d	0,01 mb/d	0,1–0,5 mb/d
GTL	0,06 mb/d	0,25 mb/d	0,3–1,0 mb/d
Ölsand (Kanada)	1,2 mb/d	3,5 mb/d	4,0–6,0 mb/d
Schwerstöl (Venezuela)	0,5 mb/d	0,6 mb/d	0,8–2,0 mb/d
INSGESAMT	1,9 mb/d	5,2 mb/d	6,2–11,5 mb/d
zum Vergleich:			
Schätzung IEA			9 mb/d
Schätzung EIA			10–16,4 mb/d
Schätzung ASPO			5,7 mb/d

Tabelle 9.3 Produktionsprognose für nicht-konventionelles Öl (ohne Biofuels)[82]

Aus heutiger Sicht ist es unwahrscheinlich, dass CTL, GTL und Ölschiefer vor 2030 einen nennenswerten Beitrag zur Ölversorgung liefern können. Die untere Schätzung liegt bei 1,4 mb/d, die optimistische Variante bei 3,5 mb/d, wobei hier unterstellt wird, dass die CTL-Initiativen in China und USA wider Erwarten Erfolg haben.

Das Wachstum der kanadischen Ölsandproduktion ist hingegen relativ gesichert. Die größte Variable ist Venezuela: Die Schwerstölproduktion könnte aus politischen Gründen einbrechen oder aufgrund der guten Reservenlage sehr stark wachsen. Die Investitionspolitik in Caracas ist daher einer der Schlüssel für die Ölversorgung der kommenden Jahrzehnte.

Andere Schätzungen

Die IEA rechnet in ihrem Basisszenario damit, dass nicht-konventionelles Öl seinen Marktanteil von aktuell 2 % bis 2030 auf 8 % ausdehnen wird. Das entspricht einem Wachstum von 1,6 mb/d im Jahr 2006 auf 9 mb/d bis 2030.[83]

Ölsande könnten 5 mb/d bereitstellen, weitere 2,3 mb/d liefern GTL-Anlagen und etwa 0,75 mb/d könnte man von (chinesischen) CTL-Anlagen erwarten. Von Schieferöl wird hingegen vor 2030 kein nennenswerter Beitrag erwartet.

Die EIA erwartet in ihrer Prognose ein ähnlich hohes Angebot von 10 mb/d nicht-konventionellen Öls bis 2030. Im Hochpreisszenario wären sogar 16,4 mb/d möglich.[84]

ASPO: Die Hubbert-Geologen sind bei kanadischem Ölsand verhalten optimistisch (2,5 mb/d im Jahr 2030), rechnen aber mit einem Einbruch beim venezolanischen Schwerstöl (0,3 mb/d im Jahr 2030) und einer zurückhaltenden Entwicklung bei Schieferöl und Kohleverflüssigung (zusammen 1,0 mb/d im Jahr 2030).

US-Studie: Das amerikanische Energieministerium hat eine Arbeitsgruppe „Strategic Unconventional Fuels" eingesetzt, die 2007 ihren Bericht vorlegte. Sie sollte untersuchen, welche Größenordnungen mit finanzieller Förderung und Preisgarantien erreicht werden könnten. Für das Jahr 2035 sind demnach folgende Produktionsmengen in den USA machbar: Öl aus Ölschiefer: 2,5 mb/d; Öl aus US-Ölsand: 0,53 mb/d; Öl aus Kohle (CTL): 2,6 mb/d; Schweröl: 0,75 mb/d. Das wären insgesamt etwa 6 mb/d nicht-konventionelles Öl.[85]

Ausblick

Die genannten eindrucksvollen Mengen sollten nicht vorschnell als sichere Ölversorgung fehlinterpretiert werden. Es gibt eine Reihe ungelöster Fragen: Wie schnell können diese Ressourcen erschlossen werden? Wie hoch ist die gewonnene Nettoenergiemenge? Wie groß sind die Umwelt- und Klimaschäden? Welche Mengen sind tatsächlich verfügbar, wenn Kohle und Erdgas für die Verstromung und andere Sektoren genutzt werden müssen?

Wird bei nicht-konventionellem Öl „Gold in Blei verwandelt", wenn reines Erdgas verwendet wird, um Rohöl aus kontaminiertem Ölsand herzustellen? Der enorme Kostenaufwand, der hohe Energieinput und die Umweltbelastung sind Anlass für vielfältige Kritik.

Die zukünftige Klimapolitik ist eine große Unbekannte für nicht-konventionelle Ölprojekte. Ein hoher Anteil der gewonnenen Energie geht bei der Transformation verloren, so dass die Treibhausgasbilanz deutlich schlechter ist als bei konventionellen Verfahren. Hinzu kommen zum Teil erhebliche Umweltfolgen durch Wasser- und Flächenverbrauch, Emissionen und Müll. Umweltschutz und Klimaschutz können auch in Widerspruch zueinander geraten, wenn z.B. hochreine Dieselkraftstoffe für den europäischen Markt verlangt werden, die mit großem Energieaufwand – und damit CO_2-Ausstoß – in Katar aus Erdgas produziert werden.

Die Abscheidung und Speicherung von CO_2 (CCS) könnte also nicht nur für die Kohle, sondern auch für nicht-konventionelles Öl zur Schlüsseltechnologie werden.

10   Die Nachfrage nach Öl

Öl wird in zahllosen Sektoren der Wirtschaft und der Gesellschaft eingesetzt:

▶ Als Kraftstoff für den Straßenverkehr, Luftverkehr, Schiffsverkehr und Teile des Schienenverkehrs. Öl ist Basis fast aller Formen der Mobilität.

▶ Als Energieträger für die Strom- und Wärmeerzeugung.

▶ Als Rohstoff im Straßenbau, als Schmierstoff und für eine unübersehbare Zahl von Produkten in der Petrochemie.

Die Energieträger konkurrieren in fast allen Sektoren und stehen in einer vielfältigen Mengen- und Preiskonkurrenz zueinander: Im Wärmemarkt konkurriert Heizöl mit Erdgas, im Strommarkt konkurriert schweres Heizöl (Fuel Oil) mit Erdgas, Kohle und Uran, im Kraftstoffmarkt sind die Biokraftstoffe neue Konkurrenten, in der Chemie ist Öl in vielen Anwendungen durch Erdgas, indirekt auch durch Kohle (Kohlechemie) ersetzbar.

Der Umstieg ist in vielen Fällen ohne großen technischen Aufwand möglich. Zum Beispiel können viele industrielle Verbraucher zwischen schwerem Heizöl (Fuel Oil) und Erdgas wählen. Das gilt besonders für die Petrochemie. Auch bei der Stromerzeugung ist Öl in vielen älteren Kraftwerken ohne weiteres durch Erdgas substituierbar. Das gilt allerdings nicht mehr für moderne CCGT-Gaskraftwerke.[1]

Nur im Verkehr ist die Austauschbarkeit trotz der Biokraftstoffe noch gering. Dafür gibt es in vielen Fällen die Wahl zwischen verschiedenen Verkehrsmitteln, so dass auch der Energieträger gewechselt wird, wenn vom PKW (Öl) auf die Schiene (Strom aus diversen Energieträgern) oder das Fahrrad (Nahrungsmittel) umgestiegen wird.

Diese Substituierbarkeit ist nicht nur für die Verbraucherländer, sondern auch für Ölproduzenten interessant, die einen hohen Eigenbedarf haben: Beispielsweise will Saudi-Arabien sein Erdgas dazu nutzen, Öl für die heimische Industrie und die Kraftwerke zu ersetzen. Dadurch wird mehr Öl für den lukrativen Export frei. Enttäuschende Fördermengen könnten aber bald das Gegenteil bewirken: Um den Eigenbedarf zu decken, muss Gas durch Öl ersetzt werden.

Diese Flexibilität ist besonders in Russland wichtig. Die Stromhersteller nutzen je nach Preissituation und Verfügbarkeit mehr Fuel Oil, um Erdgas zu sparen, denn in den

westlichen Landesteilen Russlands wird vor allem Erdgas für die Stromherstellung
verbrannt (in den östlichen Landesteilen dominiert die Kohle).[2] Wenn Russland die
Subventionierung seiner inländischen Gaspreise reduziert, wird zwar mehr Gas für den
Export frei, aber andererseits könnte dadurch die Öl- und Kohlenachfrage steigen. Die
als umweltfreundlich gepriesene Umstellung von Kohle- auf Erdgaskraftwerke in Westeuropa könnte daher im globalen Maßstab zum Nullsummenspiel werden, wenn der
Gaslieferant Russland in seiner eigenen Stromerzeugung zu Fuel Oil oder Kohle wech-
selt.

10.1   Verzerrung der Nachfrage durch Steuern und Subventionen

Zur Überraschung vieler Marktbeobachter zeigte sich die weltweite Nachfrage von den
steigenden Rohölpreisen der letzten Jahre relativ unbeeindruckt. Ein wichtiger Grund
dafür liegt in der Entkopplung der Rohölpreise von den Verbraucherpreisen für Ölprodukte wie Benzin, Diesel oder Kerosin.

Die Preise sind zum einen durch die schwankende Raffineriemarge voneinander entkoppelt. Wechselkursschwankungen kommen hinzu. Der im Verhältnis zu den meisten
anderen Währungen fallende Dollar hat über die letzten Jahre in vielen Staaten wie eine
Preissubvention gewirkt. Die Exportschwäche der USA führte außerdem zu hohen
Devisenbeständen in China und anderen erfolgreichen Exportländern. Sie vergrößern
den Spielraum der Staaten bei der Finanzierung von Energiesubventionen oder bei der
Unterstützung staatlicher Energiekonzerne.

Gravierender sind jedoch die starken fiskalischen Eingriffe: In allen Staaten der Welt
werden Ölprodukte entweder durch Steuern verteuert oder durch Subventionen verbil-
ligt. Diese Maßnahmen dämpfen die Nachfragereaktion auf steigende oder fallende
Rohölpreise. Subventionen blockieren Investitionen für eine höhere Energieeffizienz,
da die Knappheitssignale steigender Weltmarktpreise nicht beim Verbraucher oder
Investor ankommen.

Die IEA schätzte kürzlich die weltweiten Preissubventionen für alle Energieträger auf
mehr als 250 Mrd. Dollar pro Jahr, davon allein für Ölprodukte außerhalb der Industriestaaten auf über 90 Mrd. Dollar.[3] Dies wären etwa 7 Dollar Subventionen für jeden
Barrel, der außerhalb der Industriestaaten verbraucht wird.

Das wird bei Benzin besonders deutlich. Die weltweiten Tankstellenpreise für einen
Liter Benzin schwanken zwischen 2,20 Dollar und nur 0,10 Dollar – also um den Faktor 22! In Westeuropa ist Benzin 20 Mal so teuer wie in einigen OPEC-Ländern, wie

Abbildung 10.1 für das Jahr 2008 zeigt. Abb. 10.2 blickt etwas detaillierter in das Jahr 2006 zurück.

In den Industrieländern (OECD) liegt der Anteil der Steuern am Benzinpreis bei 13 % bis 70 %, am Dieselpreis bei 11 % bis 68 %. Die höchsten Steuern werden in Westeuropa gezahlt, die niedrigsten in den USA.[4]

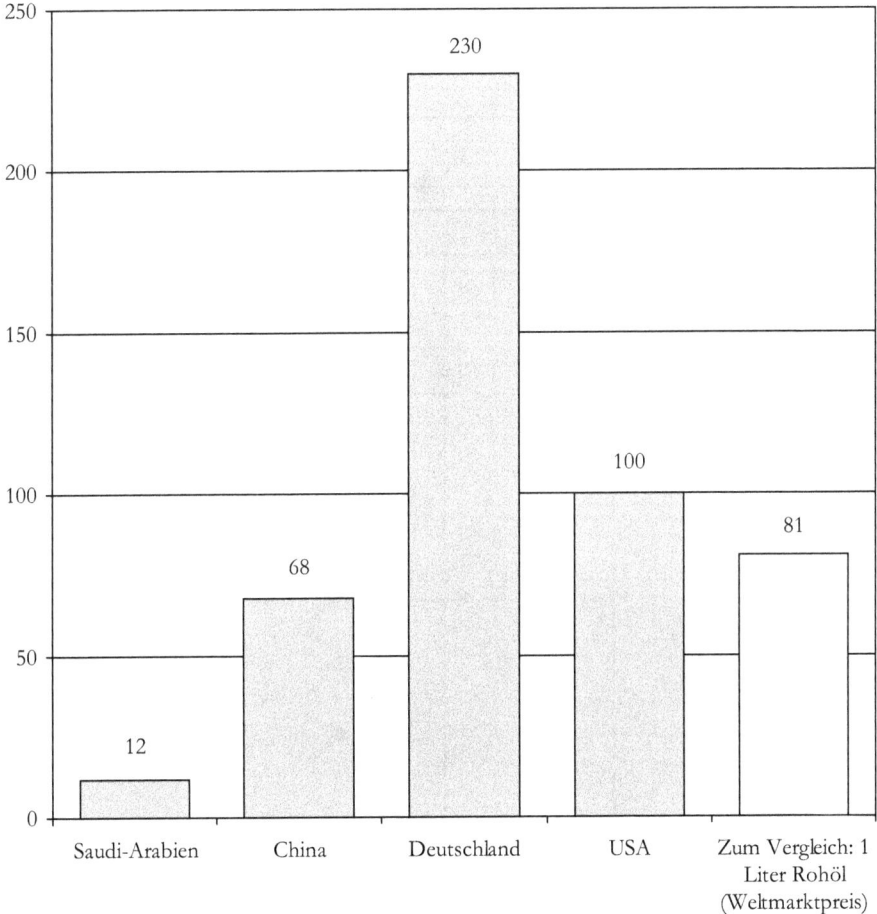

Quelle: EIA.

Abb. 10.1 Tankstellenpreise für einen Liter Benzin Mitte 2008 (in US-Cent)

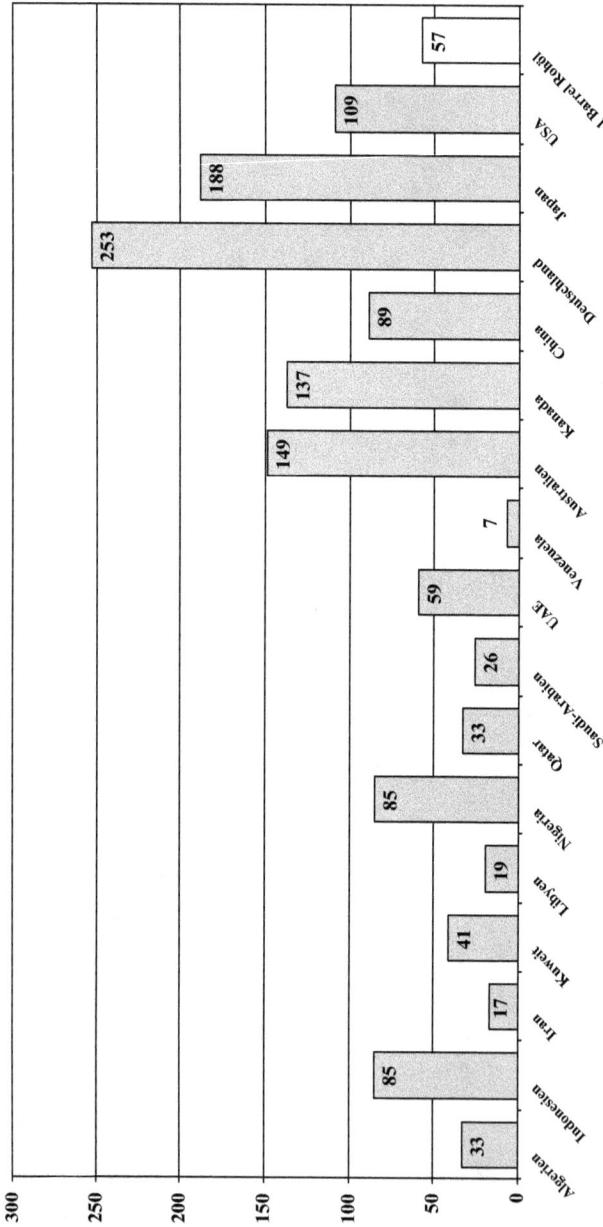

Abb. 10.2 Tankstellenpreise für ein Barrel Benzin 2006 in US-Dollar

Quellen: OPEC ASB 2006, EIA AER 2006, eig.Ber.

Staatlich festgesetzte Benzinpreise weit unter den Weltmarktpreisen und oft auch unter den Herstellungskosten sind in Entwicklungsländern und vor allem bei Ölproduzenten weit verbreitet: In Saudi-Arabien, den Vereinigten Arabischen Emiraten, Nigeria oder Iran ist Benzin für 10–15 Cent/Liter erhältlich, in Ägypten überschreiten die Ausgaben für Benzinsubventionen die landesweiten Ausgaben für Bildung.

Die Subventionen waren in den letzten Jahren stark gestiegen, da der Abstand zwischen dem Einkaufspreis auf dem Weltmarkt und den fixen lokalen Preisen immer größer wurde (vgl. Tab. 10.1). Die fiskalische Belastung wurde schnell untragbar.

▸ Allein Malaysia gab 2007 etwa 4 Mrd. Dollar an Subventionen aus und müsste 2008 ohne Gegenmaßnahmen sogar mit 17 Mrd. Dollar rechnen.[5]

▸ Die Preissubventionen für Öl, Gas und Strom werden den mexikanischen Staat 2008 voraussichtlich 19,2 Mrd. Dollar kosten, viermal mehr als 2007. Dabei wandert das Geld zum Teil ins Ausland, da Mexiko (ähnlich wie Nigeria und Iran) trotz der Rohölexporte knapp die Hälfte seines Benzins importieren muss.

▸ Auch in Venezuela sollen die Benzinpreise, die derzeit bei 0,18 Dollar pro Liter liegen, angehoben werden, da der Eigenverbrauch des Landes rapide wächst. Aber schon mehrere venezolanische Regierungen waren an diesem Vorhaben gescheitert.[6]

Aber nachdem sich der Rohölpreis 2007/2008 binnen eines Jahres auf 145 $/b verdoppelt hatte, zogen mehrere Staaten die Notbremse[7]:

▸ Sri Lanka erhöhte seine Preise für Benzin und Diesel um 14–47 %.

▸ Malaysia hob die Benzinpreise um 41 % an.

▸ Indonesien will mit Preiserhöhungen um 29 % seine Energiesubventionen bei 15 Mrd. Dollar pro Jahr stabilisieren.

▸ Auch China hat die Preise mehrmals erhöht (Details in Kap. 11.2).

▸ In Indien droht 2008 eine Energiesubventionsbelastung von 58 Mrd. Dollar bei einem Haushaltsdefizit, das bereits bei 6 % des BIP liegt. Subventionskürzungen sind sehr unpopulär, aber die Regierung setzte trotzdem eine Preiserhöhung um 10 % durch.

▸ Auch Taiwan hob im Juni 2008 die Dieselpreise um 16 % und die Benzinpreise um 13 % an.

▸ Vietnam und Nigeria setzten 2007 gegen starken **öffentlichen Widerstand Preiserhöhungen durch.**

▸ Bangladesh erwägt eine Erhöhung um 40–80 %.

Ein Gegenbeispiel ist Saudi-Arabien, das seine Produktpreise sogar *senkte*. In diesem Fall fällt es auch schwer, von Subventionen zu sprechen, da auch ein sehr niedriger Benzinpreis die Kosten deckt. Es ist jedoch ein Verlust an Einnahmen, da auf dem Weltmarkt höhere Preise erzielt werden können.

Die Subventionskürzungen konzentrieren sich auf einige Länder Süd- und Südostasiens, die zusammen nur etwa 4 % des Weltöls konsumieren. Die großen Verbraucher China und Indien ziehen nur langsam nach. Da auch die Lebensmittelpreise stark gestiegen sind, wächst in dieser Region die Inflationsgefahr. Es wird immer schwieriger, einen Mittelweg zwischen Inflationsbekämpfung und Wirtschaftswachstum zu finden.

	Benzin	Diesel	Erdgas
Iran	82 %	96 %	66 %
Venezuela	90 %	96 %	
Ägypten	65 %	80 %	89 %
Saudi-Arabien	51 %	81 %	66 %
Indonesien	24 %	54 %	
Malaysia	26 %	37 %	
Russland			57 %
Indien			70 %
China			45 %
Thailand			65 %

Tabelle 10.1: Grad der Preissubventionierung 2005 in %[8]

10.2 Wichtige Nachfragesegmente

Die Verwendung von Öl hat sich im Laufe der letzten Jahrzehnte verschoben. Bis Anfang der 1970er Jahre konnte Öl in fast allen Sektoren Marktanteile gewinnen. Das galt für den Verkehr und die Industrie, aber auch für private Haushalte und die Stromerzeugung. Die Nachfrage stieg im Schnitt um 8 % pro Jahr. Das war ein Trend, der irgendwann brechen musste. Auslöser – nicht Ursache – waren die Preiserhöhungen durch die OPEC in den 1970er Jahren, die den Ölpreis von 2 $/b auf über 30 $/b steigen ließen.

Daraufhin stagnierte die weltweite Nachfrage bis in die 1990er. Öl wurde vor allem aus der Stromerzeugung und teilweise aus privaten Haushalten (Heizöl) verdrängt. In allen Sektoren stieg die Effizienz, vor allem im Straßenverkehr.

Seit Ende der 1990er Jahre zieht die Nachfrage wieder stetig an, ohne jedoch die verlorenen Marktsektoren wiedergewinnen zu können. Dafür kam neue Nachfrage im asiatischen Raum hinzu. Die Schwerpunkte des Wachstums sind weiterhin Verkehr und Industrie.

Einzelne Nachfragesegmente, die entweder besonders relevant sind oder die häufig außer Acht gelassen werden, werden im Folgenden näher vorgestellt.

Straßenverkehr

Die Bedeutung des Verkehrs steigt seit 100 Jahren. Das gilt vor allem für den Straßenverkehr und den Flugverkehr, aber auch für die internationale Frachtschifffahrt, während die Schiene beim Ölverbrauch eine eher untergeordnete Rolle spielt. Von 1990 bis 2007 sind die CO_2-Emissionen des Verkehrs um 36 % gestiegen. Sie verursachen ein Viertel der energiebezogenen Emissionen.[9]

Der Verkehr konsumiert etwa *60 % der weltweiten Ölproduktion,* wenn man auch den Aufwand für die Herstellung der Kraftstoffe, das Bitumen für den Straßenasphalt und Schmierstoffe für Motoren erfasst.[10] Automobile und Flugzeuge werden in den kommenden Jahrzehnten die Hauptträger des Rohölverbrauchs sein. Sie bilden das wichtigste Segment der globalen Ölnachfrage und damit den *Dreh- und Angelpunkt jeder langfristig angelegten Öl- und Klimapolitik.*

Heute gibt es 900 Mio. Straßenfahrzeuge (ohne motorisierte Zwei- und Dreiräder). Im Jahr 2030 sollen es bereits 2,1 Mrd. sein, also mehr als doppelt so viele, vor allem wegen der Motorisierung Asiens. Der Anstieg des Kraftstoffverbrauchs verläuft etwas moderater, weil die Effizienz der Fahrzeuge zunehmen wird.[11]

	Bevölkerung in Mio.	Fahrzeuge in Mio.	davon PKW in Mio.	Fahrzeuge pro 1000 Einwohner	davon: PKW pro 1000 Einwohner
Industriestaaten	1169	624	503	534	431
Entwicklungs- und Schwellenländer	4893	207	139	42	28
China	1314	23	15	18	12
OPEC-Staaten	551	29	19	50	32
WELT	**6403**	**894**	**695**	**140**	**108**

Tabelle 10.2: Die Weltfahrzeugflotte 2004[12]

Noch dominieren die Fahrzeugflotten in den Industriestaaten, wie die Tabelle 10.2 zeigt. Die Fahrzeugdichte ist etwa 12 Mal so hoch wie in den Entwicklungs- und Schwellenstaaten. Zwei Fragen sind für die Zukunft von besonderer Bedeutung:

▶ Wie schnell und in welcher Form wird die Motorisierung Chinas ablaufen?

▶ Wie entwickelt sich die bislang geringe Kraftstoffeffizienz der amerikanischen Fahrzeugflotte? Beide Themen werden in Kap. 11 näher betrachtet.

Schiffsverkehr

Der Schiffsverkehr ist ein wichtiges Nachfragesegment, das jedoch in vielen Statistiken nicht erfasst wird. Etwa 80 % des Verbrauchs entstehen durch den internationalen Handelsverkehr, der Rest durch Binnenschifffahrt und Freizeitverkehr. Der weltweite Verbrauch dürfte bei 4 bis 4,5 mb/d liegen.[13]

Große Frachtschiffe sind vergleichsweise energieeffizient, aber die Gütermengen und Distanzen sind gewaltig. Ein Beispiel: Die *Colombo Express* ist eines der größten Containerschiffe der Welt. Es verbraucht etwa 3 Liter Bunkeröl (schweres Heizöl) je Standardcontainer (20 Fuß Länge) auf 100 km. Das sind bei voller Beladung 26,2 Tonnen Treibstoff. Auf einer Fahrt über 15.000 km von Asien nach Europa werden also über 3000 Tonnen (bzw. 20.000 Barrel) Treibstoff verbrannt.[14]

Zum Vergleich: Ein LKW mit ein bis zwei Standardcontainern Ladung verbraucht dagegen etwa 30 Liter Diesel auf 100 km, also je nach Schiffstyp und Auslastung fünf- bis zehn Mal mehr, wobei aber die spezifischen Schadstoffemissionen des schweren Heizöls (Bunker Fuel) erheblich höher sind. Schiffe emittieren etwa zehn Prozent des globalen Schwefeldioxids und je nach Studie bis zu einem Viertel der Stickoxide.[15]

Flugverkehr

Die Ölnachfrage des Flugverkehrs stieg von 2,9 mb/d 1980 auf heute über 5 mb/d. Dabei hatten internationale Flüge einen Anteil von 62 % am Nachfragewachstum. Der Ölverbrauch des Flugverkehrs dürfte mit 4,5 mb/d ähnlich hoch liegen wie der des Schiffsverkehrs.

Der spezifische Verbrauch der Flugzeugtypen ist sehr unterschiedlich. Zum Beispiel nutzen die notorisch finanzschwachen US-Airlines ältere und weniger effiziente Flugzeuge als finanzstarke europäische oder asiatische Carrier. Der Anteil der USA am globalen Flugverkehr liegt etwa bei einem Drittel.

Eine moderne Boeing 767 oder ein Airbus 330 verbrauchen auf einem Transatlantikflug etwa 800–900 Liter auf 100 km. Bei einer guten Auslastung der Maschine entspricht dies je Passagier einem Verbrauch von etwa 3 Liter auf 100 km. Bei kürzeren Distanzen ist der Verbrauch deutlich höher.

Eine wichtige Variable des zukünftigen Verbrauchs ist das Wachstum des chinesischen Flugverkehrs. Es lag in den Jahren 1978 bis 2007 bei durchschnittlich 16 % pro Jahr.[16]

Energiebedarf der Raffinerien[17]

Der Energiebedarf der Raffinerien ist ein sehr relevantes und oft unterschätztes Verbrauchssegment für Öl und Gas. Fast alle Prozesse laufen bei hohen Temperaturen ab. Die Raffinerien nutzen hierfür z.B. Heizgas (*still gas*), das aus sehr leichten Kohlenwasserstoffen im Öl besteht, die nicht gelagert oder verkauft werden. Ebenso werden schweres Heizöl oder auch Rückstände der Destillation und Konversion verbrannt, die nicht produktfähig sind, oder es wird Erdgas zugekauft.

Wenn Ölsand, Schwerstöl und schwere Ölsorten auch weiterhin an Bedeutung gewinnen, muss der Eigenbedarf der Raffinerien sogar überproportional steigen, da diese Rohstoffe eine sehr aufwendige Verarbeitung erfordern.

Die EIA schätzt, dass die amerikanischen Raffinerien etwa 250.000 b/d *Petroleum Coke* und etwa 700.000 boe/d *Still Gas* bzw. Erdgas für den Eigenbedarf eingesetzt haben. Nimmt man vereinfachend an, dass diese Werte repräsentativ sind, und berücksichtigt, dass die USA 20 % der weltweiten Raffineriekapazitäten haben, kommt man auf einen Schätzwert von 5 mboe/d, die weltweit für den Betrieb der Raffinerien aufgewendet werden müssen. Davon werden etwa 4 mboe/d aus Rohöl gewonnen und 1 mboe/d Erdgas wird zugekauft. Es soll hier aber noch einmal betont werden, dass es sich um grobe Schätzwerte handelt.

Öl als Rohstoff

Allein die USA verbrauchen knapp 3 mb/d Öl als Rohstoff, vor allem für die Raffinerien und die Petrochemie (siehe unten), aber auch andere Verwendungen sind relevant, so z.B. 0,5 mb/d allein für den Straßenbau in Form von Asphalt und Straßenbelägen.

Etwa 1 % der weltweiten Ölnachfrage wird für Schmierstoffe verwendet, davon die Hälfte für Fahrzeuge.

Petrochemie[18]

Fast die gesamte organische Chemieproduktion basiert heute auf Rohöl und Erdgas, sowohl bei den Produkten als auch bei der Prozessenergie. Sie haben die Kohle abgelöst, die noch in den 1950er Jahren der wichtigste Rohstoff der Chemie gewesen war.

Weltweit verbraucht die petrochemische Industrie etwa 7 mb/d Öl- oder Ölprodukte und etwa 2,5 mb/d Erdgas. Die deutsche Chemieindustrie verbraucht etwa 400.000 b/d Erdöl, also etwa 15 % des deutschen Ölbedarfs.[19]

Militär

Im Haushaltsjahr 2006/2007 finanzierte das amerikanische Verteidigungsministerium einen Ölkonsum von 367.000 b/d, gegenüber 293.000 b/d im Jahr 2000. Die Kriege in Afghanistan und Irak waren darin enthalten. Sie verbrauchten etwa 56.000 b/d. Etwa 80 % der Ölmengen werden für Jet Fuel verwendet, der Rest ist vor allem Diesel.

Es wird vermutet, dass der tatsächliche Verbrauch noch höher liegt, weil die Etatzahlen unbezahlte Öllieferungen, so z.B. Gratislieferungen von Ölstaaten, nicht erfassen.[20]

Pipelines

Nicht unerheblich ist der Energiekonsum für den Transport von Öl und Gas durch Pipelines, da hier große Pumpstationen und Kompressoren betrieben werden müssen, die die Rohstoffe über Tausende von Kilometern befördern. Der Verbrauch der amerikanischen Pipelines lag 2006 bei 300.000 b/d[21], so dass weltweit – grob geschätzt – mit einem Verbrauch von etwa 1 mb/d für Öl und Gas gerechnet werden kann. Hinzu kommen die Energiemengen für die Herstellung der Millionen Tonnen von Stahl, die weltweit für den Bau der Pipeleröhren benötigt wurden.

Nachfrage durch den Aufbau strategischer Ölreserven

China füllt seit dem Jahr 2006 seine strategische Ölreserve mit vermutlich 100.000 bis 200.000 b/d. Genaue Daten werden nicht veröffentlicht. Wenn die politische Vorgabe erreicht werden soll, bis 2020 das Volumen von 90 Importtagen einzulagern, wird sich an dieser Nachfrage auch in den kommenden Jahren nichts ändern (vgl. Kap. 11). In den letzten drei Jahren ist also allein dieser Faktor für 10–20 % der zusätzlichen Nachfrage verantwortlich gewesen.

Auch die USA füllen ihre SPR immer wieder auf. Hier handelt es sich um eine Größenordnung von maximal 100.000 b/d. Im letzten Jahr waren es nur etwa 30.000 b/d. Allerdings sind die Käufe transparent gestaltet und werden bei stark steigenden Preisen ausgesetzt.

Trotz der zusätzlichen Nachfrage dürften aber gerade die chinesischen Käufe langfristig preisdämpfend wirken, da Peking im Falle einer Krise einen Sicherheitspuffer hätte und darauf verzichten könnte, den Spotmarkt leer zu kaufen und damit die Preise extrem in die Höhe zu treiben.

Straßenverkehr
38%

Schifffahrt 5%

Flugverkehr 5%

Schmierstoffe 1%

Pipelines-Eigen-
verbrauch 1%

Sonstige 2%

Private Haushalte,
Landwirtschaft,
Dienstleistungen
12%

Industrie (ohne
Petrochemie)
16%

Strom aus Öl
6%

Petrochemie
9%

Raffinerien -
Eigenverbrauch
5%

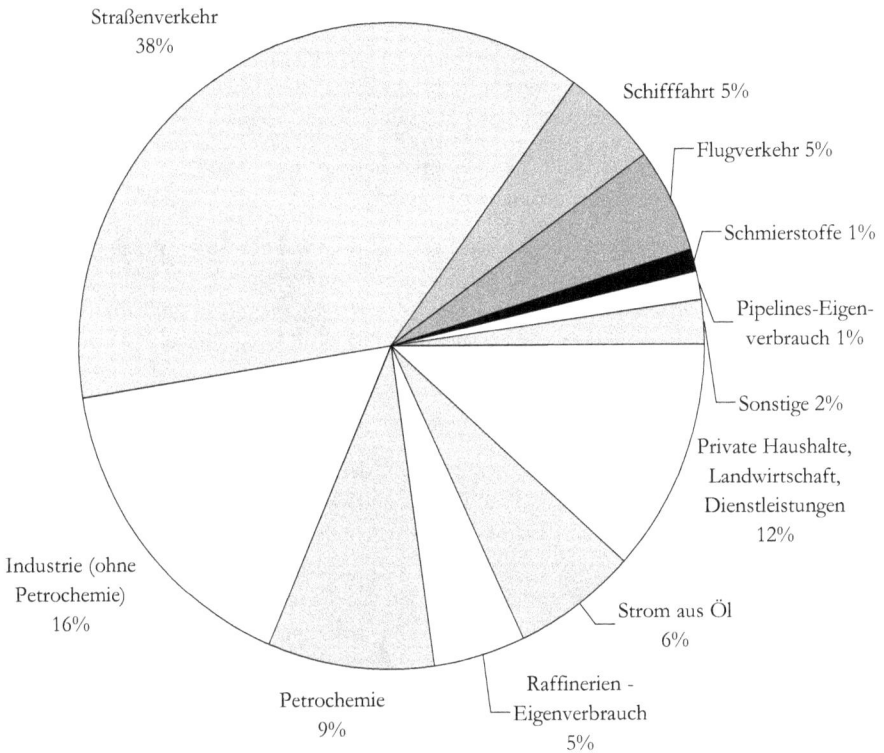

Quellen: EIA, IEA, OPEC, BP, eig. Ber.

Abb. 10.3 Struktur der globalen Ölnachfrage 2007

Abbildung 10.3 verdeutlicht die Größe der wichtigsten Segmente der weltweiten Ölnachfrage. Sie zeigt die herausragende Rolle des Straßenverkehrs. Addiert man die anderen Verkehrsträger, erfasst man etwa die Hälfte der Ölnachfrage. Der Bedarf der
Industrie, insbesondere der Petrochemie, sticht als zweiter Schwerpunkt heraus. Demgegenüber fällt der Ölbedarf der privaten Haushalte, des Dienstleistungsgewerbes und
der Landwirtschaft nur wenig ins Gewicht.

10.3   Statistischer Überblick

Abb. 10.4 zeigt die Entwicklung der Ölnachfrage seit den 1960er Jahren. Zwei Trend-
brüche fallen auf: Ende der 1970er brach die Nachfrage in den Industrieländern ein. Öl

wurde aus dem Stromsektor verdrängt, die Konjunktur war schwach. Erst Ende der 1990er wurde das Verbrauchsniveau der 1970er wieder erreicht. Der zweite Trendbruch betraf die Länder der früheren Sowjetunion. Der Zusammenbruch ihrer energieintensiven Wirtschaftsstruktur reduzierte die Weltölnachfrage ab Anfang der 1990er Jahre.

Davon abgesehen stieg die Nachfrage unaufhörlich an, wobei auf die Schwellen- und Entwicklungsländer ein immer größerer Anteil entfällt.

Die Abbildung 10.5 verdeutlicht die Entwicklung ausgewählter Staaten. Schon auf den ersten Blick wird die Bedeutung der USA klar, wo ein Viertel des Weltöls verbraucht wird. Ebenso wie in Kanada steigt hier der Ölverbrauch weiter an, was für Industrieländer eher untypisch ist, wie die Beispiele aus der EU und Japan zeigen.

Die Säulen für China machen klar, in welch rasantem Tempo hier die Nachfrage steigt. Das Reich der Mitte hat Japan überholt und ist nun der zweitgrößte Ölverbraucher der Welt.

In Abbildung 10.6 werden die Nachfragetrends der letzten 10 Jahre deutlicher: Die Weltnachfrage nahm um 11,6 mb/d zu. Davon entfiel etwa ein Drittel (32 %) allein auf China. Zusammen mit den USA sind es 50 %. Auch aus dem Nahen Osten und Indien kam ein starker Nachfrageschub, während die Entwicklung in den Industriestaaten gespalten war: Sehr starken Zuwächsen in den USA stehen deutliche Rückgänge in Deutschland (-0,5 mb/d) und Japan (-0,7 mb/d) gegenüber.

Die Bedeutung Chinas und anderer Schwellenländer relativiert sich, wenn man den Verbrauch pro Kopf betrachtet. Die Unterschiede sind auch heute noch eklatant, wie die Abbildung 10.7 und die dazugehörige Tab. 10.3 zeigen. Der höchste und immer noch wachsende Verbrauch ist in der Golfregion zu beobachten. An zweiter Stelle stehen die Industrieländer Nordamerikas, gefolgt von den asiatischen Industriestaaten. Die EU liegt im Mittelfeld, aber immer noch weit vor Lateinamerika. Allerdings nimmt in den europäischen Staaten der Verbrauch ab. Der Pro-Kopf-Verbrauch in China und Indien ist demgegenüber verschwindend gering.

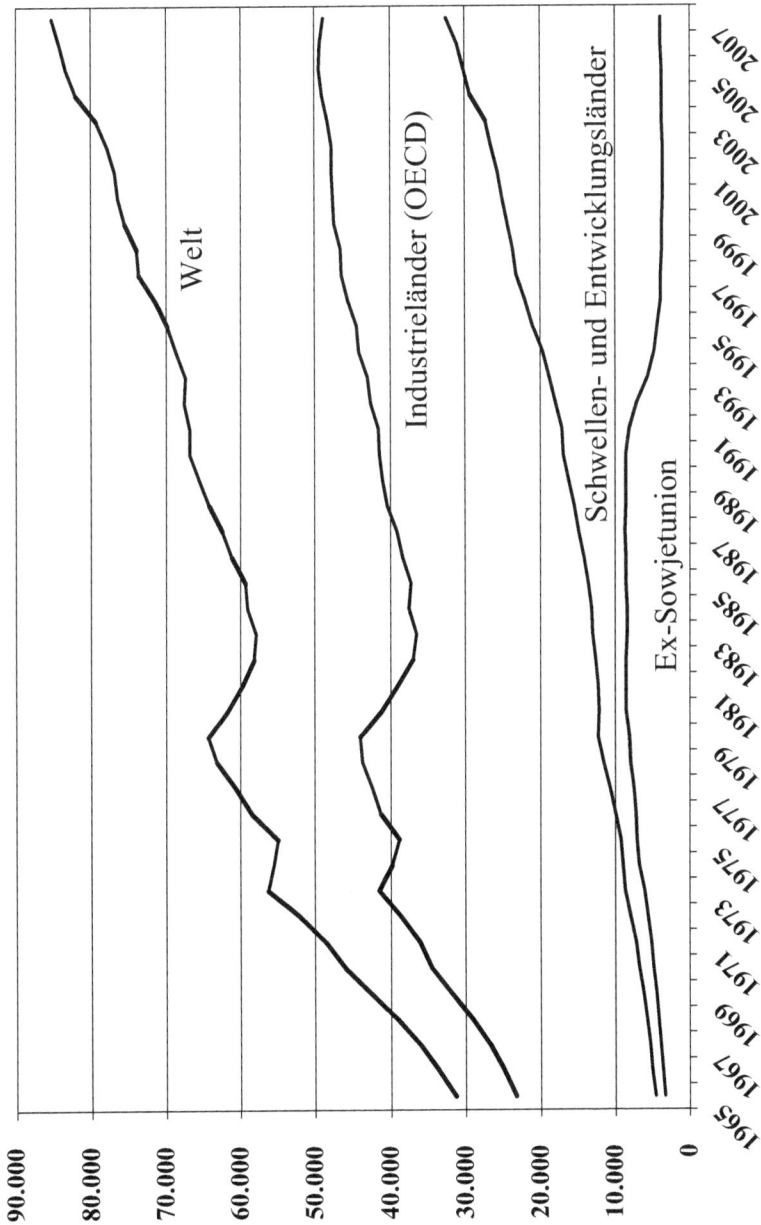

Abb. 10.4 Ölnachfrage 1965–2007 (in 1000 b/d)

Quelle: BP; Schwellen- und Entwicklungsländer ohne (Ex-)Sowjetunion.

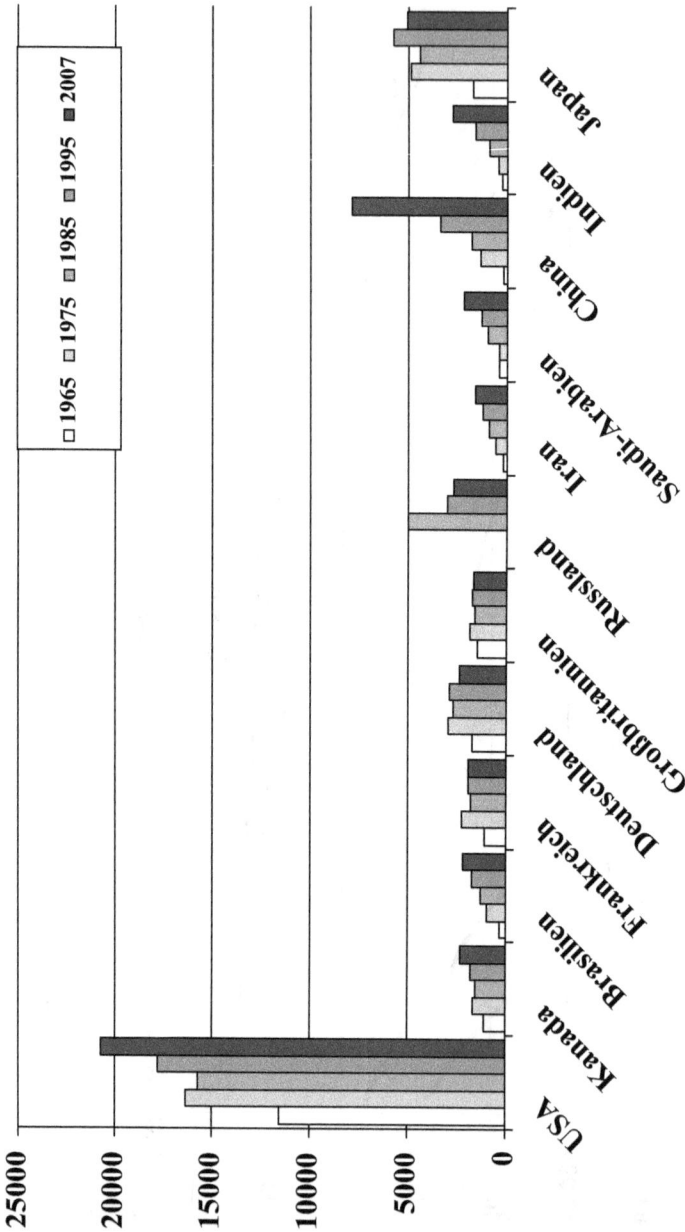

Abb. 10.5 Ölnachfrage in ausgewählten Ländern 1965–2007 (in 1000 b/d)

Quellen: EIA, BP, Russland erst ab 1985.

Legend: □ 1965 □ 1975 □ 1985 □ 1995 ■ 2007

Countries: USA, Kanada, Brasilien, Frankreich, Deutschland, Großbritannien, Russland, Iran, Saudi-Arabien, China, Indien, Japan

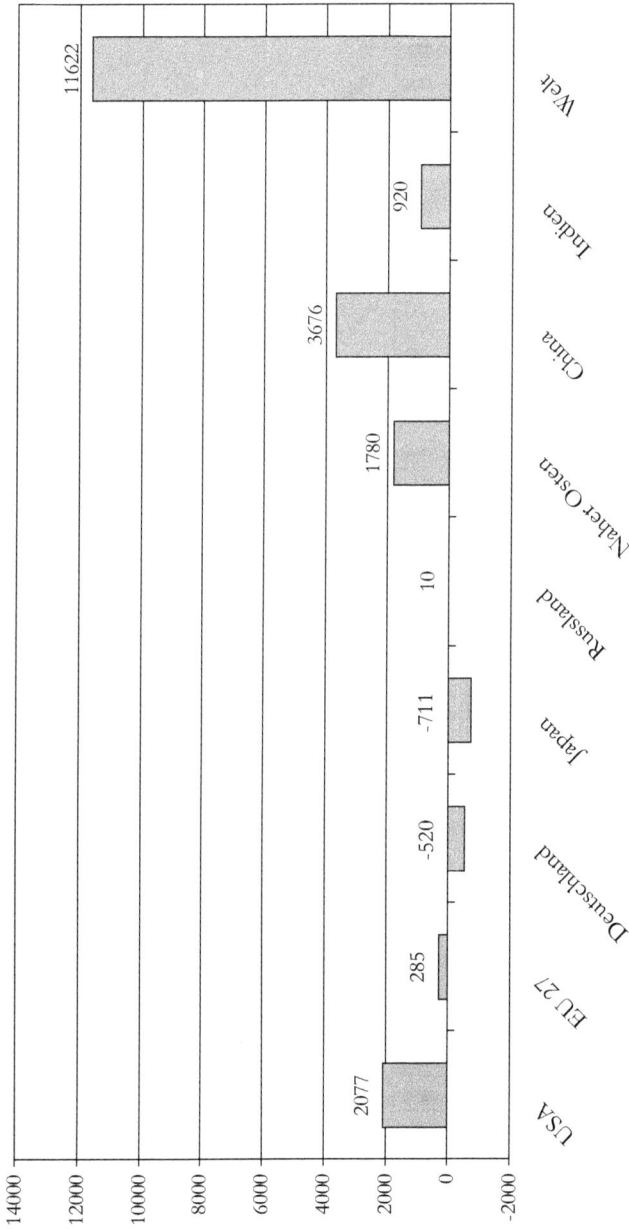

Abb. 10.6 Zusätzliche Ölnachfrage 1997–2007 (in 1000 b/d)

Quelle: BP.

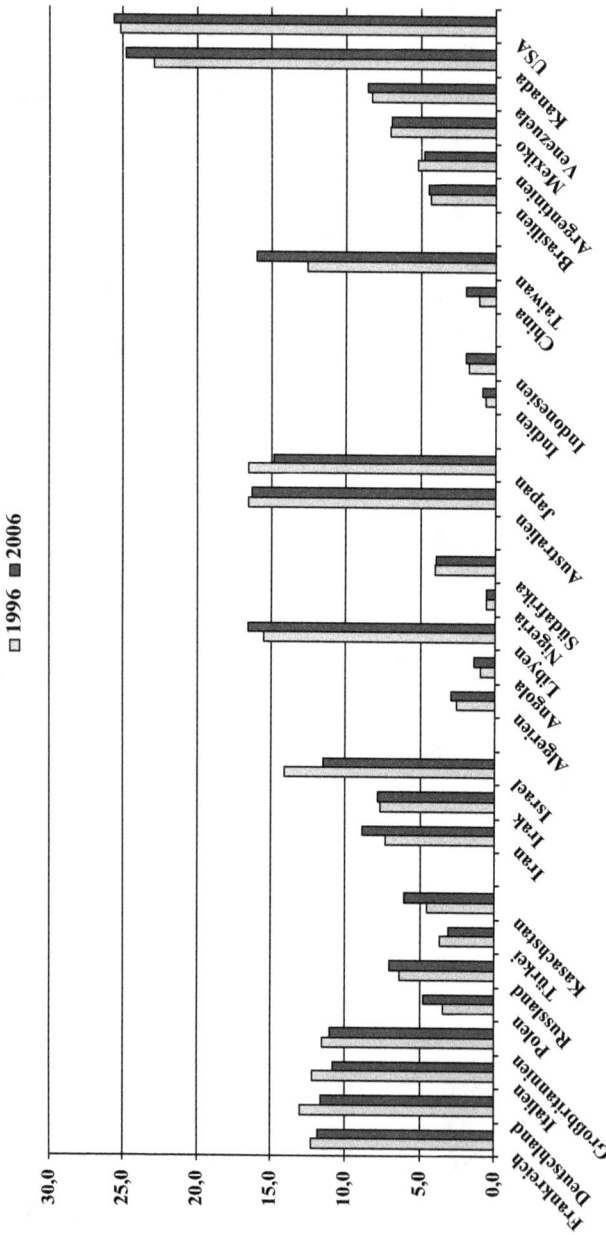

Abb. 10.7 Ölverbrauch in Barrel pro Kopf und Jahr

	1996	2006
Frankreich	12,26	11,84
Deutschland	13,02	11,6
Italien	12,22	10,81
Großbritannien	11,58	11,08
Polen	3,43	4,76
Russland	6,36	7,03
Türkei	3,68	3,05
Kasachstan	4,56	6,1
Iran	7,35	8,83
Irak	7,71	7,83
Israel	14,14	11,5
Algerien	2,54	2,95
Angola	0,96	1,38
Libyen	15,5	16,57
Nigeria	0,6	0,62
Südafrika	4,05	3,96
Australien	16,56	16,34
Japan	16,51	14,86
Indien	0,69	0,87
Indonesien	1,77	1,95
China	1,09	1,98
Taiwan	12,62	16
Brasilien	4,33	4,44
Argentinien	5,2	4,77
Mexiko	7,05	6,95
Venezuela	8,28	8,54
Kanada	22,93	24,83
USA	25,15	25,64

Tabelle 10.3 Ölverbrauch pro Kopf und Jahr[22]

10.4   Die aktuelle Nachfrageentwicklung

10.4.1   Nachfrageprognosen von IEA und EIA

Die EIA erwartet ebenso wie IEA[23] einen Anstieg der Nachfrage auf 116–118 mb/d im Jahr 2030 (IEA: 116 mb/d, EIA 118 mb/d). Das sind 40 % mehr als heute. Außerhalb der Industriestaaten soll sich die Nachfrage nahezu verdoppeln (vgl. Abb. 10.8 und Tabelle 10.4). Schwerpunkte des Wachstums sind nach dieser Prognose Asien und der Nahe Osten. Demgegenüber dürfte die Ölnachfrage in der EU stagnieren und in Nordamerika, wo die Bevölkerung nach wie vor wächst, nur leicht zunehmen.

Öl bleibt der wichtigste Energieträger, auch wenn sein Anteil bis 2030 von 35 % auf 32 % fallen könnte. Die Sektoren entwickeln sich dabei sehr unterschiedlich:

▶ Bei der Stromerzeugung wird mit einer leichten Abnahme der Ölnachfrage gerechnet. Der Anteil am Ölverbrauch fällt dadurch im Laufe der Jahre von 7 % im Jahr 2004 auf nur noch 3 % im Jahr 2030.

▶ Die Industrie wird ihre Nachfrage um etwa 5 mb/d ausweiten.

▶ Der Löwenanteil des Wachstums (63 %) entfällt auf den Verkehr mit etwas *über 20 mb/d Zuwachs*, davon über die Hälfte in den asiatischen Schwellenländern. Sein *Anteil am Gesamtverbrauch dürfte von 47 % (2005) auf 52 % (2030) steigen*

▶ Der Rest (7–8 mb/d) entfällt auf die übrigen Sektoren.

	2000	2006	2015	2030	2006–2030
Nordamerika	23,4	24,9	27,7	30,0	0,8 %
EU	13,6	13,8	14,0	13,8	0,0 %
Industrieländer	46,0	47,3	50,8	52,9	0,5 %
China	4,7	7,1	11,1	16,5	3,6 %
Indien	2,3	2,6	3,7	6,5	3,9 %
Middle East	4,6	6,0	7,9	9,5	1,9 %
WELT	77,0	84,7	98,5	116,3	1,3 %

Tabelle 10.4 IEA-Prognose der Weltölnachfrage bis 2030 (Referenzszenario)[24]

☐ 2000 ☐ 2006 ☐ 2015 ☐ 2030

WELT: 116,3 / 98,5 / 84,7 / 77

Naher Osten: 9,5 / 7,9 / 6 / 4,6

Indien: 6,5 / 3,7 / 2,6 / 2,3

China: 16,5 / 11,1 / 7,1 / 4,7

Industrieländer: 52,9 / 50,8 / 47,3 / 46

EU: 13,8 / 14 / 13,8 / 13,6

Nordamerika: 30 / 27,7 / 24,9 / 23,4

p/qu

140 120 100 80 60 40 20 0

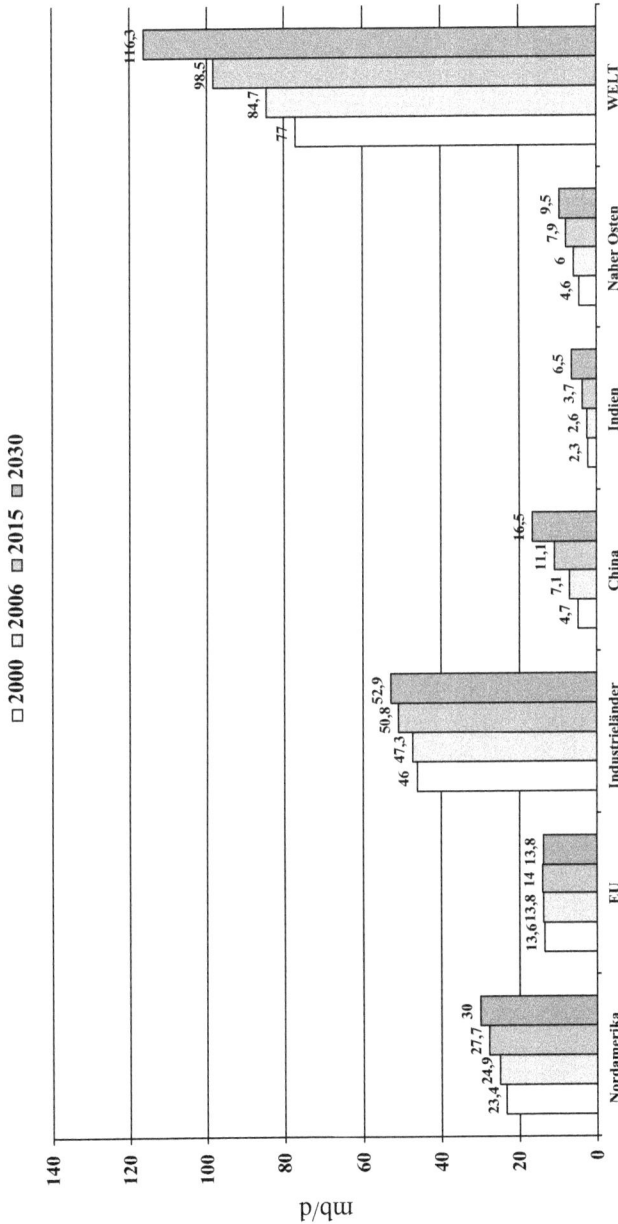

Quelle: IEA World Energy Outlook 2007 (Referenzszenario).

Abb. 10.8 Prognose der Weltölnachfrage bis 2030 (IEA)

10.4.2 Schwerpunkte des Nachfragewachstums

Ein neuer Schwerpunkt der Nachfrage ist der rasch wachsende asiatisch-pazifische
Raum. Die Tabelle 10.5 verdeutlicht seinen Anteil am Anstieg der weltweiten Ölnachfrage. Nur während der Asienkrise 1998 fiel die Nachfrage. Seit 1990 sind diese Staaten
für durchschnittlich 58 % des Wachstums der Ölnachfrage verantwortlich.

Jahr	Weltweites Nachfra-gewachstum in1000 b/d	Wachstum der Öl-nachfrage im AP-Raum in 1000 b/d	Anteil des asiatisch-pazifischen Raumes am globalen Wachstum
1990	390	690	177 %
1991	520	626	120 %
1992	530	895	169 %
1993	120	735	613 %
1994	920	893	97 %
1995	1270	980	77 %
1996	1990	891	45 %
1997	1860	829	45 %
1998	640	-212	-33 %
1999	1680	927	55 %
2000	610	300	49 %
2001	670	101	15 %
2002	633	422	67 %
2003	1617	809	50 %
2004	3032	1213	40 %
2005	1061	422	40 %
2006	975	336	34 %
2007	1600	747	47 %
Insgesamt	**20118**	**11604**	58 %

Tabelle 10.5 Anteil des asiatisch-pazifischen Raums (AP) am Wachstum der globalen Ölnachfrage[25]

Dieser Trend setzt sich aktuell fort. Im Jahr 2007 waren die größten absoluten Nach-
fragesteigerungen in China, Saudi-Arabien und Indien zu beobachten. Das wird vermutlich auch 2008 so sein. Die IEA erwartet, dass das Wachstum der Ölnachfrage auch
in den kommenden fünf Jahren überwiegend außerhalb der Industrieländer stattfinden
wird, vor allem in China und im Nahen Osten. Trotzdem werden die Industriestaaten
(OECD) auch 2012 mit 54 % noch etwas mehr als die Hälfte der Nachfrage repräsentieren.[26]

10.4.3 Post-Peak-Tendenzen: Die aktuelle Nachfrageentwicklung

Die Abbildung 10.9 und Tab. 10.6 präsentieren den Makrotrend seit Anfang der 1990er Jahre. Die Nachfrage ist von unter 70 mb/d auf deutlich über 80 mb/d gestiegen. Weder die USA noch die europäischen Industrieländer haben zu diesem Anstieg stark beigetragen.

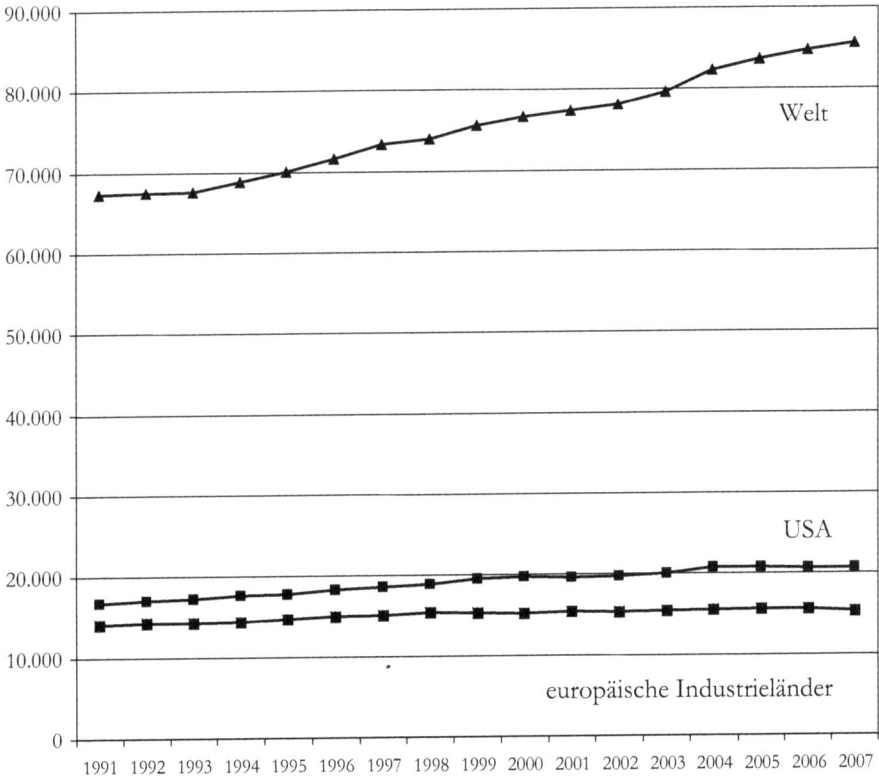

Quelle: EIA; „europäische Industrieländer" ist OECD-Europa.

Abb. 10.9 Peak der Nachfrage: USA, Europa und die Welt (in 1000 b/d)

	Frankr.	Deutschl.	Italien	Großbrit.	Westeur.	Japan	USA	OECD	WELT
1991	1.940	2.829	1.862	1.803	14.079	5.375	16.714	42.001	67.277
1992	1.932	2.841	1.894	1.815	14.283	5.467	17.033	42.949	67.463
1993	1.877	2.908	1.891	1.829	14.289	5.398	17.237	43.296	67.596
1994	1.865	2.883	1.869	1.833	14.369	5.648	17.718	44.435	68.863
1995	1.919	2.882	1.942	1.816	14.664	5.694	17.725	44.902	70.067
1996	1.949	2.922	1.920	1.852	14.968	5.740	18.309	45.978	71.627
1997	1.969	2.917	1.934	1.804	15.106	5.697	18.620	46.721	73.372
1998	2.040	2.923	1.941	1.792	15.419	5.498	18.917	46.886	74.004
1999	2.029	2.838	1.891	1.797	15.325	5.615	19.519	47.806	75.664
2000	2.001	2.772	1.854	1.759	15.189	5.495	19.701	47.874	76.660
2001	2.052	2.815	1.837	1.744	15.373	5.394	19.649	47.946	77.402
2002	1.983	2.722	1.870	1.731	15.307	5.301	19.761	47.892	78.038
2003	1.999	2.679	1.873	1.759	15.445	5.416	20.034	48.605	79.613
2004	2.006	2.665	1.794	1.799	15.487	5.291	20.731	49.360	82.333
2005	1.988	2.647	1.755	1.834	15.611	5.305	20.802	49.664	83.655
2006	1.961	2.665	1.732	1.830	15.626	5.159	20.687	49.328	84.770
2007	1.937	2.478	1.678	1.764	15.288	4.972	20.698	48.964	85.589

Tabelle 10.6 (zu Abb. 10.9): Weltölnachfrage 1991–2007 in 1000 b/d[27]

Die Abb. 10.10 geht noch weiter ins Detail. Der Nachfragezuwachs ist regional sehr unterschiedlich ausgeprägt: Die Ölnachfrage der westeuropäischen und ostasiatischen Industriestaaten hat sich offenbar von der guten Wirtschaftsentwicklung dieses Jahrzehnts abgekoppelt. Hier stagniert oder fällt die Nachfrage schon seit 2001.

Das Wachstum der Ölnachfrage hat sich seit dem Herbst 2007 deutlich abgekühlt. Mitte 2007 hatte die IEA für das Jahr 2008 noch ein Wachstum von 2,2 mb/d prognostiziert. Jetzt werden für das Jahr 2008 (Stand Mitte 2008) von der IEA und anderen nur noch zusätzliche 0,7–0,8 mb/d Ölnachfrage erwartet – also weniger als 1 %. Im Jahr 2007 war die Nachfrage um 1,0 mb/d, also 1,2 % gestiegen. Hinter dieser Abkühlung stecken zwei gegenläufige Entwicklungen, die für dieses Jahrzehnt typisch sind:

▸   Ein kräftiger Zuwachs in China und im Nahen Osten um jeweils etwa 0,4 mb/d pro Jahr.

▸   Stagnation oder Rückgang der Nachfrage in den Industrieländern.

Während die Weltnachfrage insgesamt weiter wächst, scheint es immer mehr Staaten zu geben, die auch bei abnehmendem Ölverbrauch prosperieren können. Das könnte ein Indiz dafür sein, dass *Teile der Welt ihren Nachfrage-Peak überschritten* haben.

Wenn sich dieser Trend fortsetzt und verbreitet, wäre auch bei stagnierender Weltölproduktion eine robuste Entwicklung der Weltwirtschaft vorstellbar.

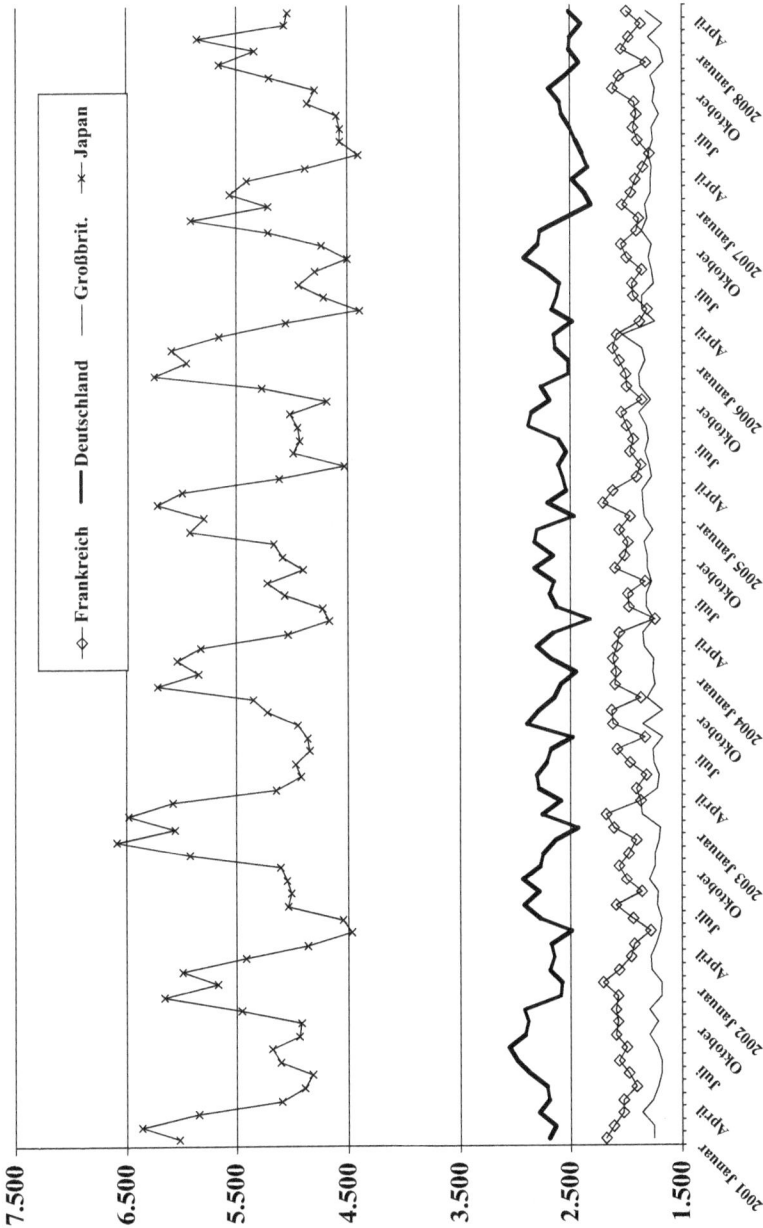

Abb. 10.10 Peak der Nachfrage: EU-Staaten und Japan 2001–2008 (in 1000 b/d)

10.5   Versorgungssicherheit: Strategien der Konsumentenländer

10.5.1   Einleitung

Erdöl hat wie kein zweiter Rohstoff eine sicherheitspolitische Dimension. Die Gründe dafür sind sein strategischer Charakter für das Funktionieren moderner Volkswirtschaften, die Verteilung der Reserven mit dem Schwerpunkt am Persischen Golf und vor allem die enormen Gewinnspannen, die zwischen Förderkosten und Weltmarktpreis liegen. Viele Staaten am Persischen Golf, in Nord- und Westafrika, in Lateinamerika und im Gebiet der früheren Sowjetunion leben von dieser Preisdifferenz.

Neben der strategischen Bedeutung ist die Unzuverlässigkeit der Prognosen ein zweites beunruhigendes Merkmal der Ölversorgung. Wie groß wird das Ölangebot in zehn oder zwanzig Jahren sein? Und zu welchem Preis wird es auf den Markt kommen? Die wichtigsten Trends auf den internationalen Ölmärkten haben die Mehrzahl der Experten überrascht: Das gilt für den Nachfrageschub aus China ebenso wie für die schnelle Erholung der russischen Ölindustrie.

Auch hat der rasante Anstieg des Ölpreises von 10 auf über 140 Dollar pro Barrel die Fachwelt völlig überrascht. Alle Mainstream-Theorien erwiesen sich im Rückblick als falsch. Weder brach die Nachfrage durch die hohen Preise ein, noch führte die Kostenbelastung zu einer Rezession.

Genausowenig lösten die hohen Ölpreise einen Investitionsschub oder ein stark erhöhtes Angebot aus. Zu den Kostenbelastungen und geopolitischen Bedenken gesellen sich deshalb immer stärker grundsätzliche Angebotssorgen: *Kann* die globale Ölproduktion überhaupt noch gesteigert werden? Und *sollte* sie angesichts des Klimawandels forciert werden?

Die Sicherheit der Energieversorgung ist durch diese Probleme ein Thema der Schlagzeilen und der Politik geworden wie wir es seit den 1970er Jahren nicht mehr gesehen haben. Gipfeltreffen der EU und der G8, nationale Rohstoffkongresse, Energie- und Klimaprogramme der USA, der EU und Deutschlands – überall wird die Sicherheit der Energievorsorgung diskutiert. Ende 2007 wurden in Deutschland, China und den USA fast zeitgleich neue Politikprogramme verabschiedet.

Trotz der verstärkten Anstrengungen wird immer deutlicher: *Alle drei Ziele der Energiepolitik – Sicherheit, Wirtschaftlichkeit und ökologische Nachhaltigkeit – sind immer schwerer erreichbar und vor allem immer schwerer miteinander vereinbar.*

Jüngste Vorfälle haben die Brisanz der Lage erhöht: Der Hurrikan Katrina machte im Golf von Mexiko die Verwundbarkeit der Versorgungskette deutlich; Anschläge in Nigeria und im Irak, Lieferstopps aus Russland und Verstaatlichungen der Ölindustrie weltweit erinnern im Wochentakt an die Abhängigkeit der westlichen Industriestaaten.

Dies macht deutlich, in welchem Umfang Krisenursachen und Krisensymptome bereits *globalisiert* sind und nach globalen Antworten verlangen. Das gilt gleichermaßen für den Weltmarktpreis für Öl, den Klimawandel und die Peak-Debatte. Klassische sicherheitspolitische Analysen stehen anders als in der Vergangenheit nur noch an zweiter Stelle.

Rückblick

Ein Rückblick auf die Diskussionen der letzten Jahre zeigt allerdings, dass es zunächst sicherheitspolitische Analysen waren, die das Thema der Versorgungssicherheit näher beleuchtet hatten. Der steile Ölpreisanstieg und der sich abzeichnende Irak-Krieg gab seit 2001 geopolitischen Argumenten Auftrieb. Es wurde befürchtet, dass es zwischen dem Westen und Schwellenländern wie China zu Konflikten um Energieressourcen kommen könnte. Auch wurde die wachsende Abhängigkeit von labilen OPEC-Staaten beschworen. Dass es (bislang) anders gekommen ist, liegt vor allem daran, dass ökonomische Kategorien nicht näher beleuchtet wurden. Auch wurde die Aggressivität arabischer und asiatischer Staaten weit überschätzt. Geopolitisches „Freund-Feind-Denken" war offensichtlich nur bedingt in der Lage, die Umwälzungen auf den Ölmärkten zu analysieren. Besonders problematisch war die Beurteilung der Krisenwahrscheinlichkeit. So gilt zum Beispiel die Golfregion als besonders unsichere Exportregion, obwohl die Ursachen (nicht unbedingt die Schauplätze) fast aller Lieferunterbrechungen der letzten 25 Jahre in anderen Ländern zu suchen waren.

Ein zweiter Diskussionsstrang hat seine Wurzeln in der Umweltbewegung. Aufgrund einer unmittelbar bevorstehenden Ölverknappung steuere die Welt auf Ressourcenkriege (Klare), „die größte Wachstumsschlacht der Weltgeschichte" (Scheer) bzw. das „größte(n) Gemetzel der Menschheitsgeschichte" (Alt) zu.[28] Das Erreichen des Fördermaximums bei Öl wird ähnlich wie bei den Peak-Experten Campbell und Laherrère als entscheidende Zäsur in der Zivilisationsgeschichte gesehen. Die apokalyptischen Zustände könnten nur durch einen unverzüglichen Umbau der Energiesysteme zugunsten dezentral erzeugter Erneuerbarer Energie vermieden werden.

Ähnlich wie bei den sicherheitspolitischen Analysen wurden auch hier ökonomische Kategorien weitgehend ausgeblendet und das Aggressionspotenzial der betroffenen Staaten und Gesellschaften zu pessimistisch beurteilt.

Eine dritte Diskussionslinie betonte die Bedeutung von Investitionen und politischer Interdependenz. Dieser Schwerpunkt findet sich zunehmend auch bei den etablierten

Ölforschungsinstituten, vor allem bei der IEA, wieder. Die Bedeutung und das Konzept der *Energy Security* habe sich in den letzten Jahrzehnten deutlich verändert. An die Stelle ideologischer Konfrontation zwischen Export- und Importländern trete Dialog und Kooperation.

Ein wichtiger Auslöser dieser Argumentation war der Ölpreisverfall 1998, der auch in den Industriestaaten Befürchtungen auslöste, dass dadurch Investitionen gekürzt und die politische Stabilität vieler Ölexportstaaten gefährdet werden. Es gab daher kaum Proteste, als die großen Exportländer in einer konzertierten Aktion das Ölangebot verknappten.

Dieses Argument wird durch die letzten Veröffentlichungen der IEA gestärkt, die auf eine drohende Investitionslücke hinweist. Je schwieriger die Suche nach Öl wird, desto stärker wird die Position der Ölproduzenten. Die IEA verweist auf die widersprüchlichen Signale des Westens, wenn einerseits eine höhere Unabhängigkeit von arabischen Ölimporten angestrebt wird und andererseits von der OPEC verstärkte Investitionsanstrengungen gefordert werden. Die Exporteure verlangen daher eine Symmetrie der Absicherung (*Security of Demand*). Für die Ölproduzenten hat Energiesicherheit eine weiter gehende Bedeutung als in den Industriestaaten. Sie meint nicht nur die Energieversorgung des eigenen Landes, sondern auch die Sicherung der Öl- und Gasexporte, die für die wirtschaftliche und gesellschaftliche Stabilität der Ölexportländer von überragender Bedeutung sind.

Im Rückblick wird deutlich, dass die IEA und andere Institute zu lange auf ökonomische Analysen vertraut haben und ölpolitischen, strategischen und produktionstechnischen Analysen zu wenig Beachtung geschenkt haben.

10.5.2   Was ist Versorgungssicherheit?

Versorgungssicherheit mit Öl lässt sich unter verschiedenen Blickwinkeln definieren, die ein Spiegel ihrer Zeit sind. Sie wurde nach den Erfahrungen des Zweiten Weltkriegs und der Ölkrise 1973/74 zunächst mit sicherheitspolitischen Kategorien untersucht. Der Ansatz ging davon aus, dass sich Krisen in fehlenden *Tonnen* messen lassen, ungeachtet der preislichen Entwicklung. Dieser Ansatz stammt noch aus der Welt der stark regulierten und langfristig planbaren Handelsströme der 1960er und 1970er Jahre.

Das Ende der Kolonialisierung und der integrierten Versorgungsketten der Ölkonzerne änderte den Charakter der Ölkrisen. An die Stelle der Preisdiktate von Ölfirmen oder OPEC-Regierungen trat immer stärker der anonyme Weltmarkt.[29]

Das hatte weit reichende Konsequenzen: *Aus Mengenkrisen wurden Preiskrisen.* Liefersanktionen gegen einzelne Importstaaten, wie sie von der OPEC 1973/74 getestet wurden, sind nicht mehr möglich. Fast jeder Importeur kann sich innerhalb gewisser praktischer Grenzen seinen Lieferanten auf dem Ölmarkt aussuchen. Bei Exportstörungen steigen „nur" die Weltmarktpreise. Nationale oder lokale Krisen werden über den Weltmarktpreis sofort zu globalen Krisen.

Diese Mischung aus Volumen- und Preissymptomen macht es schwierig zu entscheiden, wann überhaupt von einer Versorgungskrise gesprochen werden kann:

▶ Die Förderreduktionen der OPEC 1998/99 zogen mehr und länger Öl vom Markt ab als das Embargo gegen Irak und Kuwait während des Golfkriegs 1990/91. Auch war der Preisanstieg im ersten Fall stärker und länger anhaltend. Dennoch wurde weltweit nur im zweiten Fall eine Ölkrise diagnostiziert.

▶ Noch unklarer wird das Krisenkonzept, wenn man nach die Ursachen der Krisen betrachtet. Im Golfkrieg 1990/91 verhängten die Industriestaaten einen Boykott gegen Öllieferungen aus dem Irak und Kuwait. Es war sozusagen eine „freiwillige" Versorgungskrise.

▶ Schließlich gibt es noch den Unterschied zwischen kurzen Krisen und langfristigen strukturellen Problemen, wie etwa die Produktionskrise der Sowjetunion bzw. Russlands zwischen 1988 und 1996, die mehrere Millionen Barrel pro Tag dauerhaft vom Markt nahm.

Bei den meisten Definitionen stehen heute zwei Kategorien der Versorgungssicherheit im Mittelpunkt[30]:

▶ die physische Versorgung mit Öl (ausreichende Mengen)

▶ die ökonomische Versorgungssicherheit (bezahlbare Ölpreise).

Eine analytisch oft vernachlässigte Kategorie ist der Zeithorizont der Sicherheit (s.u.):

▶ Sicherheit bei kurzfristigen Störungen, z.B. durch Puffer in der Versorgungskette.

▶ Sicherheit bei mittelfristigen Störungen, z.B. durch strategische Reserven oder Substitutionsmöglichkeiten.

▶ Sicherheit bei langfristigen Störungen wie z.B. den Grenzen des Ökosystems (Klimawandel) oder der geologischen Verfügbarkeit. Hier müssten das gesamte System der Energieversorgung oder die Muster des Energiekonsums verändert werden. Darauf sind die wenigsten Staaten vorbereitet.

10.5.3 Sicherung der Ölversorgung: Die strategische Debatte

Das traditionelle Paradigma

Die *Diversifizierung* der Bezugsquellen stand von Anfang an im Vordergrund, wenn es um die Sicherung der Ölversorgung ging.[31] Schon vor dem Ersten Weltkrieg, als Churchill den Antrieb der britischen Flotte von heimischer Kohle auf persisches Öl umstellte und Öl damit zu einer Frage der nationalen Sicherheit machte, bemerkte der Brite: „Safety and certainty in oil lie in variety and variety alone."[32] Dieser Ansatz findet sich heute sowohl in USA als auch in Europa und Asien wieder. Er wurde durch einige Elemente ergänzt, die alle zusammen das traditionelle Konzept der Versorgungssicherheit bilden:

▶ Diversifizierung der Importregionen

▶ Diversifizierung der Energieträger

▶ Maximierung der Energieeinsparung

▶ Bildung strategischer Reserven

▶ Aufbau guter politischer Beziehungen zu Ölexporteuren und Öltransitstaaten.

Dieses alte Paradigma stammt aus einer Zeit, die durch die folgenden Merkmale gekennzeichnet war: Die Ölmärkte waren reguliert, erst durch die großen Ölkonzerne, dann durch die OPEC. Auf den Märkten standen sich zwei Staatengruppen gegenüber: Die OPEC-Staaten und die Industrieländer (OECD). Es schien keine grundsätzlichen Wachstumsgrenzen zu geben, weder ökologischer noch geologischer Art, und die Krisen betrafen die Rohölversorgung, nicht die Versorgung mit Ölprodukten.

Es ist offensichtlich, dass sich die Ölwelt mittlerweile verändert hat: Es gibt freie Ölmärkte, die Absatzregionen sind globalisiert, viele Regionen können ihre Produktion nicht mehr steigern, die Klimadebatte stellt alle fossilen Brennstoffe in Frage und die Raffineriekrise der letzten Jahre verdeutlichte, dass Rohöl allein für eine reibungslose Versorgung nicht ausreicht.

Neue Elemente

Im Zeitalter globaler Öl- und Finanzmärkte scheint das traditionelle, stark geopolitisch orientierte Konzept der Energieversorgungssicherheit überholt oder doch zumindest ergänzungsbedürftig zu sein:[33]

▶ Es spielt im Zeitalter globalisierter Ölmärkte *keine Rolle, ob das Öl aus einheimischer oder fremder Förderung stammt.* Ein ölautarkes Land zahlt für heimisches Öl denselben Weltmarktpreis und leidet unter denselben Preisschwankungen wie ein Land, das

100 % seines Öls importieren muss. Eine Ausnahme bilden die wenigen Länder, die keinen Zugang zu den Weltmeeren haben und auf Landtransitkorridore durch Drittstaaten angewiesen sind.

▶ Es spielt *keine Rolle, von wo das Öl importiert wird*. So hat beispielsweise die USA ein (wirkungsloses) Embargo gegen iranisches Öl verhängt. Wenn dort Lieferstörungen auftreten sollten, würden die bisherigen Abnehmer dieselben Ölmengen anderswo zu höheren Preisen ersteigern, so dass die USA ebenso von höheren Weltmarktpreisen betroffen wäre wie alle anderen. Die oft zitierte „Abhängigkeit vom OPEC-Öl" ist deshalb kein sinnvoller Indikator für den Grad der Sicherheit der Ölversorgung.

▶ Langfristige Energiesicherheit ist nur durch den *Weckruf kurzfristiger Preisverwerfungen* realisierbar. Aus dieser Perspektive sollte der Ölpreis im Interesse der Versorgungssicherheit steigen: Die Unterscheidung zwischen kurzfristigen und langfristigen Kriterien der Versorgungssicherheit stellt die herkömmlichen Definitionen in Frage: Im Westen ist Versorgungssicherheit gleichbedeutend mit stabilen und billigen Ölimporten. Aber man könnte aus heutiger Sicht auch umgekehrt argumentieren: Billiges Öl fördert *kurzfristig* die Wirtschaft, aber behindert *langfristig* die Entwicklung von alternativen Treibstoffen und neuen Ölregionen. Es entmutigt Energiesparmaßnahmen und zementiert langfristig nicht vertretbare Konsum- und Lebensgewohnheiten. *Insofern sind Preissprünge wie in den 1970er Jahren und seit 2004 nicht nur Krisensymptome, sondern auch Teil der Krisenlösung.*

Das strategische Paradigma der Diversifizierung, das viele Jahrzehnte dominierte, sollte im 21. Jahrhundert um einige Elemente ergänzt und relativiert werden:

▶ Die *Pufferkapazität* in der Versorgungskette, angefangen bei freien Förderkapazitäten bis hin zu ausreichenden Raffineriekapazitäten, ist ein zentrales Element der Versorgungssicherheit. Unternehmen und Staaten müssen eine höhere Sicherheitstoleranz in das Energiesystem einbauen – was sich allerdings in den Kosten widerspiegeln wird. Dazu gehören auch die Aufwendungen für strategische Reserven.

▶ Bedeutung der *Information*: Die zuständigen Stellen müssen verstärkt versuchen, zeitnahe und verlässliche Daten über Reserven, Produktion und Verbrauch bereitzustellen. Nur so kann rechtzeitig und angemessen reagiert werden. Die derzeitige Unsicherheit über eine mögliche Ölverknappung wirkt eher lähmend als beflügelnd.

▶ Bedeutung der *Investitionen*: Ein hohes Investitionsniveau ist unabdingbar für die Sicherung der Energieversorgung, gleichgültig welcher Entwicklungspfad gewählt wird. Investitionshemmnisse müssen abgebaut werden.

▶ Die *Systeme der Versorgungssicherheit* (z.B. strategische Reserven, koordinierte Maßnahmen zur Nachfragedämpfung) müssen *globalisiert* werden und China, Indien und
andere Großverbraucher integrieren. Es wäre kontraproduktiv, wenn diese Länder
einen merkantilistischen, nationalen Kurs verfolgen, der ohnedies wenig Aussicht
auf Erfolg hat.

▶ Strategien müssen die gesamte *Versorgungskette* betrachten: Energiesicherheit ist nur
gewährleistet, wenn alle Glieder der Ölversorgungskette und ihre Hilfssysteme
funktionieren.

Hintergrund: Strategische Reserven und operative Lagerhaltung

Staatliche Ölreserven spiegeln die große Bedeutung dieses Rohstoffs für das Funktionieren eines Landes dar. Nach der Ölkrise 1973/74 weiteten die Industriestaaten ihre
Vorratshaltung massiv aus, während die gewerblichen Lager schrumpften. Die USA,
Japan und Deutschland halten zusammen etwa 90 % der staatlichen Reserven, wohin-
gegen nur wenige Entwicklungs- und Schwellenländer größere Reserven vorhalten. Da
sich ihr Anteil am Weltölkonsum immer weiter erhöht, wird es in Zukunft immer
schwerer werden, im Rahmen der IEA eine globale Ölkrise zu bewältigen.

Die gewerblichen Lagervorräte (*industry stocks*) umfassen die Mengen, die von Raffinerien, Häfen und großen Terminal Operators vorgehalten werden (*primary stocks*). Die
Vorräte von Händlern und Konsumenten (z.B. der individuelle Heizöltank eines Miets-
hauses oder die Vorräte eines Kraftwerks) zählen nicht mehr zu den Vorräten, sondern
werden statistische bereits zur Nachfrage gerechnet.[34]

Die weltweiten staatlichen und gewerblichen Öllager sind schwer zu schätzen. Für das
Jahr 2000 kam die IEA auf 6,9 Mrd. Barrel.[35] Das entsprach damals dem weltweiten
Ölkonsum von 90 Verbrauchstagen. Von diesen 6,9 Mrd. Barrel lagen:

▶ 1,3 Mrd. Barrel in staatlichen strategischen Reserven der Industrieländer.

▶ 4,6 Mrd. Barrel in gewerblichen Lagern, davon 2,7 Mrd. in Industrieländern und
1 Mrd. Barrel in anderen Staaten. Weitere 0,9 Mrd. waren auf See oder anderweitig
unterwegs.

▶ 1 Mrd. Barrel in Sekundärlagern bei kleineren Verteilern, beim Groß- und Einzel-
handel sowie in Tertiärlagern bei Endverbrauchern, z.B. in Heizöltanks.

Der heutige Wert dürfte leicht über dem Wert von 6,9 Mrd. Barrel liegen, so dass man
weltweit von 7–7,2 Mrd. Barrel strategischer und gewerblicher Öllager ausgehen kann.

Im Jahr 2007 befanden sich etwa 4,2 Mrd. Barrel in strategischen und gewerblichen
Lagern der Industrieländer (IEA-Mitglieder).[36] Sie decken 122 Tage der Netto-
Rohölimporte ab und liegen damit deutlich über dem Tief aus dem Jahr 2000 mit 108

Tagen. Der historische Höhepunkt wurde 1984 erreicht, als sogar 158 Tage des Importbedarfs eingelagert waren.

Nimmt man rein rechnerisch den Ausfall von 5,5 mb/d Ölimporten an – das ist die gesamte Ölmenge, die vom Persischen Golf nach Europa und in die USA exportiert wird – dann wären allein die staatlichen IEA-Reserven (1502 mb) in der Lage, den Ausfall für 9 Monate zu kompensieren. Addiert man die kommerziellen Reserven, dann wäre der Ausfall sogar zwei Jahre lang verkraftbar. Schon die Vorhaltung dieser enormen Mengen dürfte einen abschreckenden Einfluss auf Spekulationen bei schweren Ölkrisen oder den Einsatz von Ölexporten als politischem Druckmittel haben.

in Mio. Barrel	Gewerbliche Lager	Strategische Reserven	Insgesamt
Kanada	186	0	186
USA	1.039	690	1.729
Frankreich	83	102	186
Deutschland	97	189	286
Italien	133	0	133
Niederlande	103	15	117
Spanien	89	41	131
Großbritannien	100	0	100
Japan	298	321	619
Südkorea	83	76	158
Alle Industrieländer (OECD)	**2.669**	**1.502**	**4.171**

Tab. 10.7 Gewerbliche Vorräte und strategische Reserven in Industriestaaten 2007[37]

11 Fallstudien: Große Ölkonsumenten und ihre Ölpolitik

11.1 USA: „Houston, wir haben ein Problem."

„There are only seven percent of the people of the world living in the United States, and we use thirty percent of all the energy. That isn't bad, that is good. That means we are the richest, strongest people in the world and that we have the highest standard of living in the world. That is why we need so much energy, and may it always be that way."

Nixon auf dem Höhepunkt der Ölkrise 1973[1]

Die USA sind der weltgrößte Produzent, Konsument und Importeur von Energie. Das Land hat die Geschichte des Öls geprägt wie kein zweites: Zunächst als dominierender Produzent bis in die 1970er Jahre, dann als größter Konsument bis zum heutigen Tag. Die heimische Ölindustrie steht noch immer an Nummer 3 der großen Ölproduzenten der Welt. Sie ist ein wichtiger Wirtschaftszweig im Süden des Landes.

Diese Doppelrolle ist ein Schlüssel zum Verständnis der amerikanischen Ölpolitik. Einerseits geht es um die Interessen der Ölindustrie im In- und Ausland, andererseits um die Interessen der Konsumenten. Hohe Ölpreise werden von der starken Öllobby gefordert, niedrige Ölpreise von den Verbrauchern in Industrie und Privathaushalten. Auch ordnungspolitisch schwankt Washington zwischen zwei Auffassungen. Unter Reagan und Clinton war die Ölindustrie eine Branche unter vielen, in die sich der Staat möglichst wenig einmischen sollte. Die Versorgungssicherheit wurde dem Markt überlassen. Unter Bush (sen.) und Bush (jun.) wurde Öl wieder stärker zum strategischen Rohstoff, wie schon in der Ära Nixon/Kissinger.

11.1.1 Die Entwicklung der amerikanischen Ölpolitik

In der amerikanischen Ölpolitik können zwei sehr unterschiedliche Phasen unterschieden werden: Die Zeit vor 1970 und die Zeit danach.

Die USA betraten die weltpolitische Bühne im 19. Jh. als bedeutendster Ölproduzent der Welt. Nur für kurze Zeit konnte Russland bzw. die Sowjetunion ähnliche Mengen fördern. Der Persische Golf war noch nicht erschlossen. Die USA waren um 1900 das einzige industrialisierte Land mit großen Erdölreserven. Es wurde so viel Öl produziert, dass staatliche Agenturen in Texas und Oklahoma die monatlichen Fördertage beschränken mussten. Diese Quoten blieben das Kernstück der Ölpolitik bis 1959, als Eisenhower Importbeschränkungen für ausländisches Öl anordnete, um auch aus militärischen Gründen die heimische Produktion auf einem hohen Niveau zu halten. Die Förderung erreichte 1970 bei 10 mb/d ein Allzeithoch, damals noch ohne Alaska.

Auch aus einem zweiten Grund markieren diese Jahre eine Wende in der Ölpolitik. 1969 kam es zu einer starken Ölverschmutzung des Santa Barbara Channel vor der kalifornischen Küste. Die amerikanische Umweltbewegung gewann daraufhin rasch an Einfluss. Die Ölexploration in den USA musste sich von nun an mit strikteren Auflagen anfreunden: Die Erschließung Alaskas wurde um 10 Jahre verschoben und bis heute darf vor der Westküste, der Ostküste und Teilen des Golfs von Mexiko nicht nach Öl und Gas gebohrt werden. Auch in Alaska sind bis heute nur kleinere Regionen zugänglich. Erst im Sommer 2008 zeichnete sich eine Lockerung der Bestimmungen ab.

Die amerikanischen Produktionskapazitäten waren ein wichtiger strategischer Faktor im Ersten und Zweiten Weltkrieg. In Friedenszeiten versorgten sie die aufstrebende amerikanische Industrie und das Transportwesen mit billigem Treibstoff. Trotzdem blieben noch große Mengen für den Export übrig.

Das änderte sich im Laufe der 1970er. Die einheimische Produktion konnte mit der Nachfrage nicht mehr Schritt halten und stagnierte. Eine wachsende Importlücke tat sich auf, die heute zwei Drittel des amerikanischen Verbrauchs umfasst. Der Anteil der amerikanischen Produktion am Weltmarkt nahm immer stärker ab (vgl. Tab. 11.1).

1910	64 % von 0,9 mb/d
1940	63 % von 6 mb/d
1960	34 % von 21 mb
1970	21 % von 46 mb
2007	8 % von 82 mb/d

Tabelle 11.1 Anteil der USA an der globalen Ölförderung[2]

Vom außenpolitischen Instrument wurde Öl damit zum außenpolitischen Risikofaktor. Wie sollte die Supermacht des Kalten Krieges darauf reagieren? Grundsätzlich hatte die USA in den 1970ern zwei strategische Möglichkeiten:

▶   Entweder eine <u>Autarkiestrategie</u> mit hohen Anreizen für die einheimische Produktion und einer starken Nachfragedämpfung

▶   oder eine <u>geopolitische Strategie der Sicherung</u> ausländischer, insbesondere arabischer Ölquellen.

Nach zaghaften Autarkieprogrammen unter Nixon und Carter lag der Kurs Ende der 1970er Jahre fest: Nationale Energie(spar)politik wurde durch Außenpolitik ersetzt. Die Sicherung der Ölversorgung war von nun an eine *globale* Aufgabe für die USA und ihre Verbündeten. Hier zeigt sich einmal mehr das innenpolitische Primat der US-Energiepolitik. Der energieintensive „American Way of Life" sollte nicht angetastet werden, solange die Sicherung der Importe zu vertretbaren, d.h. innenpolitisch durchsetzbaren, Kosten möglich war. Die Carter-Doktrin von 1980 erklärte den Persischen Golf folgerichtig zu einer Zone, die notfalls militärisch gegen andere Mächte (also die Sowjetunion) verteidigt werden sollte.[3]

Der Persische Golf spielte von nun an eine immer größere Rolle in der Ölpolitik der USA. Die Einfuhren aus Venezuela, Mexiko, Kanada oder auch Westafrika sind zwar quantitativ bedeutsamer, waren aber sicherheitspolitisch nie durch die Sowjetunion oder andere Konkurrenten gefährdet. Bis in die 1970er Jahre waren die USA in keiner Weise auf das Golf-Öl angewiesen. Geopolitisch ging es also vor allem darum, die Ölversorgung der westeuropäischen Verbündeten abzusichern und zu verhindern, dass die Sowjetunion ihren Einfluss dort ausdehnen konnte. Diverse außenpolitische Doktrinen von Eisenhower über Nixon bis Carter hatten dies zum Ziel. Notfalls, so Eventualpläne aus der Präsidentschaft Trumans, sollten die Ölanlagen am Golf vernichtet werden, damit sie Moskau oder feindlichen lokalen Machthabern nicht in die Hände fallen. In den 1950ern wurden daher große Mengen Sprengstoff in der Nähe der Ölfelder deponiert.[4]

Schritt für Schritt wurde die Präsenz vor Ort ausgebaut, insbesondere nach dem Sturz des Schahs und der sowjetischen Invasion in Afghanistan Ende der 1970er Jahre. Stationierungsrechte entlang des Persischen Golfs wurden gegen militärische Sicherheitsgarantien eingetauscht. Der Golfkrieg 1991 und der Irakkrieg 2003 sind die vorläufigen Höhepunkte dieser Strategie.

Der wichtigste Partner in der Region ist Saudi-Arabien. Es ist das einzige Land, das unter hohen Kosten eine große Reservekapazität vorhält und damit Ölkrisen entschärfen kann. Die USA sind de facto die Schutzmacht der Saudis, während die Saudis amerikanische Großinvestoren geworden sind.

Die 1980er und 1990er Jahre

Die Entwicklung in den 1980ern und 1990ern war von Deregulierung und Liberalisierung gekennzeichnet. Die Lösung der Energieprobleme wurde weitgehend dem Markt überlassen.

Eine Dämpfung der Nachfrage durch höhere Energieeffizienz, wie sie z.B. in Japan und Europa nach den Ölpreisschocks verfolgt wurde, fand nicht statt. Allerdings wurden die Emissionsvorschriften verschärft.

Selbst in der Außenpolitik wurde Energie anderen Zielen untergeordnet, wie die Sanktionspolitik gegenüber ölreichen Staaten deutlich macht (Libyen, Iran, Sudan, Irak). Die Sanktionen der US-Regierung gegenüber unliebsamen ölreichen Staaten spiegeln das schwierige Verhältnis zwischen Außenpolitik und Ölpolitik wider: US-Ölkonzerne konnten jahrzehntelang weder im Iran, noch im Irak oder (bis vor kurzem) in Libyen aktiv werden. Ähnliches gilt für Kuba, das in jüngster Zeit für die Ölbranche attraktiver geworden ist.

Die umstrittene Entscheidung für die teure und lange BTC-Pipeline vom Kaspischen Meer in die Türkei ist ein weiteres Beispiel. Weitaus kürzere und billigere Routen durch den Iran wurden aus außenpolitischen Gründen verhindert. Ob die teure Variante tatsächlich sicherer ist, muss sich angesichts der Konflikte im Transitland Georgien erst noch zeigen.

Ölpolitik nach 2000

Ab 2000 meldeten sich die Energieprobleme zurück. Ein kalter Winter, steigende Preise und der Präsidentschaftswahlkampf zwangen Präsident Clinton, aktiv zu werden: Er gab Öl aus der strategischen Reserve frei und sandte seinen Energieminister Richardson an den Persischen Golf, um dort für höhere Produktionsmengen zu werben. Die Situation für G.W. Bush nach seiner Amtsübernahme Anfang 2001 war ebenfalls von Energieproblemen geprägt: Hohe Benzin-, Heizöl- und Erdgaspreise, monatelange Stromausfälle in Kalifornien und eine Wirtschaft, die gerade in die Rezession abrutschte. Entsprechend groß war der innenpolitische Druck, Pläne für eine billige und sichere Energieversorgung zu entwickeln.

Energische Energiesparprogramme waren für die Republikaner tabu. Bush war zudem – Ironie der Geschichte – mit dem Versprechen zur Wahl angetreten, die militärische Präsenz im Nahen Osten zu reduzieren. Die erste große Initiative der neu gewählten Bush-Administration war die Entwicklung eines nationalen Energieplans (NEP) unter Federführung des Vizepräsidenten Cheney, der zuvor CEO des großen Öldienstleistungskonzerns Halliburton gewesen war. Im Mai 2001 wurde der Bericht vorgelegt.[5] Viele hatten nach der umstrittenen Wahl des neuen Präsidenten ein überparteiliches Programm erwartet, aber im Ergebnis war es eine republikanische Agenda, die umstrittene Punkte nicht aussparte: Freigabe von neuen Explorationsgebieten in Alaska und in Küstengewässern, Abbau hemmender Umweltschutzvorschriften, nur geringe Investitionen in Energiesparmaßnahmen und regenerative Energien.

Die zunehmende Abhängigkeit von Ölimporten sollte durch eine geografische Diversifizierung entschärft werden. Schon im Jahr 2000 kam fast die Hälfte der amerikanischen Importe aus sog. „sicheren Staaten" der westlichen Hemisphäre: 15 % kamen aus

Kanada, 14 % aus Venezuela (damals noch mit guten Beziehungen zu den USA) und 12 % aus Mexiko. Weitere 14 % kamen aus Saudi-Arabien. Westafrika und die kaspische Region sollten an Bedeutung gewinnen.

Das Dokument stellt den ersten umfassenden staatlichen Versuch seit Jahrzehnten dar, den Zustand der amerikanischen Energieversorgung zu analysieren und daraus ein kurz-, mittel- und langfristiges Programm zu entwickeln. Der Bericht konstatiert für 2001 die schlimmste Energieknappheit seit den Ölembargos der 1970er. Gas allein könne den wachsenden Bedarf nicht decken, deshalb sollten Atomenergie und Kohle wieder eine größere Rolle spielen. Regenerative Energiequellen und Treibstoffe werden – so der Bericht – keinen bedeutenden Beitrag leisten können.

Insofern ist der Bericht auch das Eingeständnis, dass die seit den 1990ern erwartete Lösung der Energieprobleme durch Erdgas an fehlenden Ressourcen scheitern wird. Die Förderung in Nordamerika lässt sich trotz höherer Preise kaum noch steigern und der Aufbau einer Infrastruktur für Importe von Flüssiggas (LNG) aus Übersee erfordert viel Zeit und Kapital, von Fragen der langfristigen Verfügbarkeit großer Importmengen einmal ganz abgesehen. So gesehen, stellt der NEP einen *Wendepunkt* dar. Erstmals in der amerikanischen Geschichte muss wegen Ressourcenmangel ein neuer Entwicklungspfad gesucht werden.

Nach den Terroranschlägen im September 2001 verschlechterten sich die Beziehungen zu Saudi-Arabien und anderen arabischen Ölproduzenten. Washington startete eine Reihe von Initiativen, um ölpolitische Alternativen zum Persischen Golf aufzubauen.

In den Jahren 2002/2003 wurde Russland als Partner interessant: Die russische Produktion sollte mit US-Hilfe ausgebaut werden und zusammen mit den kaspischen Ölstaaten die Rolle von Saudi-Arabien übernehmen. Moskau sollte das „nächste Houston" werden. Aber es wurde rasch klar, dass Moskau eigene Vorstellungen über seine Rolle als Energiesupermacht hat. Der Yukos-Konzern wurde demontiert und westliche Konzerne aus Großprojekten verdrängt.

Anschließend richteten sich die ölpolitischen Hoffnungen auf den Irak. Das – je nach Standpunkt – besetzte oder befreite Land sollte rasch in der Lage sein, sein großes Reservenpotenzial zu nutzen und mit Hilfe westlicher Ölkonzerne die Produktion auf 5–6 mb/d zu verdoppeln. Die OPEC und vor allem die Saudis wären dadurch in ihrer Führungsrolle geschwächt und auf den Ölmärkten würden die Preise sinken. Dieser Versuch scheiterte am schleppenden Wiederaufbau des Landes und schweren innenpolitischen Konflikten.

Auch in anderen Regionen erfüllten sich die Erwartungen nicht. Die Produktion in Westafrika und der kaspischen Region wurde zwar ausgebaut, war aber zu gering, um die ölpolitische Landkarte grundsätzlich zu verändern.

Dagegen wurde Kanada für die USA immer wichtiger. Die steigende Ölproduktion aus Ölsanden wird völlig von der US-Nachfrage absorbiert. Das wird beim nördlichen Nachbarn nicht einhellig begrüßt. Die Energiepreise in Kanada werden in den USA „gemacht", was der kanadischen Energiepolitik nur noch wenige Spielräume lässt und die Konjunktur des energieautarken Landes beeinträchtigen kann.[6]

Kurswechsel: Agrarpolitik als Energiepolitik (Ethanol)

Mitte des Jahrzehnts rückte die Landwirtschaft als neuer Hoffungsträger der Energiepolitik ins Rampenlicht. Eine breite Agrarlobby, unterstützt von Umweltgruppen, religiösen Vereinigungen und Sicherheitspolitikern, forderte die subventionierte Produktion von Ethanol aus Mais. Im Energy Policy Act 2005 (EPACT) rückte die Landwirtschaft erstmals in das Zentrum der Ölpolitik. Bis 2022 sollen nach dem aktuellen Energy Independence und Security Act von 2007 (EISA) 2,3 mb/d Ethanol bzw. 1,6 mb/d Benzin aus der Landwirtschaft kommen.[7] Ohne massive staatliche Unterstützung und Regulierung wäre dies nicht möglich. Denn Maisbauern, Ölindustrie, Getreidekonzerne und Papiermühlen müssen ihr Geschäftsmodell zugunsten der Kraftstoffproduktion ändern und hohe Investitionsrisiken auf sich nehmen (vgl. Kap. 8).

Die hohen Subventionen für Maisethanol bedeuten das Ende der mit Reagan eingeleiteten Ökonomisierung der Energiepolitik. Nicht mehr niedrig besteuerte Energiemärkte, sondern die staatlich subventionierte Förderung eines neuen Energieträgers (Ethanol) soll nun die Versorgungssicherheit gewährleisten. Insofern ist diese letzte Strategie der zwei Bush-Administrationen der Versuch einer Antwort auf die offenen Fragen des *National Energy Plan* von 2001.

Fazit: Das „Projekt Independence" 1973–2008

Die Unabhängigkeit von Ölimporten wird seit den 1970er Jahren immer wieder als politisches Ziel verkündet[8], während gleichzeitig die Ölimporte unablässig stiegen.

▶   Nach dem Ölpreisschock von 1973/74 verkündete Präsident Nixon sein *„Project Independence"*, demzufolge bereits 1980 die Abhängigkeit von Ölimporten beendet sein soll.

▶   Präsident Ford verschob das Datum auf 1985 und unterzeichnete 1975 ein Gesetz (EPAC), mit dem erstmals Obergrenzen für den Benzinverbrauch von Neuwagen festgelegt wurden.

▶ Präsident Carter erklärte 1977 in seiner berühmten „Pullover-Rede" die Energieunabhängigkeit zum *„moral equivalent of war"* und gründete das Energieministerium. Nach Ausbruch der Irankrise 1979 verkündete er einen Energieplan, der Ausgaben in Höhe von 142 Mrd. Dollar vorsah. Die Unabhängigkeit von Ölimporten war bis spätestens 1990 vorgesehen.

▶ Vor dem ersten Golfkrieg 1991 kündigte Präsident Bush (sen.) eine Reduzierung der Importabhängigkeit an und ließ mit umfangreichen Regierungsgeldern nach leistungsfähigeren Batterien für Elektroautos forschen.

▶ Auch unter Präsident Clinton konzentrierten sich die Anstrengungen auf Forschung und Entwicklung für effizientere Automobile.

▶ Die Bush-Administration stellte zunächst 2001 fest, dass das Land die größte Gefährdung seiner Energieversorgung seit den Ölembargos der 1970er erlebe. Eine größere Unabhängigkeit von Ölimporten sollte vor allem durch eine höhere heimische Ölförderung sowie neue Antriebskonzepte für Automobile erreicht werden (*FreedomCAR* mit Wasserstoffantrieb).

▶ Seit 2005 ist Bioethanol in das Zentrum der Bemühungen gerückt. Zunächst wurde die Produktion von Mais-Ethanol als Benzinzusatz subventioniert. So rasch wie möglich soll Zellulose-Ethanol als Biokraftstoff der 2. Generation endgültig den Weg zu einer Verringerung der Ölimporte ebnen.

Der Kurs der amerikanischen Energiepolitik wird im 21. Jh. mitentscheidend sein für das ökonomische Potenzial des Landes. Aber die Energiepolitik ist auf vielfältige Weise fragmentiert und anfällig für Sonderinteressen. Starke Lobbygruppen der Öl- und Fahrzeugindustrie stehen einer Umweltlobby gegenüber, die zwar stark genug ist, Forderungen zu blockieren, aber nicht stark genug, um eigene Initiativen durchzusetzen. Energiepolitische Programme der Bush/Cheney-Administration ähneln einer Wunschliste der Ölproduzenten in Texas und Alaska, der Kohlekonzerne im Osten und in Wyoming, der großen Energieversorger im Mittleren Westen und im Süden, und der Ethanolproduzenten in den großen Maisanbaustaaten.[9]

Die USA suchen seit dem Beginn ihrer Abhängigkeit von Ölimporten in den 1970er Jahren nach einer nachhaltigen *Grand Strategy* in Energiefragen. Zwischen 1973 und 1986 nahm die Energieintensität der USA noch deutlich um 35 % ab (Energieverbrauch je Einheit des BIP). Seither stagniert sie. Die USA sind heute das einzige große Industrieland, das keine starken staatlichen Anreize zum Energiesparen gibt. Die Angebotsseite dominiert auch noch in den Energiegesetzen von 2005 und 2007.

Innerhalb eines Jahrzehnts ist der amerikanische Ölimportbedarf von 10 mb/d auf 13,7 mb/d gestiegen, *also stärker als die medial viel mehr beachteten chinesischen Importmengen.* Das ist ein auch im globalen Maßstab beträchtlicher zusätzlicher Bedarf, wenn man sich vor Augen hält, dass die Weltproduktion im selben Zeitraum um 11,8 mb/d gestiegen ist.

Nach dem Fiasko der Irakpolitik räumen selbst Militärs und konservative Außenpolitiker immer häufiger ein, dass militärische Mittel eine sichere Energieversorgung nicht garantieren können. Alle Versuche der letzten 30 Jahre, in Energiefragen unabhängig zu werden, sind gescheitert. Die einzige Lösung liegt in einer Änderung des Konsums.

11.1.2 Die amerikanische Ölnachfrage

Der hohe Energiekonsum der USA ist nur zum Teil durch die geringere Energieeffizienz der US-Fahrzeugflotte gegenüber Westeuropa oder Japan erklärbar. Weitere wichtige Faktoren kommen dazu[10]:

▸ Ein starkes Bevölkerungswachstum und ein hoher Lebensstandard: Die amerikanische Bevölkerung wächst jedes Jahr um 3 Millionen Einwohner. Das Pro-Kopf-Einkommen stieg seit Anfang der 1990er deutlich stärker als in den anderen Industriestaaten.

▸ Größere klimatische Schwankungen erzeugen einen entsprechend höheren Heiz- oder Kühlbedarf.

▸ Die große Distanz zwischen den Ballungszentren fördert den Flugverkehr. Aufgrund der frühen Liberalisierung der Luftfahrtbranche sind die Flugpreise seit Jahrzehnten auf einem vergleichsweise niedrigen Niveau.

▸ Ein großer Militärapparat mit einem hohen Verbrauch an Jet Fuel.

▸ Die Stadt- und Regionalplanung hat zu einer extremen räumlichen Trennung von Funktionen wie Arbeiten, Wohnen und Einkaufen geführt (*Suburbia*). Der schlechte Zustand des ÖPNV zwingt viele Arbeitnehmer und Familien zu langen täglichen Autofahrten.

Tatsächlich ist der Ölbedarf noch höher als die Statistiken vermuten lassen: Über die chronisch defizitäre Handelsbilanz wird Ölnachfrage gewissermaßen exportiert, da viele energieintensive Prozesse in Asien stattfinden, deren Endprodukte in den USA verbraucht werden.

Schlüsselvariable Verkehr

Von den weltweit 900 Millionen Fahrzeugen befinden sich 230 Millionen in den USA, darunter 92 Mio. *Light Trucks* (z.B. Pickups, SUVs) und 138 Mio. normale PKW. Ein Viertel der Weltflotte befindet sich also in einem einzigen Staat.

Der amerikanische Verkehr ist das mit Abstand *größte Einzelsegment der weltweiten Ölnach-frage*, so dass jeder Trend direkt auf die globale Ölbilanz durchschlägt. Die derzeit konsumierten 14,7 mb/d (vgl. Tab. 11.2) entsprechen etwa 17 % der globalen Ölnachfrage. Jeder sechste Barrel der weltweiten Ölförderung wandert also in die Tanks der amerikanischen Straßen- und Luftfahrzeuge.[11]

Anders als im europäischen und japanischen Verkehr ist der Verbrauch der US-Fahrzeugflotte auch nach den Wellen von Ölpreiserhöhungen gewachsen (vgl. Tab. 11.3). Das gilt sogar für die 1970er Jahre und die Zeit nach 2000.

Light Trucks (PKW, SUV, Van, Pickup)	8,79
Gewerbliche Light Trucks	0,33
Busse	0,13
LKW	2,43
Schienenverkehr (Personen)	0,02
Schienenverkehr (Güter)	0,27
Schifffahrt (national)	0,12
Schifffahrt (international)	0,32
Schifffahrt (Freizeit)	0,10
Luftverkehr	1,46
Militärischer Verkehr	0,33
Schmiermittel	0,07
Pipelines	0,32
INSGESAMT	**14,68**

Tabelle 11.2 Ölnachfrage im amerikanischen Verkehrs- und Transportwesen 2007 in mb/d[12]

1950	3,4 mb/d
1960	5,2 mb/d
1970	7,8 mb/d
1980	9,6 mb/d
1990	10,9 mb/d
2000	13,0 mb/d
2007	14,0 mb/d

Tabelle 11.3 Entwicklung der Ölnachfrage des Verkehrs in den USA[13]

Neben der Zahl der Fahrzeuge ist ihre Spriteffizienz eine entscheidende Größe (vgl. Tab. 11.4). Der durchschnittliche Verbrauch von Neufahrzeugen lag 2007 in den USA bei etwa 9,5 Liter auf 100 km, in der EU bei 6 Liter, in Japan bei 5 Liter und in China bei etwa 7 Liter. Schon heute sind chinesische Neufahrzeuge effizienter als amerikanische.[14]

Der Ölverbrauch steigt aber nicht nur wegen des hohen Verbrauchs der oft schweren Wagen, sondern auch weil die Zahl der Fahrzeuge und die Menge der gefahrenen Meilen pro Fahrzeug wächst – also die Verkehrsleistung. Pro Kopf ergibt sich daraus in den USA ein zwei- bis dreimal höherer Spritverbrauch als in Japan oder Westeuropa.

Wenn die gesamte US-Fahrzeugflotte die Effizienz der neuen japanischen Fahrzeuge hätte, wäre der Benzinverbrauch der USA um 4,8 mb/d niedriger. Das sind 5,5 % der gesamten globalen Ölnachfrage bzw. ein Drittel der US-Ölimporte.[15]

Liter/100km	PKW	Van, Pickup, SUV	schwere LKW	Alle Straßenfahrzeuge
1930	14,8	-	-	-
1950	15,7	-	28	18,4
1970	17,4	23,5	42,8	19,6
1990	11,6	14,6	39,2	14,3
2005	10,2	14,5	35,1	13,7

Tabelle 11.4 Durchschnittsverbrauch amerikanischer Straßenfahrzeuge[16]

Benzinpreis und Steuern

Die Steuern für Washington und die Bundesstaaten machen etwa 12 % des Benzinpreises aus, also weitaus weniger als in Europa oder Japan, wo die Abgaben bei über 50 % liegen. Der Tankstellenpreis in den USA lag im Frühjahr 2008 bei umgerechnet 60 Eurocent/Liter Benzin. Die deutschen Benzinpreise waren mehr als doppelt so hoch (140 Eurocent/Liter).

Die letzte Steuererhöhung aus Washington gab es 1993. Seither werden 18,4 US-Cent auf eine Gallone Benzin (3,8 Liter) erhoben. Zusammen mit den Steuern der Bundesstaaten muss der amerikanische Autofahrer im Schnitt 46,9 Cent pro Gallone an Steuern zahlen, wobei die regionale Spannbreite groß ist (Georgia mit 26 Cent, Washington State mit 55 Cent). Die Einnahmen sind zweckgebunden und gehen vor allem in den Straßenbau.

Die „SUV Mania"

Der Trend zu *Light Trucks*, also ursprünglich leichten Nutzfahrzeugen, die immer stärker im Personenverkehr eingesetzt wurden, geht bis in die 1960er Jahre zum deutschamerikanischen „Hähnchenkrieg" von 1963 zurück. Die EWG hatte damals einen Einfuhrzoll auf amerikanisches Hühnerfleisch erhoben, der in Washington mit einem Schutzzoll von 25 % auf europäische Light Trucks beantwortet wurde.

Hinzu kamen weniger strenge staatliche Anforderungen an die Fahrzeugtechnik, kulturelle Faktoren und angebliche sicherheitstechnische Vorteile, die in der Werbung herausgestellt wurden. Diese Maßnahmen garantierten den amerikanischen Herstellern ein sicheres und sehr profitables Marktsegment. Der Anteil der Light Trucks an der gesamten Fahrzeugflotte stieg von 16 % (1975) auf 41 % im Jahr 2005, als 56 % aller *neu* verkauften Fahrzeuge in diese Kategorie fielen. Angesichts niedriger Fahrzeugpreise und vergleichsweise niedriger Benzinpreise gab es für die Käufer wenig Anreize zum Wechsel auf sparsamere Fahrzeugtypen. Der finanzielle Unterschied zwischen einem SUV und einer kleineren Limousine machte bei durchschnittlicher Fahrleistung zunächst nur wenige Dollar pro Tag aus.[17]

Trendwende 2008?

Die mittlerweile von 2 auf bis zu 4 Dollar pro Gallone (je nach Wechselkurs 65–70 Eurocent/Liter) gestiegene Benzinpreis hat diesen Trend vorerst gestoppt. Die SUV-Hersteller verzeichnen seit 2007 erhebliche Einbrüche in der Nachfrage. Der Anteil der Light Trucks an neuen Personenfahrzeugen fiel vom erwähnten Hoch von 56 % im Jahr 2005 auf 47 % Anfang 2008 zurück. Aber auch 47 % ist noch ein hoher Anteil. Da die Fahrzeugflotte nur langsam erneuert wird, verändert der Trendbruch den nationalen Durchschnittsverbrauch nur mit großer Verzögerung. Das mittlere Alter der Personenfahrzeuge liegt bei 9 Jahren, insgesamt werden sie im Schnitt 17 Jahre lang genutzt.[18]

Im Frühjahr 2008 zeichnete sich in den USA eine Abschwächung der Benzinnachfrage ab. Der Verbrauch lag nach vorläufigen Schätzungen 1,1 % niedriger als im Vorjahr.[19] Im März 2008 wurde mit 4,3 % gegenüber dem Vorjahr der stärkste monatliche Rückgang im PKW-Verkehr seit 1942 beobachtet.[20]

Diese Abschwächung war schon seit Jahren erwartet worden, aber erst eine Kombination aus hohen Benzinpreisen, einer schwachen Binnenkonjunktur und steigender Arbeitslosigkeit konnte zu einer Trendwende im Benzinverbrauch führen. Das gilt für den fossilen Anteil im Kraftstoff noch stärker, da der Einsatz von Bioethanol auch 2008 deutlich ausgedehnt wird.

Die CAFE-Effizienzstandards[21]

Die CAFE-Standards (Corporate Average Fuel Economy) sind der Hauptansatzpunkt der Energiepolitik im Straßenverkehr. Sie schreiben den Herstellern einen maximalen Durchschnittsverbrauch ihrer Fahrzeugflotten vor.

Nach dem Ölpreisschock 1973 legte Washington in diesen Verbrauchsnormen fest, dass die Automobilhersteller ihren Durchschnittsverbrauch bis 1985 auf 27,5 mpg (Meilen pro Gallone; entspricht 8,6 l/100 km) verdoppeln müssen. Die erwähnten *Light Trucks* wurden davon ausgenommen, da sie damals vor allem für gewerbliche Zwecke eingesetzt wurden. Für sie gelten bis heute nur 22,2 mpg, also 10,6 l/100 km. Die Automobillobby erreichte, dass auch die großen, für den Personentransport entworfenen Pickups und SUVs von den PKW-Vorschriften verschont blieben. Zudem wurden immer mehr steuerliche und rechtliche Vergünstigungen eingeführt, wie z.B. sehr hohe Abschreibungsmöglichkeiten. Die aus europäischer Sicht bescheidenen Vorgaben wurden bis 2008 nicht mehr nennenswert verändert. [22]

Erst 2020 müssen nach dem aktuellen Energiegesetz von 2007 (EISA) 35 mpg erreicht werden (6,7 l/100 km), wobei die Nutzung von Biokraftstoffen angerechnet wird. Auch durch das Angebot von Flex-Fuel-Fahrzeugen werden die Anforderungen an die Hersteller verringert.

Washington reagiert damit auf den Druck der Bundesstaaten. Ölimportabhängigkeit, hohe Benzinpreise und Klimawandel sind die wichtigsten Themen, die in Kalifornien und mehr als einem Dutzend anderer Bundesstaaten schon zu schärferen Vorschriften geführt haben. Auch könnte die Industrie damit eventuell noch strengere Vorschriften vermeiden, denn die jüngste Rechtsprechung hat der amerikanischen Umweltbehörde (EPA) erhebliche Eingriffsmöglichkeiten in den CO_2-Ausstoß und damit in den Benzinverbrauch der Fahrzeuge eingeräumt.

Der tatsächliche Effizienzgewinn wird stark vom Erfolg der Ethanol-Pläne abhängen, denn der Einsatz von Biokraftstoffen verringert nach den bisherigen Plänen die Anforderungen an die Automobilhersteller. Bis 2022 sollen 36 Mrd. Gallonen Biokraftstoffe pro Jahr zum Einsatz kommen. 2007 waren es noch 6 Mrd. Gallonen. Zwei Drittel sollen mit den Verfahren der 2. Generation (Zellulose-Ethanol) gewonnen werden. Das wären insgesamt 2,3 mb/d Biokraftstoffe bzw. 1,5 mb/d in Benzinäquivalenten.

Zurzeit werden etwa 8,8 mb/d Benzin im amerikanischen Straßenpersonenverkehr verbraucht. Das bedeutet überschlägig, dass bei einem Erfolg der Ethanol-Initiativen die Kraftstoffeffizienz der neuen Fahrzeuge bis 2020 nur um etwa 1 Liter/100 km gesteigert werden muss, da ein großer Teil der Einsparungen durch Biokraftstoffe erzielt wird. Beim niedrigen Ethanolszenario (nur Mais-Ethanol) wären es etwa 2 Liter.

Sollten die neuen CAFE-Standards realisiert werden, würde die Effizienz der bestehenden Flotte (Alt- und Neufahrzeuge) von heute 21 mpg (11,2 Liter/100 km) auf 25 mpg (9,4 l/100 km) im Jahr 2022 steigen. Das läge weit unter dem Niveau, das schon heute in Westeuropa und Ostasien erreicht wird.

Die *Neu*fahrzeuge der amerikanischen Light Trucks hätten dann einen Verbrauch von 32 mpg (7,4 l/100 km) gegenüber heute 24 mpg (9,8 l/100 km). Die *neuen* PKW würden 2022 42 mpg (5,6 l/100 km) gegenüber heute 31 mpg (7,6 l/100 km) konsumieren.

Trotz der im internationalen Vergleich sehr bescheidenen Ziele wären die Auswirkung auf die globale Ölnachfrage klar spürbar. Voraussichtlich werden die EISA-Maßnahmen dazu führen, dass der amerikanische fossile Benzinverbrauch 2007–2017 nicht wie bisher erwartet um 1,4 mb/d steigen, sondern konstant bleiben oder wahrscheinlich sogar sinken wird.[23]

11.2   China: „Nach Steinen tastend den Fluss überqueren"

China war über viele Jahrhunderte die größte Volkswirtschaft der Welt. Im 18. Jh. befand sich dort ein Drittel der Weltindustrie. Nach langer innenpolitischer Erstarrung und vielen Krisen beschritt das Reich der Mitte Ende der 1970er wieder den Wachstumspfad. Die chinesische Volkswirtschaft ist nach Kaufkraftparität bereits heute die zweitgrößte der Welt mit einem Anteil von 12–15 % am Welt-BIP gegenüber nur 3 % im Jahr 1980. Keine Volkswirtschaft ist jemals so schnell so stark gewachsen.[24]

China ist trotz seiner beträchtlichen Ölförderung ein Kohleland. Es ist mit einem Weltmarktanteil von über einem Drittel der mit Abstand größte Produzent und Konsument von Kohle. Das Land verfügt über ein Achtel der weltweiten Kohlereserven und wird darin nur von den USA und Russland übertroffen. Kohle wird weiterhin stark genutzt werden müssen, auch wenn China und Ostasien unter den Emissionen leiden und die Landwirtschaft durch sauren Regen, Bodenkontamination und den hohen Wasserverbrauch in Mitleidenschaft gezogen wird.

Da die Kohle über weite Strecken transportiert werden muss, wird auch das Eisenbahnnetz stark beansprucht. Etwa ein Drittel der Schienenverkehrsleistung Chinas dient allein dem Kohletransport. Bei Engpässen müssen LKW eingesetzt werden. Der Nettoenergieertrag wird dadurch weiter reduziert.

Aber auch aus strukturellen Gründen muss China seit den 1990er Jahren nach Lösungen jenseits der Kohle suchen: Mit steigendem Wohlstand verlagern sich die Gewichte im Energiekonsum von der Schwerindustrie und der Heizenergie zunehmend auf den Verkehr. Da China bislang nicht im großen Maßstab auf Kohleverflüssigung (wie z.B. Südafrika) oder Biotreibstoffe setzt, steigt die relative Bedeutung des Erdöls.

Wenn das starke Wachstum im Energieverbrauch anhält, hat China kaum Optionen. Letztlich setzt die politische Führung notgedrungen auf *alle* Energieträger in der Hoffnung, dass größere Engpässe ausbleiben.[25]

Zentrale Fragen der globalen Energieversorgung werden in diesem Jahrhundert in Peking und seinen prosperierenden Provinzen entschieden. Das Land ist mit seinen 1,3

Mrd. Einwohnern bereits heute der wichtigste Kohlekonsument und hinter den USA der zweitwichtigste Ölverbraucher.

Zwar wird häufig von den Energieimporten Chinas gesprochen, aber die Selbstversorgung über alle Energieträger hinweg beträgt immer noch 91 %.[26] China ist damit in einer weitaus komfortableren Lage als Europa oder die USA.

Der überaus schnelle Strukturwandel Chinas erfordert pausenlos energiepolitische Weichenstellungen, deren Auswirkungen weltweit und über Jahrzehnte hinweg spürbar sein werden:

▶ Welche Energieträger werden durch die staatliche Preispolitik gefördert? Werden Erdgas, moderne Erneuerbare Energien und Atomenergie eine nennenswerte Rolle spielen? Kann die Kohleverflüssigung den Kraftstoffmarkt entlasten?

▶ Liegt der Schwerpunkt einseitig auf der Angebotspolitik oder wird auch die Energienachfrage gesteuert?

▶ Wird der fossile Energiemix des Westens kopiert oder wird das 20. Jh., das „Öljahrhundert", in einem politischen und technologischen Kraftakt übersprungen?

▶ Welche Rolle spielen ökologische Gesichtspunkte angesichts der immer drängenderen Umweltprobleme, die über kurz oder lang den wachsenden Wohlstand gefährden werden?

▶ Welche Folgen hätte ein Machtverlust Pekings zugunsten der Provinzen oder stark liberalisierter Märkte?

▶ Sollen die Küstenprovinzen rasch ihre Energieimporte ausweiten oder sollen zunächst die heimischen Ressourcen genutzt werden?

Die Antworten auf diese Fragen sind nicht nur für den weltweiten Klimawandel folgenschwer, sondern auch für die Versorgungslage und die Preise auf den Ölmärkten.

Die Bedeutung Chinas für die Weltenergiemärkte wurde erst in den letzten Jahren realisiert. Es war westlichen Beobachtern zwar klar, dass mit dem Kurswechsel von Deng Xiaoping seit 1978 ein neues Zeitalter angebrochen war, aber China blieb lange Zeit Selbstversorger, war sogar Mitte der 1980er der größte Ölexporteur Ostasiens. Als das Land 1993 vom Nettoexporteur zum Nettoimporteur von Öl wurde, war das kaum eine Schlagzeile wert. Die Asienkrise 1997/1998 schien das „Pacific Century" zu beenden, noch bevor es begonnen hatte.

Wachsende Importabhängigkeit

Vom gesamten Energieangebot werden 63 % durch Kohle und 19 % durch Öl bereitgestellt. An dritter Stelle stehen Biomasse, Müllverbrennung und Erneuerbare Energien mit zusammen 13 %. Erdgas, Wasserkraft und Atomenergie sind ohne große Bedeutung.

Der Energiebedarf wird allerdings wegen des Exportüberschusses an industriell gefertigten Gütern überzeichnet, denn es wird für den Bedarf anderer Länder zusätzliche Energie verbraucht. Die IEA schätzt überschlägig, dass dieser „Netto-Energieexport", also die zur Herstellung der Exportgüter benötigte Energie, 5 mboe/d beträgt. Das übertrifft in der Größenordnung den gesamten Öl- und Gasimport des Landes.[27]

China ist der fünftgrößte Ölproduzent der Welt, allerdings auf einer relativ schmalen Reservenbasis. Auch jüngere Erfolge in der Exploration (Bohai- und Tarim-Becken) werden ein Anwachsen der Importlücke nicht verhindern können. China musste 2006 bereits 47 % seines Ölbedarfs importieren, 2008 wurde die 50 %-Marke überschritten. Die Importe kommen knapp zur Hälfte vom Persischen Golf und zu einem Drittel aus Afrika.

11.2.1 Die chinesische Ölpolitik

Zielkonflikte

Die chinesische Ölpolitik sieht sich ständigen Zielkonflikten in einem höchst dynamischen Umfeld gegenüber. Staatliche Preiskontrollen im Interesse sozial- und industriepolitischer Ziele konfligieren mit Preissubventionen und Verwerfungen auf dem Binnenmarkt. Rasche Veränderungen auf der Nachfrageseite und auf den internationalen Ölmärkten erzwingen immer wieder Anpassungen, um Engpässe zu entschärfen. Das Resultat ist eine sehr pragmatische Ölpolitik, die ständig nach einem neuen Ausgleich zwischen politischer Steuerung, einflussreichen chinesischen Ölkonzernen und Marktmechanismen sucht.

Auch die extreme wirtschaftliche und soziale Spaltung des Landes zwischen prosperierenden Industrieregionen und armen ländlichen Regionen verlangt einen ständigen politischen Spagat. Höhere Benzin- und Dieselpreise können von der städtischen Mittelschicht verkraftet werden, nicht aber von Bauern und Fischern.

Nach über 20 Jahren stürmischen Wirtschaftswachstums kann man jedoch resümieren, dass es den Pekinger Energiepolitikern von wenigen Ausnahmesituationen abgesehen gelungen ist, die Ölversorgung parallel zur Wirtschaftsentwicklung auszubauen. Die Konzentration der Ölpolitik auf die Angebotsseite stößt jedoch an ihre Grenzen. Allmählich gerät – wie in den USA – auch die Nachfrageseite in den Blick.

Die Entwicklung bis in die 1990er Jahre

China ist kein klassisches Ölland. Erst als in den 1960ern die Kohleförderung vorübergehend nicht gesteigert werden konnte, wurde Öl für die chinesische Wirtschaftsentwicklung wichtig. Die Branche war vom Ausland abgeschnitten und begann fast bei Null. Aber sie erreichte, zunächst mit russischer Unterstützung, in wenigen Jahrzehnten Platz 6 der Weltölproduzenten. Noch 1970 lag die Förderung bei nur 0,5 mb/d, 1997 betrug sie bereits 3,2 mb/d.[28] Die Erschließung konzentrierte sich auf die zwei Supergiants Daqing und Shengli. Daqing wurde 1959 im Nordosten Chinas entdeckt und ist bis heute das Rückgrat der chinesischen Ölförderung.

Für Peking wurde Öl zum Symbol der Autarkiepolitik, brachte Devisen und bot Arbeit für drei Millionen Beschäftigte. Die ersten Liberalisierungswellen in den 1980ern sparten die Ölbranche aus. Zusammen mit den riesigen Kohlenvorkommen und dem Potenzial für Wasserkraft schien ein Politikwechsel nicht notwendig zu sein. Aber die Nachfrage wuchs rasch an und die Produktion konnte nicht mehr Schritt halten. Die Förderung stagnierte, als die großen Felder im Nordosten und Osten ihren Scheitelpunkt erreicht hatten, ohne dass neue Felder einen Ausgleich schaffen konnten.

Daqing gehört nach wie vor zu den bedeutendsten Ölfeldern der Welt und lieferte über 40 Jahre lang 1 Million b/d, was nach wie vor etwa 30 % der chinesischen Produktion entspricht. Es gilt jedoch als „reifes Feld" und seine Fördermengen werden trotz aufwendiger EOR-Maßnahmen schrittweise fallen. Für 2008 werden nur noch 0,8 mb/d erwartet. Auch andere große Felder im Nordosten erleiden dieses Schicksal, so dass Peking auf neue Funde im Westen und in den Küstengewässern setzen muss, um seine Produktion zu stabilisieren. Hoffnungen auf weitere bedeutende Ölfunde haben sich bis heute nur zum Teil erfüllt, so dass die chinesischen Produktionszahlen seit 10 Jahren stagnieren.[29]

Räumliche Ungleichgewichte erschweren die Lage. Chinas Energieversorgung ist stark von geografischen Faktoren geprägt. Die größte Nachfrage kommt aus den küstennahen Bevölkerungs- und Wirtschaftszentren im Osten und Süden des Landes. Die wichtigsten Vorkommen von Öl und Gas befinden sich aber im abgelegenen Norden und schwer zugänglichen Westen des Landes. Die Entfernungen, die starke Dezentralisierung und das Wohlstandsgefälle zwischen den Provinzen führen seit der Ära Deng dazu, dass jede Provinz ihren eigenen energiepolitischen Kurs verfolgt. Die geografischen Hindernisse führten schon in den 1980ern dazu, dass Teile Ost- und Südchinas größere Mengen Öl importieren mussten, obwohl das Land Nettoexporteur war. Die Benzinknappheit 2005 in der Provinz Guangdong war u.a. auf Taifune zurückzuführen, die den Tankerverkehr aus Nordchina zum Erliegen brachten. Petrochina und Sinopec investieren daher in neue Pipelines, um Rohöl, Ölprodukte und Erdgas leichter zwischen den Landesteilen befördern zu können.

Die 1990er Jahre

Es wurde bald klar, dass die Struktur der Energiebranche einem raschen Wirtschaftswachstum im Weg stand. Die Binnenstrukturen waren zu starr und der Ölaußenhandel, der zunächst nur eine steuerbare Restgröße war, musste eine größere Rolle spielen. Das rasche Wirtschaftswachstum hatte für Peking und die Provinzen oberste Priorität. Sicherheitspolitische Ziele wie die Selbstversorgung mit Öl standen dem entgegen.

China hatte also Anfang der 1990er zwei energiepolitische Optionen:

▶ Energieautarkie verbunden mit einer langsamen, politisch gesteuerten Öffnung. Dieser Kurs setzte vor allem auf Kohle, hohe Energieeffizienz und einen Anstieg der Ölförderung im eigenen Land.

▶ Priorität für das Wirtschaftswachstum. Diesem Ziel sollte sich die Energiepolitik unterordnen. Das bedeutete wachsende Öl- und Gasimporte und eine rasche Umstrukturierung der Energiebranche. Strategische Programme und ein wachsendes weltpolitisches Gewicht sollten eine ausreichende Versorgungssicherheit gewährleisten.

Bis in die 1990er dominierte das Ziel der Energieautarkie. Hier wirkten schlechte Erfahrungen aus den 1950er Jahren nach, als die Energieversorgung in eine tiefe Krise stürzte, nachdem die Sowjetunion ihre Energieexperten abrupt abgezogen hatte. Erst Ende der 1990er wurde die Kooperation mit dem energiereichen Nachbarn reaktiviert. Trotzdem ist Russland bis heute kein wichtiger Energielieferant für China.

In den 1990ern fiel die politische Entscheidung, dem Wirtschaftswachstum und damit der Weltmarktintegration den Vorrang zu geben. Die Energiepolitik musste sich diesem Ziel unterordnen: Importabhängigkeit statt Autarkie, Deregulierung statt Kontrolle. Damit war China in den 1990ern in einer ähnlichen Ausgangslage wie die USA 50 Jahre zuvor. Auch für das Ölland USA ging es damals um die Wahl zwischen Energieautarkie (auch vor dem Hintergrund des Kalten Krieges) und internationale Expansion. Die USA entschieden sich bekanntlich für den zweiten Weg. Amerikanische Ölkonzerne gingen weltweit auf Expansionskurs und verdrängten die etablierten europäischen Ölkonzerne.

Nach Dengs viel zitierter Devise „Nach den Steinen tastend den Fluss überqueren" ging die Pekinger Führung schrittweise und nach keinem festen Plan vor. Damit wählte das Land einen anderen Weg als Russland, das ebenfalls in den 1990ern seine Ölindustrie – wenn auch unter anderen Voraussetzungen – reformieren musste. Dort wurde der

Sektor schlagartig privatisiert, bis das Ruder 10 Jahre später unter Putin wieder zugunsten einer starken staatlichen Kontrolle herumgerissen wurde.

In den 1990ern durchlief die chinesische Energiepolitik eine unruhige Phase mit vielen kleineren Kurswechseln. Am Ende des Jahrzehnts kam ein vorläufiger Kompromiss heraus, der Elemente strategischer Energiepolitik und marktwirtschaftlicher Strukturen enthält, die bis heute die chinesische Ölpolitik prägen:

▶ Wachsende Ölimporte, um das Wirtschaftswachstum nicht zu bremsen. Die wachsende Abhängigkeit von Ölimporten wird akzeptiert und soll ähnlich wie bei den westlichen Industriestaaten durch ein Bündel von Maßnahmen entschärft.

▶ Stärkung der eigenen Ölförderung. Noch immer kann die Hälfte des Öls im eigenen Land produziert werden. Das ist eine günstigere Ausgangsposition als in Japan, USA und EU. Aussichtsreiche Ölregionen im eigenen Land sollen mit großen Investitionen erschlossen werden.

▶ Diversifizierung der Importregionen.

▶ Aufbau strategischer Reserven, die jedoch erst in einigen Jahrzehnten ähnliche Größenordnungen wie die Reserven der Industrieländer erreichen werden.

▶ Nur langsame Anpassung der niedrigen Inlandspreise an den Weltmarkt, um sozialpolitische Ziele nicht zu gefährden (u.a. Diesel für Bauern).

▶ Aufbau und Modernisierung großer, staatlich dominierter Ölkonzerne, die den Binnenmarkt weitgehend beherrschen. Integration des nationalen Ölmarkts durch Pipelines.

▶ Unterstützung dieser Ölkonzerne bei der weltweiten Akquisition von Ölfeldern, um einen Teil der Importe durch eigene Unternehmen sichern zu können.

▶ Langfristig sollen Kohleverflüssigung und Biomasse weitere Standbeine für die Ölproduktion bilden.

▶ Der Kraftstoffkonsum im Straßenverkehr soll durch eine moderne Fahrzeugflotte und Verbrauchsobergrenzen gedämpft werden.

Nach zehn Jahren kann Peking auf eine weitgehend erfolgreiche Ölpolitik zurückblicken. Dennoch bleiben Probleme:

▶ Die Produktion von Biokraftstoffen stößt schon heute an ihre Grenzen (vgl. Kap. 8).

▶ Die Projekte zur Kohleverflüssigung könnten am Mangel an billiger Kohle und an ökologischen Problemen scheitern (vgl. Kap. 9).

▶ Es ist nach wie vor unklar, ob Russland größere Ölmengen liefern kann oder will. Damit bleibt China vom Persischen Golf abhängig.

▶ Die Preispolitik muss schneller revidiert werden als geplant. Sie wird durch die steigenden Weltmarktpreise immer wieder unter Druck gesetzt. Das könnte soziale Probleme erzeugen.

▶ Die geringe Institutionalisierung der Energiepolitik und der große Einfluss der chinesischen Ölkonzerne könnten dazu führen, dass auch weiterhin die Angebotsseite zu Lasten der Nachfrageseite dominiert.

▶ Die von chinesischen Konzernen kontrollierten Importmengen sind trotz hoher Investitionen gering geblieben.

China und Russland

Russland ist für die Pekinger Energiepolitik von potenziell großer Bedeutung. Nur Sibirien und der Persische Golf haben das Potenzial, die aller Voraussicht nach weiter steil steigende Importnachfrage zu decken. Doch das ostsibirische und arktische Öl braucht Pipelines, die aktuell nur auf dem Reißbrett existieren.

Russische Öl- und Gasunternehmen wurden von mehreren Seiten umworben: Amerikanische, europäische und chinesische Ölkonzerne versuchen seit den 1990ern, in die riesigen und erst teilweise erschlossenen Reserven zu investieren. Ende der 1990er Jahre schien Russland zum Dorado des Öls zu werden, doch spätestens seit der Zerschlagung des größten privaten Ölkonzerns Yukos war klar, dass es zu keinem Ausverkauf der Rohstoffreserven kommen wird. Der staatliche Einfluss ist stark gewachsen und Entscheidungen werden immer stärker von außenpolitischen Strategien beeinflusst.

China hat zwei Ziele: Russische Exportpipelines sollen in China enden. Hier steht Peking in Konkurrenz mit Japan, Südkorea und mittelfristig auch den USA. Zweitens sollen chinesische Ölkonzerne in Russland eigene Vorkommen akquirieren. Aber auch für Russland hätte eine enge Energiepartnerschaft mit China und Japan Vorteile: Die ökonomische Entwicklung der wenig entwickelten Region Ostsibirien könnte davon profitieren und die russische Energie könnte für China so wichtig werden, dass wachsende Spannungen in den Grenzregionen, wo der chinesische Einfluss wächst, im Sinne Russland gelöst werden.

Bislang halten sich die Kooperationserfolge in Grenzen. Moskau und Peking vereinbarten zwar 2001 eine Energieallianz, aber große Pipelineprojekte mit Yukos scheiterten an der Inhaftierung des Konzernchefs und der Lähmung seines Konzerns. Seit dieser Zeit gibt es ein Tauziehen zwischen China und Japan um den Verlauf der großen ESPO-Ölexportpipeline (vgl. Kap. 6). Die Chinesen favorisieren eine kontinentale Linienführung, die nach China führt. Doch auch Japan ist an ostsibirischen Lieferungen interessiert. Moskau könnte eine längere Route bis zur Pazifikküste favorisieren, um über Öltanker die ganze Welt beliefern zu können.

Auch die Akquisitionsziele wurden nur ansatzweise erreicht. Im Juni 2006 hat Sinopec für 3,5 Mrd. Dollar das Ölfeld Udmurtneft erworben. Es fördert 120.000 b/d und soll 1 Gb Reserven enthalten. Aber Moskau stoppt die weitere Expansion chinesischer Ölkonzerne, genauso wie Peking die russischen Firmen im chinesischen Binnenmarkt blockiert. Beide Staaten wollen die Kontrolle über den strategisch wichtigen Energiesektor nicht verlieren.

Auch in Zentralasien sind die beiden Großmächte Konkurrenten: Die starke Stellung Moskaus beim turkmenischen Gasexport und kasachischen Ölexport gefährdet chinesische Pläne, sich große Importmengen zu sichern und nach Westchina zu leiten.

China und USA

Die internationale Expansion der chinesischen Ölkonzerne wurde in der Bush-Administration kritisch beobachtet. Zahl und Größe der Abkommen mit großen Ölexporteuren konnten nicht mehr als Randaktivitäten abgetan werden. China kann Ländern wie Nigeria, Angola, Sudan, Iran und Kasachstan Regierungshilfen, Infrastrukturinvestitionen und strikte Neutralität gegenüber innenpolitischen Ereignissen anbieten. Viele Exportländer sehen in den Angeboten der chinesischen Seite eine willkommene Möglichkeit der „politischen Diversifizierung".

Die USA ringen bis heute um eine stringente Politik gegenüber dem aufsteigenden China. Wirtschaftliche Kooperation und sicherheitspolitische Konkurrenz geraten immer wieder in Konflikt zueinander. Das gilt auch für die Energiepolitik. Das Pochen auf freie Energiemärkte steht recht unvermittelt neben politischen Abwehrmaßnahmen, wenn chinesische Konzerne amerikanische Ölkonzerne übernehmen wollen. Im Jahr 2005 versuchte CNOOC vergeblich, den amerikanischen Ölkonzern Unocal für 18,5 Mrd. Dollar zu kaufen. Nach dem heftigen, sicherheitspolitisch begründeten Widerstand im Repräsentantenhaus und den amerikanischen Medien zog das chinesische Unternehmen die Offerte zurück. Unocal wurde kurz darauf von Chevron übernommen.[30]

Strategische Ölreserven

Ein wichtiges Element der Ölversorgungssicherheit ist die Einrichtung einer nationalen Ölreserve, vergleichbar mit den strategischen Reserven in den USA, Deutschland, Japan und Südkorea. Im Juni 2007 konnten gewerbliche Lager (CNPC/Petrochina, Sinopec, CNOOC) die Nachfrage für 21 Tage decken.[31] Sie schwanken im Allgemeinen zwischen 10 und 30 Tagen. Bei einer Lieferunterbrechung wäre es also schnell zu Engpässen gekommen, auch wenn das Land noch immer knapp die Hälfte seines Bedarfs im eigenen Land fördern kann.

Der Bau der ersten Tanklager für die strategische Reserve begann 2004. Die erste der vier geplanten Einrichtungen mit einer Kapazität von 33 Mio. Barrel wurde 2006 in Zhenhai (Provinz Zhejiang) weitgehend fertig gestellt, aber die hohen Ölpreise hatten zu Verzögerungen beim Ölankauf geführt. Die Füllung der Tanks in Zhenhai begann 2006 und hatte im September 2007 etwa 20 mb erreicht.[32]

In der ersten Phase, die voraussichtlich bis 2010 dauern wird, sollen insgesamt 100 Mio. Barrel eingelagert werden, was einer Importmenge von 25 Tagen entspricht. Diese Reserve soll so weit aufgestockt werden, dass wie in den IEA-Staaten 90 Importtage abgedeckt werden können.

Im Jahr 2015 wird das voraussichtlich eine Menge von 625 mb erfordern. Um dieses Ziel zu erreichen, müsste schon heute mit dem Ankauf von täglich etwa 200.000 b/d begonnen werden. Das wäre eine erhebliche zusätzliche Belastung für die Märkte angesichts einer Weltnachfrage, die zurzeit um etwa 1 mb/d pro Jahr wächst. Andererseits hätte die Reserve im Laufe der Zeit eine preisberuhigende Wirkung, da Lieferstörungen besser überbrückt werden können.

Die damit verbundenen Investitionen sind hoch: Allein der geplante Ankauf (also ohne Lagerkosten) von 90 *aktuellen* Tagesimporten (ca. 4 mb/d) erfordert bei einem Ölpreis von 100 $/b etwa 36 Mrd. Dollar. In 2015 könnten die Importe allerdings deutlich höher liegen, so dass die Kosten voraussichtlich über 50 Mrd. Dollar liegen werden.

11.2.2 Investitionen in Übersee

Zur Sicherung der chinesischen Ölversorgung sollen die staatlichen Ölkonzerne international expandieren. Diese Strategie muss vor dem Hintergrund der Erfahrungen, die das ressourcenarme Japan in den 1960ern und 1970ern machen musste, betrachtet werden. Japanische Raffineriebetreiber und Ölhändler gründeten damals eine Vielzahl von Explorationsfirmen, die sich – beflügelt durch sehr hohe staatliche Zuschüsse – auf zahlreiche kleinere Explorationsvorhaben einließen. Mangelnde Erfahrung, fehlende Kostenkontrolle und die geringe Größe der Firmen schaufelten ein Milliardengrab für japanische Steuergelder. Statt gesicherte Vorkommen zu akquirieren, konzentrierten sich die japanischen Firmen auf riskante Explorationen, die meist als *dry holes* endeten.

Es wird geschätzt, dass die japanische Regierung in den letzten drei Jahrzehnten 50 Mrd. Dollar ausgegeben hat. Dennoch kommen nur etwa 6 % der japanischen Ölimporte aus Feldern, die von japanischen Ölfirmen betrieben werden.[33] Die chinesischen Politstrategen zogen aus den Erfahrungen des Nachbarlandes die Schlussfolgerung, dass es Erfolg versprechender ist, nur mit erfahrenen Großkonzernen das internationale Parkett zu betreten, die auch größere Akquisitionen und Projekte meistern können.

Die politische Führung erkannte in den frühen 1990ern, dass China bald auf Ölimporte angewiesen sein wird, und gab Mitte der 1990er den Startschuss für chinesische Investitionen in ausländische Öl- und Gasvorkommen. Die Akquisitionen werden durch niedrig verzinste Kredite chinesischer Banken erleichtert. Die enorm hohe Sparquote Chinas und ein expansiver Kurs der Zentralbank ermöglichen die parallele Finanzierung zahlreicher internationaler Großprojekte. Heute ist China überall auf der Welt engagiert. Schwerpunkte sind:[34]

▶ Nachbarregionen (Kasachstan, Russland, Indonesien, Australien)

▶ Staaten, zu denen westliche Ölkonzerne nur eingeschränkt Zugang haben (Sudan, Iran, Venezuela)

▶ Staaten, die sehr offene Märkte haben (kanadische Ölsandvorkommen) oder ein Gegengewicht zu westlichen Konzernen suchen (Nigeria)

Beispiel Sudan:[35] China hat bereits 4 Mrd. Dollar im Sudan investiert und importiert die Hälfte der sudanesischen Ölexporte. Der chinesische Staatskonzern CNPC hält 40 % an den beiden wichtigsten sudanesischen Ölkonzernen Greater Nile und Petrodar. Die Exporte steigen seit dem Bau einer Ölpipeline aus dem Inneren des Landes zum Roten Meer. Die Bedeutung dieser Investitionen wird daran deutlich, dass Peking zum Schutz einer von chinesischen Arbeitern erbauten Ölpipeline 4000 Mann Militärtruppen entsandt hatte. Das ist der erste überseeische Truppeneinsatz *seit fast 500 Jahren.*

Im Jahr 2004 kontrollierten chinesische Ölkonzerne etwa 0,4 mb/d aus Ölfeldern in Übersee. Davon wurden 40–50 % nach China exportiert. Heute kontrollieren chinesische Firmen im Ausland etwa 0,6 mb/d, vor allem im Sudan, Kasachstan, Nigeria und Russland. Bis 2015 könnte diese Menge auf 1,1 mb/d steigen. Da nur etwa die Hälfte davon nach China exportiert wird, liegt der *Anteil chinesisch kontrollierter Importe bei unter 10 %* und wird dort voraussichtlich noch lange verharren.[36]

Eine *strategisch* begründete Expansion nach Übersee kann also nur sehr begrenzte Erfolge aufweisen. Größere Explorationserfolge in China in den letzten beiden Jahren könnten zu einem Überdenken dieser Strategie führen. Angesichts einer Erfolgsserie (Longgang, Puguang, Nanpu) werden sich die chinesischen Ölkonzerne eventuell verstärkt auf den heimischen Markt konzentrieren.

11.2.3 Ölpreise und Subventionen

China übt wie die meisten Schwellenländer eine starke Kontrolle über die heimischen Benzin, Diesel- und Kerosinpreise aus. Das Preisniveau war lange Zeit weit unter den Weltmarktpreisen, was angesichts der Abschottung vom Ausland und dem hohen Grad der Selbstversorgung unproblematisch war. Auf diese Weise wurden die Bauern mit billigem Treibstoff versorgt und der Außenhandel erbrachte Devisen.

Die Liberalisierung des Außenhandels führte aber bald dazu, dass große Dieselmengen trotz der Knappheit im Inland exportiert wurden, um von den höheren Weltmarktpreisen zu profitieren. Peking reagierte darauf mit der schrittweisen Anhebung der Treibstoffpreise, die sich mit einer gewissen Verzögerung an den Weltmarktpreisen orientieren. 2004 waren die Inlandspreise sogar höher als die internationalen Preise, was zu hohen illegalen Importen führte.

Die Liberalisierung des chinesischen Binnenmarktes ging schrittweise voran. Offensichtlich sollte den marktbeherrschenden Staatskonzernen Sinopec und CNPC (Petrochina) ausreichend Zeit für eine Modernisierung und Konsolidierung gegeben werden, bevor sie ausländischer Konkurrenz ausgesetzt werden.

Petrochina und Sinopec kontrollieren etwa 90 % des Rohöl- und Produktenmarktes. Die vier großen Händler Chinaoil (Petrochina), Unipec (Sinopec), Sinochem und Zhuhai Zhenrong regeln den Import von leichten Produkten wie Benzin, Naphtha und Diesel, während im Markt für Fuel Oil (schweres Heizöl) eine größere Zahl von Firmen aktiv ist. Fuel Oil wird aus regulativen Gründen von kleinen Raffinerien zu leichten Ölprodukten verarbeitet oder in Ölkraftwerken verfeuert.

Das planwirtschaftliche System fester Preise wurde bis 1998 beibehalten und dann schrittweise an das Niveau und die Schwankungen der Weltmarktpreise angepasst. Die Preise der leichten Ölprodukte werden administrativ festgelegt, während Fuel Oil und LPG relativ freie Marktpreise bilden.

Peking bleibt jedoch seit 2004 deutlich unter den Weltmarktpreisen. China schützt damit bestimmte Verbraucher auf Kosten der Raffineriebetreiber. Chinas boomender Ölverbrauch der letzten Jahre war nicht zuletzt ein Ergebnis der Preissubventionen, denn die Preissprünge auf den Weltmärkten kamen nur in gedämpfter Form auf dem Inlandsmarkt an.

Die Inlandspreise standen im März 2006 bei 43 $/b, während der internationale Rohölpreis bei 60 Dollar lag. Rentable Operationen waren also aus Sicht der Raffineriebetreiber, die das Rohöl auf dem Weltmarkt einkaufen mussten, nicht mehr möglich.[37] Dieses Preisproblem sollte immer wieder auftauchen, wenn die Weltrohölpreise schneller stiegen als die behördlich festgelegten Produktpreise im Inland.[38]

Die starken Schwankungen der Weltmarktpreise führen immer wieder zu Verwerfungen auf dem heimischen Markt, da die Behörden aus den verschiedensten Gründen nicht oder nur mit Verspätung auf Preisveränderungen auf den Weltmärkten reagieren.[39] Die Subventionen lagen 2006 bei 2,8 Mrd. Dollar, aber stiegen allein in den ersten 9 Monaten 2007 auf das Doppelte (5,7 Mrd. Dollar). Die Hilfen werden von einer Sonderabgabe finanziert, die Ölförderer entrichten müssen.

Dadurch ergaben sich immer wieder Spielräume für gezielte Spekulationen, v.a. durch das Horten von Ölprodukten, wenn eine Erhöhung des staatlichen Preises erwartet wurde. Der Großhandel, Raffinerien und der Importhandel, die allesamt von den einflussreichen Staatskonzernen kontrolliert werden, sind dafür in einer besonders günstigen Position. Regionale Verknappungen von Benzin und Diesel waren die Folge. Peking will jedoch die Kontrolle über den strategisch wichtigen Sektor nicht zugunsten der Ölkonzerne aufgeben.

Anfang 2007 lagen die Tankstellenpreise für Benzin in Südchina bei 4–5 Yuan/Liter und damit nur leicht unter den US-Preisen – allerdings deutlich unter den stark besteuerten japanischen und europäischen Benzinpreisen. Die Versorgungslage verschlechterte sich im Laufe des Jahres 2007, als die internationalen Rohölpreise auf über 100 $/b kletterten, aber das inländische Preisniveau für Benzin und Diesel nicht rechtzeitig angehoben wurde.[40] Ach ölgefeuerte Kraftwerke stellten ihren Betrieb ein, obwohl Strommangel herrschte, denn auch die Strompreise waren staatlich fixiert.

Im November 2007 wurden die Benzin- und Dieselpreise zum ersten Mal seit 17 Monaten um 10 % erhöht, nachdem es an vielen Tankstellen zu Verknappungen gekommen war. In der Zwischenzeit war der Rohölpreis auf den Weltmärkten um ein Drittel gestiegen.[41] Chinesische Raffineriebetreiber hatten den Markt immer schlechter versorgt, da sie die gestiegenen Einkaufspreise für Rohölimporte nicht auf dem chinesischen Markt weitergeben konnten. Dadurch machten sie mit jedem Liter Benzin oder Diesel Verluste. Versorgungsengpässe in vielen Provinzen und lange Schlangen selbst vor Pekinger Tankstellen waren die Folge.

Peking teilte gleichzeitig mit, dass die Subventionen für Bauern und andere stark betroffene Gruppen verdoppelt werden. Damit sollten die Wirkungen der Preisanhebung kompensiert werden. Vor der Erhöhung lagen chinesische Großhandelspreise an die 20 $/b unter den Weltmarktpreisen. Peking hatte offensichtlich aus sozialpolitischen Gründen lange gezögert, denn hohe Kraftstoffpreise sind eine große Belastung für ärmere, landwirtschaftlich geprägte Regionen mit hohem Dieselbedarf.

Nach der Preiserhöhung lagen die Tankstellenpreise bei etwa 2,3 Dollar für die Gallone Benzin bzw. Diesel (3,8 Liter) und damit immer noch etwa *30 % unter dem amerikanischen Preisniveau* und weit unter dem deutschen Preisniveau von umgerechnet über 7 Dollar.[42]

Der Rohölpreis stieg Anfang 2008 weiter an und Peking musste im Juni 2008 erneut reagieren: Benzin wurde um 17 %, Diesel um 18 % und Jetfuel sogar um 25 % verteuert.[43] Aber damit lagen die chinesischen Preise Mitte 2008 immer noch unter den Weltmarktpreisen. Der chinesische Autofahrer musste umgerechnet etwa 0,75 Dollar für einen Liter Benzin berappen, der gering besteuerte amerikanische Autofahrer etwa 1,0 Dollar und sein hoch besteuerter deutscher Kollege sogar 2,4 Dollar. Auch bei Diesel und Jetfuel blieb Peking etwa 30 % unter dem internationalen Preisniveau.

Die Preisanhebung wurde durch zahlreiche Ausnahmen weiter abgeschwächt: Bauern, Fischer, öffentliche Transportunternehmen (Busse und Taxis) sind nicht betroffen. Ebenso wenig wie die drei Provinzen im Südwesten des Landes, die 2008 von einem schweren Erdbeben heimgesucht wurden. Der Nachfrageeffekt wird also begrenzt bleiben, zumal in vielen Regionen und Stadtteilen Alternativen zum Straßenverkehr fehlen.

11.2.4 Der Binnenmarkt

Nach mehreren Experimenten in den 1990ern wurde 1998 eine große Strukturreform beschlossen: Behörden und Staatsunternehmen wurden deutlich voneinander getrennt und fast alle Vermögenswerte im Ölsektor auf drei Großunternehmen übertragen: CNPC (Petrochina), Sinopec und CNOOC. Alle drei Firmen werden laufend umstrukturiert, rationalisiert und modernisiert. Das geht einher mit einem starken Beschäftigungsabbau: Ende 1999 hatte CNPC noch 1,7 Millionen Beschäftigte und Sinopec 1,2 Millionen. Zum Vergleich: Der größte private Ölkonzern der Welt, ExxonMobil, hatte damals gerade einmal 100.000 Beschäftigte.

Im Jahr 2003 wurde die Aufsicht über den Sektor abermals klarer strukturiert, wobei nun die wichtigste chinesische Wirtschaftsplanungsbehörde NDRC (Nationale Entwicklungs- und Reformkommission) eine Schlüsselrolle spielt. Sie beaufsichtigt die Ölunternehmen, organisiert die nationale Ölreserve und formuliert energiepolitische Programme.[44] Zur Gründung eines eigenen Energieministeriums, wie es aus Berater- und Forschungskreisen gefordert wird, konnte man sich jedoch auch 2008 noch nicht durchringen.

Die Aktivitäten der drei Unternehmen sind weit gespannt und erweitern sich ständig. Dennoch lassen sich Schwerpunkte feststellen:

1. CNPC/Petrochina kontrolliert den größten Teil der chinesischen Ölförderung und ist deshalb v.a. im Norden und Westen Chinas vertreten. Sie ist aber auch im Raffinerie- und Distributionsgeschäft stark engagiert und dominiert die Erdgasförderung und Gasdistribution auf dem Festland.

2. SINOPEC kontrolliert den größten Teil des chinesischen Raffinerie- und Distribu-
    tionsgeschäfts, v.a. im Osten und Süden des Landes. Daneben ist Sinopec auch bei
    der Erdölförderung aktiv.

    CNPC und Sinopec sind in der Petrochemie führend und betreiben einen großen
    Teil der Tankstellen.

3. Das dritte Großunternehmen CNOOC fördert etwa ein Zehntel des chinesischen
    Öls und konzentriert sich auf Offshore-Felder. CNOOC wurde 1982 mit dem Ziel
    gegründet, in Kooperation mit ausländischen Firmen in China und in Übersee
    neue Vorkommen zu erschließen.

Sinopec, CNPC (Petrochina) und CNOOC beherrschen die gesamte Öl- und Gasförderung, den größten Teil des Importgeschäfts und der Raffinerien, etwa 90 % des Die-
sel- und Benzinmarktes und etwa die Hälfte der Tankstellen. Die chinesische Ölförderung von 3,7 mb/d verteilt sich folgendermaßen:[45] CNPC/Petrochina dominiert mit
2,1 mb/d, dahinter rangieren Sinopec mit 0,8 mb/d und CNOOC mit 0,65 mb/d.

Der nächste Schritt führte auf das Parkett internationaler Börsen. Die chinesischen
Ölfirmen wurden Schritt für Schritt in Aktiengesellschaften umgewandelt oder spalteten
kapitalmarktfähige Tochtergesellschaften ab. Zu diesem Zweck brachte CNPC ihre
interessantesten Assets im Jahr 2000 über die Tochterfirma Petrochina an die Börse.
Über 3 Mrd. Dollar wurden durch den Verkauf der Aktien eingenommen, wobei BP
der größte Käufer war. Noch im selben Jahr folgte SINOPEC (Tochter der SINOPEC
Group), die aber ebenfalls nur einen Minderheitsanteil anbot und dafür 3,5 Mrd. Dollar
erlöste. Auch hier kauften vor allem westliche Ölkonzerne. Ein Jahr später folgte
CNOOC, die auch ihre Tochtergesellschaft China Oilfield Service an die Börse brachte.

Dadurch konnten mehrere Ziele auf einen Schlag erreicht werden: Durch den Aktien-
verkauf an den Börsenplätzen Hongkong, London und New York konnte neues Kapital beschafft werden. Große Akquisitionen und Joint Ventures mit westlichen Firmen
wurden leichter und die neuen Aktionäre und die laufende Beobachtung und Beurteilung durch den Kapitalmarkt erzwangen eine schnellere Modernisierung.

Damit war China in die globalen Finanzmärkte und deren Anforderungen an Transpa-
renz und Rechtsvorschriften integriert. Allerdings wurden in keinem Fall Mehrheitsan-
teile an die Börse gebracht. Selbst die größten Minderheitsaktionäre haben durch spezielle Regelungen nur sehr begrenzte Mitwirkungsrechte.

11.2.5 Die chinesische Ölnachfrage

Ein Drittel der zusätzlichen Ölnachfrage der Welt kam in diesem Jahrzehnt aus China. Von 2000 bis 2007 stieg die globale Nachfrage um 8,9 mb/d, davon 3,1 mb/d allein durch China. Der Ölverbrauch verdoppelte sich in den letzten 10 Jahren. China benötigt heute dreimal, in wenigen Jahren wohl schon viermal so viel Öl wie Deutschland.

Die IEA erwartet, dass der chinesische Ölkonsum *von heute 7,4 mb/d auf 11,1 mb/d (2015) und 16,5 mb/d (2030)* ansteigen wird. Mehr als *zwei Drittel des Zuwachses wird durch den Verkehr* verursacht. Sein Anteil am Ölverbrauch wird nach dieser Prognose von 35 % (2005) auf über die Hälfte (55 %) im Jahr 2030 wachsen.[46]

Aber selbst nach einer Generation stürmischen Wirtschaftswachstums hat das Land heute pro Kopf immer noch einen sehr geringen Ölverbrauch:

▸   ein Chinese verbraucht im Schnitt 1 Liter Öl pro Tag

▸   ein Deutscher 5 Liter

▸   ein Amerikaner 11,6 Liter

Wenn Chinas Bedarf auf das amerikanische Niveau steigen würde, wäre hierfür die gesamte Weltölproduktion von 84 mb/d nötig. Etwas ausgeglichener sieht die Bilanz aus, wenn die Wirtschaftsleistung herangezogen wird. Legt man einen Kaufkraftvergleich zugrunde, der die Wechselkursverzerrungen und die unterschiedliche Wirtschaftsstruktur berücksichtigt, dann zeigt sich:[47]

▸   Die USA erwirtschaften 20 % des Welt-BIP und verbrauchen 25 % des Öls.

▸   Deutschland erwirtschaftet 4 % des Welt-BIP und verbraucht 3 % des Öls.

▸   China erwirtschaftet 12–15 % des Welt-BIP und verbraucht 9 % des Öls.

Ein Rückblick auf die Nachfrageschätzungen

Die Nachfrageentwicklung in Ostasien und insbesondere China bereitet den Beobachtern bei OPEC, IEA und EIA seit vielen Jahren Kopfzerbrechen. Die Prognosen lagen mit großer Regelmäßigkeit daneben:

▸   Für die zweite Hälfte der 1990er war ein rasantes Wachstum prognostiziert worden, doch die Asienkrise bremste die Nachfrage.

▸   Anfang dieses Jahrhunderts rechnete man mit einem verhaltenen Wachstum, doch zunächst überraschte China mit ungewöhnlich hohen Wachstumsraten.

▸   Auch für 2005 wurde dies erwartet, doch die chinesische Nachfrage war nahezu konstant. Bis heute ist nicht genau geklärt, ob die verhaltene Entwicklung in 2005 auf ungenaue Zahlen oder auf tatsächliche Marktentwicklungen zurückgeführt werden kann. Eine mögliche Erklärung liegt in den Stromengpässen des Vorjahres. Viele Firmen hatten die Blackouts durch eigene Dieselgeneratoren überbrückt. In 2005 stabilisierte sich die Stromversorgung, so dass diese Nachfrage weitgehend entfiel. Auch könnten die Preisverzerrungen auf dem chinesischen Benzinmarkt ein Grund sein. Die staatlich regulierten Preise stiegen langsamer als die weitgehend liberalisierten Rohölpreise. Für manche Raffinerie lohnte sich der Einkauf von Rohöl vorübergehend nicht mehr. In manchen Regionen kam es dadurch zu Benzinknappheiten.

▶ Die IEA erwartete im Frühjahr 2003 für China ein Wachstum der Ölnachfrage von 250.000 b/d, doch es wurden – trotz SARS-Epidemie – über 500.000.

▶ Im November 2003 erwartete die IEA für 2004 ein Wachstum der weltweiten Ölnachfrage um 1,1 mb/d, davon 0,3 mb/d aus China, was viele professionelle Beobachter damals noch für zu optimistisch hielten. Tatsächlich waren es dann weltweit 2,5 mb/d und 1 mb/d aus China – also drei Mal so viel wie erwartet.[48]

Nicht gerade erleichtert werden die Analysen durch abweichende offizielle Daten aus Peking. Danach lag der Ölimport 2004 bei weniger als 2 mb/d, gegenüber 3,3 mb/d in internationalen Schätzungen. Da die offiziellen Daten nicht wie international üblich nachträglich revidiert werden, ist es fast unmöglich, Trends und Wachstumsraten der chinesischen Ölnachfrage zuverlässig zu erfassen.

Der chinesische Verkehr

Der Entwicklungspfad des chinesischen Verkehrs wird einen sehr großen Einfluss auf die Weltölmärkte haben. Drei Alternativen stehen zur Verfügung: Eine Imitation des energieintensiven US-Modells, der japanisch-europäische Weg effizienter Fahrzeuge bei gleichzeitigem Ausbau des ÖPNV (Öffentlicher Personennahverkehr mit Bus und Bahn) oder der direkte Sprung zu einem nachhaltigeren Entwicklungsweg (*leap-frogging*).

Nach 1949 bestand der motorisierte Straßenverkehr fast nur aus Militärfahrzeugen, Bussen, LKW und Zwei-/Dreirädern. Bis in die 1980er Jahre waren private PKW eine seltene Erscheinung. Das änderte sich bald: Seit den 1990ern ist die steigende Nachfrage im Verkehrssektor das Ergebnis eines steigenden Wohlstands der Mittelschicht, rasanter Verstädterung und eines ehrgeizigen Straßenbauprogramms. Preiswerte chinesische Automarken und eine hohe Sparquote erleichtern den Kauf.

Auch der LKW-Verkehr nimmt rasch zu, nicht zuletzt wegen der Engpässe im Schienennetz, die jedoch Schritt für Schritt beseitigt werden. Der hohe Kohleverbrauch erzeugt paradoxerweise auch mehr Nachfrage nach Diesel, da das überlastete Schienennetz im Winter nicht genug Kohle in abgelegene Landesteile transportieren kann und auf ergänzende LKW-Transporte angewiesen ist.

Das Wachstum des Straßenverkehrs lief lange Zeit ungebremst. Die Tabelle 11.5 zeigt die rasante Entwicklung der PKW-Flotte, die sich allein von 2000 bis 2005 mehr als verdoppelt hat. Die IEA-Prognosen erwarten von 2005 bis 2015 eine Vervierfachung, begleitet von einem ebenfalls sehr starken Wachstum bei LKWs. Wenn sich dieser Trend fortsetzt, wird China schon in wenigen Jahren die zweitgrößte Fahrzeugflotte nach den USA mit Öl versorgen müssen.

Wie Tabelle 11.6 zeigt, verbrauchte China schon 2005 etwa 121 Mio. Tonnen Öl (etwa 2,5 mb/d) für den Verkehr. In 2015 könnte es bereits doppelt so viel sein. Allein der Zuwachs entspricht dem gesamten Ölbedarf Deutschlands über alle Sektoren hinweg.

in Millionen Fahrzeugen	1990	2000	2005	Prognose 2015	Prognose 2030
PKW und leichte Nutzfahrzeuge (ohne 2/3-Räder)	2	9	22	81	203
LKW	4	8	13	34	66

Tabelle 11.5 Straßenfahrzeuge in China[49]

in Mio. Tonnen Öläquivalenten	1990	2005	Prognose 2015	Prognose 2030	Wachstumsrate 2005–30 in %
PKW	7	24	66	164	8,0 %
LKW	9	31	82	168	7,0 %
Sonstiger Straßenverkehr (Busse, 3-Räder, etc.)	6	23	22	24	0,2 %
Andere Verkehrsträger	18	43	69	104	3,6 %
Verkehr insgesamt	41	121	240	460	5,5 %

Tabelle 11.6 Ölverbrauch im Verkehr[50]

Ein Umdenken in der chinesischen Verkehrspolitik ist seit 2006 beobachtbar. Allmählich rückt die *Nachfrageseite* stärker ins Blickfeld. Im März 2006 wies Peking lokale Behörden an, alle Produktionsbeschränkungen für Kleinwagen aufzuheben. Zum Beispiel durften Kleinwagen (<1.0 Liter Hubraum) in Peking einzelne Hauptverkehrsrouten nicht nutzen. Die oft veralteten Fahrzeuge fuhren langsam, blieben oft liegen und emittierten unverhältnismäßig viel Schadstoffe.[51] Demgegenüber erfreuten sich SUVs wachsender Beliebtheit und kamen trotz der notorischen Staus und enger Straßen auf einen Marktanteil von 8 %.[52] Doch der rasant wachsende Benzinverbrauch des Landes und die verbesserte technische Ausstattung kleiner PKW bewirkten ein Umdenken.

Im Moment sieht es danach aus, dass Peking dem europäischen Pfad folgt. Seit kurzem werden effizientere Fahrzeuge staatlich gefördert. In 2005 trat ein verschärfter Verbrauchsstandard in Kraft und bis 2030 soll der Spritverbrauch der Fahrzeuge halbiert werden.[53] Es ist allerdings nicht leicht, angesichts der großen regionalen Unterschiede die richtigen Maßnahmen zu finden: In Peking fahren 133 Fahrzeuge pro 1000 Einwohner auf. Das ist fünf Mal so hoch wie der nationale Durchschnitt.

Interessant ist der Weg Shanghais, das trotz der vergleichsweise hohen Einkommen nur eine Fahrzeugdichte von 52 Fahrzeugen pro 1000 Einwohner aufweist. Hier wird die Zahl der Zulassungen politisch begrenzt und der Ausbau des ÖPNV stärker gefördert. Landesweit kann der Ausbau des ÖPNV nur mühsam mit der raschen Verstädterung Schritt halten. Das gilt insbesondere für die U-Bahn-Netze in Metropolen. Aber Peking und die Provinzen könnten die Entwicklung des Verkehrs immer noch stark beeinflussen: Über Zulassungsbeschränkungen, eine Begrenzung der Straßenbaubudgets und vor allem über den Ausbau der Bus- und Schienennetze und eine vorausschauende Stadtplanung.

Eine weitere Alternative wären neue Kraftstoffe: Die flächendeckende Einführung von Bioethanol wird jedoch voraussichtlich an der Konkurrenz mit Nahrungsmitteln und ökologischen Grenzen (Wasserknappheit, Flächenknappheit) scheitern. Die IEA erwartet für 2030 nur einen Anteil von 2 %. Im Jahr 2005 gab es bereits 110.000 erdgasgetriebene Busse und Taxis. Aber die begrenzte Verfügbarkeit von Gas wird auch hier bald Grenzen setzen.

Exkurs: Ölnachfrage in Indien

Indien ist der fünftgrößte Energiekonsument der Welt nach den USA, China, Japan und Russland. Die fossile Energieversorgung ist durch Kohle geprägt, gefolgt von Öl und Erdgas. Das Land muss 70 % seines Ölbedarfs importieren und verfügt nur über begrenzte Reserven, auch wenn in den letzten Jahren einige Funde gemeldet werden konnten.

China und Indien werden oft in einem Atemzug genannt. Ihre Bedeutung für die Ölmärkte ist dennoch sehr unterschiedlich. Für 2012 schätzt die IEA den indischen Ölbedarf auf 3,1 mb/d, also nur etwa einem Drittel des chinesischen Verbrauchs.[54] Die indische Wirtschaft ist nicht zuletzt wegen ihres hohen Dienstleistungsanteils und der geringeren Industrialisierung weniger energieintensiv als China.

Die Ölnachfrage konzentriert sich daher stärker als in anderen Schwellenländern auf den Verkehr, der von einem relativ gut entwickelten Schienenverkehr profitieren kann. Daneben sind LPG (Butan, Propan) von Bedeutung, deren Nutzung vor allem in ländlichen Regionen stark gefördert wird, um den Bedarf an Brennholz zu verringern.[55]

Der Straßenverkehr hat immer noch eine völlig andere Struktur als in den Industrieländern: Es dominieren Zweiräder und kleine Nutzfahrzeuge. Die Fahrzeugdichte ist mehr als 100 Mal geringer als in den USA.

Diesel ist im staatlich regulierten indischen Ölmarkt seit langem billiger als Benzin. Daher gibt es fast nur Dieselfahrzeuge und – auf staatlichen Druck – zahlreiche Erdgasfahrzeuge im städtischen Busverkehr.[56]

11.3   Deutschland: „Hab Erdöl im Garten, ob's stürmt oder schneit ..."[57]

Deutschland ist einer der größten Energiekonsumenten der Welt. Das Industrieland steht beim Ölkonsum weltweit an fünfter, bei Erdgas an dritter und bei Kohle an vierter Stelle. Im Unterschied zu den meisten anderen Industrieländern blieb der Energieverbrauch seit Anfang der 1980er Jahre stabil. Wirtschaftswachstum und Energieverbrauch sind weitgehend entkoppelt.[58]

Deutschland war und ist als Erdölproduzent unbedeutend, aber ein international wichtiger Absatzmarkt. Für deutsche Unternehmen war Öl meist nur ein Ergänzungsgeschäft zum Bergbau. Kohle und Kali waren historisch die wichtigeren Rohstoffe.[59] Daher gibt es im Unterschied zu allen anderen großen Industriestaaten keinen großen deutschen Ölkonzern.

11.3.1   Ölpolitik und Ölmarkt

Der frühe Erdölmarkt

Erdöl war in Deutschland zunächst nur ein Rohstoff für Leuchtmittel, das „Licht des kleinen Mannes". Im nächsten Schritt kam die Nutzung als Schmieröl hinzu, das besonders für Eisenbahngesellschaften wichtig war. Schließlich wurde Benzin, das lange als nutzloses Nebenprodukt abgefackelt worden war, für Automobile interessant. 1913 wurde die Hälfte des Mineralölverbrauchs in Deutschland für Leuchtöl verwendet, 15 % für Schmierstoffe und 30 % für Benzin, Diesel und Heizöl. Schon damals waren Energieabgaben für den Fiskus wichtig: Seit 1879 gehörte der Petroleum-Importzoll zu den größten staatlichen Einnahmequellen.

Die deutsche Versorgung mit Petroleum wurde Ende des 19. Jahrhunderts durch die großen angelsächsischen Ölkonzerne organisiert: Standard Oil (Exxon), Shell und BP. Bismarck förderte zwar den Import von russischem Petroleum, um eine zweite Bezugsquelle zu haben, aber Russland fiel durch Unruhen und Revolutionen immer wieder als Lieferant aus.[60]

Bald drängten deutsche Großbanken in das boomende Ölgeschäft und erwarben Konzessionen in Galizien und Rumänien, wo sie bald die Erdölförderung beherrschten.

Aber die Strategie der Deutschen Bank scheiterte schließlich an der Übermacht von Standard Oil. Lange Diskussionen über ein staatliches Petroleummonopol führten zu keinem Ergebnis, da sich keine Alternativen zum amerikanischen Öl abzeichneten.

Im Ersten Weltkrieg wurde erstmals in der deutschen Wirtschaftsgeschichte der Mangel an Öl zu einem schwerwiegenden Problem. Dennoch konnte Deutschland seinen Mineralölbedarf während des gesamten Krieges zu etwa 80 % decken.[61]

Erdölförderung

Mit einiger Berechtigung kann man sagen, dass nicht Edwin Drake in Titusville (USA) im August 1859 die erste erfolgreiche Erdölbohrung durchführte, sondern Professor Georg Hunäus einige Monate zuvor in Wietze (Niedersachsen) – obwohl er eigentlich nach Braunkohle gesucht hatte. Mitte des 19. Jh. wurde Ölsand in Heide (Holstein), Erdöl im Hannoverschen Raum und Ölschiefer im Emsland abgebaut. Einen regelrechten Ölrausch gab es in Oelheim in der Lüneburger Heide um 1881. Dort wurde hochwertiges „Deutsches National-Maschinenöl" hergestellt. Danach war die Region um Wietze das Zentrum der deutschen Ölförderung. Die Deutsche Tiefbohr AG, aus der 1911 die DEA (Dt. Erdöl AG) hervorging, prägte die Entwicklung der relativ bescheidenen deutschen Erdölförderung und -verarbeitung.[62]

Deutscher Sonderweg: Synthetisches Öl

Der Mangel an Öl und die weltweit führende Rolle der deutschen Chemieindustrie förderten die Suche nach Alternativen. Seit dem Ersten Weltkrieg wurde nach Wegen gesucht, um synthetisches Öl aus Kohle herzustellen. Die I.G. Farbenindustrie AG (darunter BASF, Bayer, Hoechst, Agfa) produzierte 1927 das erste großtechnisch hergestellte „Leuna-Benzin". Dabei waren 5 Tonnen Steinkohle nötig, um 1 Tonne Benzin herzustellen. 1932 war das Verfahren ausgereift, aber der Weltmarktölpreis sank bis auf 5 Pfennig für den Liter Benzin, so dass Leuna-Benzin mit seinen fünfmal höheren Herstellungskosten nicht mehr konkurrieren konnte.

In Konkurrenz zur I.G. Farben förderte die Ruhrchemie AG das Syntheseverfahren von Fischer und Tropsch, das 1933 erstmals in großen Anlagen eingesetzt wurde. Die Fischer-Tropsch-Synthese bildet bis heute die technische Grundlage für synthetische Öle (GTL, BTL, CTL).

Mit Zöllen, Steuern und Beimischungspflichten wurden die Erdölalternativen und die deutsche Mineralölindustrie am Leben gehalten. Der Benzinpreis lag 1932 in Deutschland mit etwa 35 Pfennig/Liter fast sechsmal so hoch wie in den Nachbarstaaten.

Nazi-Deutschland

Die industrielle Autarkie war ein Hauptziel nationalsozialistischer Wirtschaftspolitik. Das stand jedoch im Widerspruch zur Förderung von Automobilwirtschaft und Straßenbau, die den Treibstoffbedarf drastisch erhöhten. Deutschland war dementsprechend wie andere Teile Europas vom Import von Ölprodukten abhängig. Die Raffineriekapazitäten waren sehr gering.

Im Dezember 1933 schloss die Reichsregierung mit der I.G. Farben einen Vertrag über den Ausbau der Kohlehydrieranlagen in Leuna bis auf eine Kapazität von 350.000 Tonnen. Ein „Reichsbohrprogramm" sollte ergänzend die deutsche Rohölförderung kurzfristig erhöhen.

Zu Kriegsbeginn war der Bau der vier Werke der Braunkohlen-Benzin AG abgeschlossen. Sie hatten einen entscheidenden Anteil an der Treibstoffversorgung in den kommenden Jahren. 1939 lieferten Kohlehydrier- und Synthesewerke 33 % der Mineralölproduktion, weitere 17 % kamen aus der heimischen Ölförderung.

Die eigentliche Lösung der Treibstoffprobleme sollte militärisch erfolgen. Zu Kriegsbeginn hatte die Wehrmacht nur für wenige Monate Treibstoffe vorrätig. Die Ölversorgung sollte durch kontrollierte oder eroberte Gebiete sichergestellt werden, was in Österreich und bei den baltischen Ölschiefervorkommen gelang, aber beim wichtigsten europäischen Ölförderland Rumänien scheiterte, da die Anlagen vor dem Eintreffen der deutschen Truppen zerstört worden waren. Der Kaukasus mit dem Erdölzentrum Baku blieb unerreichbar.

1943 stammte mehr als die Hälfte des Mineralöls aus der synthetischen Produktion. Aber 1944 wurden die Hydrierwerke durch Bombenangriffe immer wieder lahm gelegt und die deutsche Ölversorgung brach zusammen.[63]

Nachkriegsboom[64]

Die Jahre 1945–64 sahen einen beispiellosen Boom bei der deutschen Erdölförderung auf der Grundlage von Funden, die in den letzten Kriegsjahren gemacht wurden. In den 1950ern konnte fast ein Drittel des damals noch geringen deutschen Ölverbrauchs aus heimischer Produktion gedeckt werden. Die Bundesrepublik förderte 1963 7,4 Mio. t Rohöl und war damit für kurze Zeit der größte Ölproduzent Europas. Deutsche Ölfirmen expandierten ins Ausland, insbesondere nach Libyen, Algerien und Syrien, hatten aber als Nachzügler nur wenige Erfolge aufzuweisen.

Auch die Erdgasproduktion aus heimischen Quellen nahm zu, blieb jedoch bis in die frühen 1970er Jahre begrenzt. Bis dahin wurde der größte Teil des Gases aus Kohle hergestellt. Das galt auch für die meisten petrochemischen Vorprodukte.

Eine sichere Energieversorgung hatte in den 1950er und 1960er Jahren bei der Bundesregierung einen hohen Stellenwert. Die Sorgen wurden durch die Suezkrise wach gehalten, denn 30 % der deutschen Ölimporte liefen durch den Suezkanal und waren während der Krise blockiert. Die Reserven reichten damals nur für 6–8 Wochen.

Nach dem Zweiten Weltkrieg war Energiepolitik deshalb vor allem Kohlepolitik, die dem Wiederaufbau des Landes diente. In den 1950ern lag der Anteil der Kohle am Primärenergieverbrauch in der Bundesrepublik bei knapp 90 %.[65] In den USA lag er nur bei 50 %.

Allerdings legte der Marshallplan ab 1948 schon die Grundlagen für den Übergang zum Erdöl: Ein erheblicher Teil der Hilfen floss in den Import von Öl und Raffinierungsanlagen. Der deutsche Mineralölmarkt wurde liberalisiert und wieder von den großen angelsächsischen Ölkonzernen versorgt. Ihnen standen kleinere deutsche Unternehmen gegenüber, die im Kern Bergbaugesellschaften waren (DEA, Wintershall). Sie verfügten jedoch über die großen Raffinerieanlagen der Hydrierwerke und durch den Benzol-Verband über das dichteste Tankstellennetz in Westdeutschland.[66]

Nachdem DEA durch Texaco übernommen worden war, blieb Wintershall als einziger deutscher Ölkonzern übrig. Politik und Wirtschaft forcierten nun die Gründung einer großen nationalen Ölgesellschaft. Aber der Plan zur Gründung der sog. *Deminex* für ausländische Öl- und Gasvorkommen scheiterte an der zu geringen Finanzausstattung. Wintershall wurde 1968 von BASF übernommen, wobei der Chemiekonzern eher an der Düngemittelsparte als an den Ölaktivitäten interessiert war. Die Gelsenberg Benzin AG wurde 1969 von RWE übernommen.

Von der Wiedervereinigung abgesehen, gab es nach 1974 kein großen strukturellen Veränderungen im westdeutschen Ölmarkt. Andere Energieträger traten energiepolitisch in den Vordergrund.

In der DDR[67] verlief die Umstellung von Kohle auf Öl etwas langsamer. Trotz eines der größten Bohrprogramme der Ölgeschichte über 20 Jahre konnten keine nennenswerten Vorkommen entdeckt werden. In den 1960er und 1970er Jahren wurden große Öl- und Gaspipelines aus der Sowjetunion in Betrieb genommen. In Schwedt entstand ein riesiger Raffineriekomplex, der rund 70 % des Benzin-, Heizöl- und Asphaltbedarfs des Landes deckte. Während der Ölkrise 1973/74 erhielt die DDR nach wie vor sowjetisches Erdöl zu niedrigen Preisen und begann daher, raffinierte Produkte in den Westen zu verkaufen. Der Absatz der Mineralölprodukte auf ausländischen Märkten wurde zu einer wichtigen Einkommensquelle für Ostberlin.

Energie- und Umweltpolitik seit den 1970er Jahren

Importöl verdrängte die Kohle in sehr raschem Tempo seit den 1960er Jahren. Auch der Einsatz von Erdgas (nach den Funden in Groningen) und Kernenergie wurde gefördert. Schon 1968 stand Kohle mit einem Anteil von 44 % am Energieverbrauch nur noch an zweiter Stelle hinter Erdöl mit 49 %. Die Diversifizierung der Energieträger stand also im Vordergrund. Die Ölpreiskrise 1973/74 förderte diesen Trend, ohne zu einer grundsätzlichen Neuorientierung zu führen.[68]

Gleichzeitig wuchs die Umweltbewegung. Mit dem Programm „Blauer Himmel über der Ruhr" waren schon in den 1960er Jahren umwelt- und gesundheitspolitische Ziele im Zusammenhang mit der Energieversorgung diskutiert worden. Im Atomkonflikt wurden Energiepolitik und Umweltpolitik erstmals zu einem gemeinsamen Politikfeld. Gesellschaftlicher Protest, überhöhte Bedarfsprognosen und die Tschernobyl-Katastrophe (1986) stoppten den Ausbau der Atomenergie. Erdgas wurde zur bevorzugten Alternative. Ab den 1980er Jahren blieben Umwelt- und Energiepolitik in Deutschland eng miteinander verbunden.

In den 1990ern stehen die beiden Politikfelder zunächst im Schatten der Wiedervereinigung, bis Ende der 90er die rot-grüne Regierung neue Akzente setzte. Der Ausbau moderner Erneuerbarer Energien wird massiv gefördert. Insofern wird die in den 1970ern begonnene Diversifizierung der Energieversorgung fortgeführt, aber mit klimapolitischen Zielen neu begründet. Die Große Koalition führt diesen Weg bislang fort. Das Integrierte Energie- und Klimaprogramm von 2007 ist ein weiterer Schritt in dieselbe Richtung.

Aktuelle Energiepolitik

Trotz der Zäsur 1973/74 mit Sonntagsfahrverboten und großer medialer Debatte war die deutsche Energiepolitik auf altem Kurs geblieben: Umweltverträglichkeit (Emissionsschutz, Atomkraftdebatte) und Wirtschaftlichkeit (Kohlesubventionen, Liberalisierung) standen im Vordergrund.

Die Diskussion der Versorgungssicherheit blieb sicherheitspolitischen Zirkeln überlassen. Sie war durch die angelsächsische Debatte mit ihrem starken geopolitischen Ansatz geprägt: Ölreserven und Förderanlagen liegen häufig in islamischen Staaten, ergo drohe Gefahr für die Versorgung Deutschlands. Terrorakte und die innenpolitische Instabilität dieser Staaten seien die Hauptrisiken. Zudem zeichne sich eine gefährliche Rivalität mit ostasiatischen Ländern, insbesondere China ab. Die deutschen Probleme werden also nicht in der Verfügbarkeit der Ressourcen, sondern in ihrer Konzentration auf instabile Staaten gesehen. Deshalb sollte die Diversifizierung verstärkt werden, um die

Abhängigkeit von einzelnen Ländern und Tankerrouten zu verringern. Insofern folgen diese Analysen dem traditionellen Paradigma der Versorgungssicherheit (vgl. Kap. 10).

Nach dem plötzlichen Anstieg der Ölpreise im Jahr 2000 bekam die energiepolitische Debatte in den westlichen Industriestaaten neue Impulse. Das Grünbuch der Europäischen Kommission über die Energieversorgungssicherheit in der EU[69] wurde intensiv diskutiert, aber die deutsche Debatte fokussierte sich bald auf die Kompetenzen der EU, die Klimapolitik und die Atompolitik, während die Versorgungssicherheit mit Öl und Gas wieder aus dem Blick geriet.

Der deutsche Diskurs erwies sich nach 2002 als richtungsweisend, da trotz hoher Ölpreise und der Besetzung des Irak die Versorgung und die Konjunktur stabil blieben. Deutschland wurde mit Klimapolitik und der Förderung Erneuerbarer Energien vom energiepolitischen Außenseiter zur Avantgarde.

Auch innenpolitisch kam das Thema Energie auf die Titelseiten: Klimadebatte, Energiegipfel, Störfälle bei Atomkraftwerken, Unterbrechung der Gaslieferungen aus Russland und steigende Energiepreise beherrschen bis heute die Diskussion. Die Geschwindigkeit der realen Entwicklungen scheint der Debatte immer einen Schritt voraus zu sein. Die Hintergrundberichte für die Energiegipfel 2006/2007 lesen sich nur wenige Monate später wie Sätze aus einer anderen Welt: Im EWI/Prognos-Bericht[70] werden keinerlei grundsätzlichen Engpässe in der globalen Verfügbarkeit von Öl erwartet. Der Ölpreis werde bis 2030 auf real 37 $/b fallen.

Die Bundesregierung beschließt Anfang 2006, ein energiepolitisches Gesamtkonzept für die Zeit bis 2020 zu entwickeln. Ein Jahr später wurde das Integrierte Energie- und Klimaprogramm beschlossen, das sich wie eine nahtlose Fortsetzung der Ziele der Vorgängerregierungen liest. Das Konzept setzt vor allem an der Nachfrageseite an. Auf der Angebotsseite geht es vor allem um die Förderung Erneuerbarer Energien.

Ansonsten ist man sich unschlüssig beim Mix der Energieträger, da die Zielkonflikte immer größer werden: Die *Invisible Hand* des Marktes passt nicht zum Klimaschutz, die Dominanz des russischen Erdgases passt nicht zur Importdiversifizierung, die Wahl zwischen gefährlicher Atomkraft und umweltbelastender Kohle kann keinen begeistern und die starke Förderung Erneuerbarer Energien stößt auf Widerstände. Selbst die zunächst gepriesenen Biokraftstoffe kommen klimapolitisch ins Gerede und werden auch angesichts des wachsenden Widerstands der Automobil- und Umweltlobby auf kleinere Marktsegmente begrenzt. Der Königsweg wäre die Energieeinsparung, insbesondere im Verkehr, aber dieser Weg ist mühsam und gepflastert mit den Stolpersteinen zahlloser Interessengruppen.

Die möglichen Probleme bei der zukünftigen Erdölversorgung werden in den aktuellen Politikprogrammen zwar verstärkt gesehen, aber die politische Antwort fällt auch hier nicht leicht. Der Kompromiss erinnert an die 1970er/80er Jahre: Damals wurde die Verbrennung von Öl in der Stromversorgung stark reduziert; heute soll auch der private Heizölkonsum schrittweise durch höhere Effizienz, Gebäudesanierungen, moderne Erdgaskraftwerke und Erneuerbare Energien verringert werden.

Das lässt die wichtigsten Sektoren, nämlich den politisch sensiblen Verkehr, der etwa 20 % zu den deutschen CO_2-Emissionen beiträgt, und die Industrie mit ihrem Anteil von 22 % weitgehend ungeschoren. Auch der Ölverbrauch wird nicht stark eingeschränkt, da Heizöl in privaten Haushalten nur etwa 15 % der Erdölmengen verbraucht. Die größeren Anteile haben der Verkehr (etwa 50 %) und die Industrie (etwa 25 %).

Importabhängigkeit, strategische Reserven und gewerbliche Vorräte

Von den 2,6 mb/d (2007), die in Deutschland konsumiert werden, müssen 97,5 % eingeführt werden. Die Abhängigkeit von Erdgasimporten liegt mit 82 % nur wenig darunter. Auch der größte Teil der Steinkohle kommt aus dem Ausland. Nur bei Braunkohle und Erneuerbaren Energien ist das Land autark. Insgesamt liegt die Importabhängigkeit über alle Energieträger (ohne Uran) bei 62 %.[71]

EU-weit sieht es nicht viel anders aus. Die EU muss zurzeit über 50 % ihres Energiebedarfs importieren. Die Abhängigkeit von Erdgas- und Ölimporten wird bis 2030 wohl auf über 90 % steigen. Die Reserven der Nordsee gehen rasch zurück. Beim Gas wird die Abhängigkeit insbesondere von Russland, aber auch von Algerien weiter zunehmen.

Ein wichtiges Instrument der deutschen Ölpolitik ist daher die Vorhaltung der strategischen Ölreserve. Große Mengen an Benzin, Heizöl und Zwischenprodukten wurden unterirdisch, insbesondere in niedersächsischen Salzbergwerken, eingelagert. Seit 1978 ist der Erdölbevorratungsverband (EBV) für die Vorratshaltung zuständig. Für jeden Liter Benzin oder Heizöl wandern 0,5 Cent in seine Kasse. Bisher betrugen die Kosten für Aufbau und Vorhaltung der Reserve 3,6 Mrd. Euro.[72] Die jährlichen Aufwendungen liegen zurzeit bei etwa 450 Mio. Euro.

Im Krisenfall wird das Ölmanagement in Deutschland von einer Arbeitsgruppe übernommen, die aus Vertretern der Bundesregierung, des EBV und der Ölbranche besteht. Die chemische Industrie hat zusätzliche Krisenpläne und hält eigene Reserven vor.[73] Bei kleineren Störungen, wie z.B. beim mehrtägigen Lieferstopp der russischen Drushba-Pipeline, können die Raffinerien auf ihre Lager vor Ort zurückgreifen oder Öl über andere Routen beziehen.

Nach Statistiken des deutschen Mineralölwirtschaftsverbandes addierten sich die gesamten deutschen Lagerbestände 2006, einschließlich der strategischen EBV-Reserven und der Vorräte in ausländischen Kopfstationen in Triest, Marseille und Rotterdam, auf 20,7 Mio. Tonnen Erdöl und 19 Mio. Tonnen Ölprodukte. Das sind zusammen 39,7 Mio. Tonnen, die den *deutschen Verbrauch rechnerisch für 118 Tage decken* könnten.

Das ist ein im internationalen Vergleich sehr hoher Wert, der bei fast allen denkbaren Störungen in der Weltölversorgung den deutschen Ölbedarf realistischerweise für mindestens ein Jahr sichern kann.[74]

11.3.2 Der deutsche Ölkonsum – ein quantitativer Überblick

Aus Mineralölen wird ein Drittel der deutschen Primärenergie gewonnen, wie Tabelle 11.7 zeigt. Sie sind damit der wichtigste Energieträger.

Mineralöle	33,8 %
Erdgas	22,7 %
Steinkohlen	14,1 %
Braunkohlen	11,7 %
Kernenergie	11,1 %
Wasserkraft	0,5 %
Windenergie	1,0 %
Saldo des Außenhandels mit Strom	-0,4 %
Sonstige	5,5 %
Insgesamt	**100 %**
davon Erneuerbare Energien	6,6 %

Tabelle 11.7 Primärenergieverbrauch in Deutschland 2007[75]

Deutschland ist wie erwähnt fast völlig von Rohölimporten abhängig. Russland, Norwegen und Großbritannien sind die wichtigsten Bezugsquellen der Gesamtimporte von 109,5 Mio. Tonnen, wie Tabelle 11.8 zeigt. Aufgrund des steilen Förderrückgangs in der Nordsee werden sich die Gewichte in den kommenden Jahren deutlich zugunsten außereuropäischer Quellen verschieben.

	Anteil an den deutschen Rohölimporten
Russland	33,7 %
Norwegen	17,0 %
Großbritannien	12,1 %
Libyen	11,3 %
Kasachstan	7,0 %
Saudi-Arabien	3,3 %
Syrien	3,1 %
Nigeria	2,9 %
Algerien	2,1 %
Aserbeidschan	1,7 %

Tabelle 11.8 Rohölimporte Deutschlands im Jahre 2006[76]

Entwicklung der Ölnachfrage

Die Nachfrage nach Ölprodukten blieb nach dem Krieg zunächst verhalten. Erst in den 1960er Jahren wuchs sie sprunghaft von 29 auf 124 Mio. Tonnen an (Tab. 11.9). Nach den Ölpreiskrisen Anfang der 1970er stagnierte der Verbrauch und *blieb bis heute auf einem fast unveränderten Niveau.* Der Stillstand ist das Ergebnis von zwei gegenläufigen Trends: Die Nachfrage nach Benzin und Diesel stieg an, während der Bedarf an schwerem Heizöl, das zunächst noch für die Stromerzeugung eingesetzt worden war, von 31 auf 6 Mio. Tonnen einbrach. Im Jahr 1970 wurden noch 12 % des deutschen Stroms durch die Verbrennung von Öl erzeugt. Heute sind es nur noch 1–2 %.

Seit 1990 geht auch die Nachfrage nach Benzin und leichtem Heizöl zurück. Nur der Dieselverbrauch steigt aufgrund der wachsenden Zahl von Dieselfahrzeugen weiter an.

	Insgesamt	Ottokraftstoff	Dieselkraftstoff	Heizöl, leicht	Heizöl, schwer	Bitumen
1950	4052	1335	1300	-	281	376
1955	9746	2659	2991	495	1596	677
1960	28730	5705	4786	6613	7368	1355
1965	74278	11495	9275	23721	19542	3528
1970	124447	17192	12774	44046	30882	4730
1975	129599	21950	14099	45320	29333	4241
1980	138498	26531	16894	41649	25811	3861
1985	121595	26212	18096	37321	12027	3061
1990	122811	31274	21817	31803	8477	2929
1995	130204	30306	26208	34785	8744	3576
2000	125032	28807	28922	27875	6213	3348
2005	117502	23431	28531	24468	6044	2907

Tabelle 11.9 Nachfrage nach Ölprodukten seit 1950 in 1000 t (ab 1965 inkl. DDR)[77]

Die Tabelle 11.10 zeichnet die Gewichtung der Sektoren nach. Von 1970 bis 2005 verdoppelte sich der Ölverbrauch im Verkehr, während er in allen anderen Sektoren zurückging.

in Mio. t	1970	1980	1990	2000	2005	Prognose 2020
Verkehr	31,4	46,5	58,8	65,6	60,0	56,7
Industrie	40,6	37,0	27,3	28,2	26,9	28,0
Haushalte	27,1	25,5	18,4	19,8	16,9	17,2
Andere Sektoren (v.a. Strom)	16,8	18,5	13,2	9,1	8,1	6,1 (Strom 4,0)
Sonstiges (v.a. Verluste)	21,9	19,6	8,8	9,0	11,6	9,1
INSGESAMT	137,9	147,1	126,5	131,7	123,4	118,5

Tabelle 11.10 Ölverbrauch in Deutschland nach Sektoren 1970–2005[78]

Der Energieverbrauch im Verkehr findet vor allem im Straßenverkehr statt, der 86 % verbraucht. Es folgen der statistisch auf nationaler Basis schwer erfassbare Luftverkehr mit 11 %, der Schienenverkehr mit 3 % und die Binnenschifffahrt mit nur 0,4 %.[79] Nur der Schienenverkehr ist zum großen Teil unabhängig von Kraftstoffen aus Öl.

Die Tabelle 11.11 gibt einen relativ aktuellen Überblick über den Verbrauch einzelner Ölprodukte. Nach Einschätzung des Mineralölwirtschaftsverbandes wird sich die Nachfrage nach Mineralöl in den nächsten Jahrzehnten verringern. Von derzeit etwa 112 Mio. t soll der Gesamtbedarf bis 2025 auf 97 Mio. t sinken.[80] Dafür gibt es ein ganzes Bündel an Gründen: Die höhere Energieeffizienz in der gesamten Wirtschaft, Verdrängung der Otto- durch Dieselkraftstoffe, geringerer Kraftstoffverbrauch von Neufahrzeugen, verstärkter Einsatz von Biodiesel und Bioethanol, verstärkte Wärmedämmung bei Gebäuden, weniger Straßenverkehr und eine leichte Abnahme der Bevölkerung. Eine Zunahme wird bei Flugturbinenkraftstoff sowie bei Rohbenzin (Naphtha) für die Petrochemie erwartet.

	Mio. t Öleinheiten 2007	Prognose für 2025: Veränderung in % gegenüber 2005
Ottokraftstoff	21,6 Mio. t	minus 42 %
Dieselkraftstoff	29,2 Mio. t	minus 12 %
Flugkraftstoff (Kerosin)	8,9 Mio. t	plus 52 %
Leichtes Heizöl	17,1 Mio. t	minus 28 %
Schweres Heizöl	5,9 Mio. t	minus 25 %
Rohbenzin (Naphtha)	16,6 Mio. t	plus 11 %
Flüssiggas	2,7 Mio. t	plus 11 %
Schmierstoffe	1,2 Mio. t	minus 7 %
Sonstige Produkte	5,5 Mio. t	minus 7 %
(darunter Bitumen)	(2,9 Mio. t)	
(darunter Petrolkoks)	(1,2 Mio. t)	
abzüglich Recycling	-6,2 Mio. t	minus 4 %
abzüglich Biokraftstoffe	-1,8 Mio. t	
Summe Produkte	100,7 Mio. t	minus 13 % (ohne Biokraftstoffe)
Eigenverbrauch/Verluste	7,7 Mio. t	
Bestände	0,3 Mio. t	
Summe	108,7 Mio. t	
Biokraftstoffe	3,6 Mio. t	

Tabelle 11.11 Ölnachfrage in Deutschland 2007 nach Sektoren und Prognose[81]

Exkurs: Erdgas

Deutschland kann bei seiner Erdgasversorgung auf eine nicht unerhebliche eigene Förderung zurückgreifen, die etwa 18 % des Bedarfs deckt. Die in Niedersachsen konzentrierten Vorkommen umfassen 270 Mrd. Kubikmeter, wovon 17 Mrd. pro Jahr gefördert werden. Der Rest wird durch Importe gedeckt. Die wichtigsten Quellen sind Russland (42 % der Importe), Norwegen (29 %) und die Niederlande (24 %), wobei die Exporte aus Holland im kommenden Jahrzehnt mangels Reserven auf Null sinken werden.

Deutschland verfügt über die viertgrößten Kapazitäten der Welt zur Einlagerung von Gas. Sie haben eine nutzbare Kapazität von 20 Mrd. Kubikmeter, was einer Nachfrage von 80 Tagen entspricht.

Etwa die Hälfte des Erdgases wird in privaten Haushalten und Unternehmen (Gewerbe und Dienstleistungen) verbraucht, auf die Industrie entfällt ein weiteres Viertel, auf Kraftwerke knapp 15 %. Etwa jede zweite Wohnung ist mit einer Erdgasheizung ausgestattet. Bei neuen Wohnungen sind es sogar drei Viertel.[82]

11.4 Die Ölnachfrage in Ölstaaten

Der wachsende Ölverbrauch ölreicher Länder ist eine der Schlüsselvariablen der weltweiten Ölversorgung in den kommenden Jahren. Während der hohe Ölpreis in der übrigen Welt Nachfrage dämpfend wirkt, hat er hier den gegenteiligen Effekt: Die Staatskassen füllen sich, die Wirtschaft floriert, Konsum und Verkehr nehmen zu.

Der Nahe Osten beherbergt nur 10 % der Bevölkerungsmenge Chinas, aber trotzdem sind Gesamtverbrauch und Wachstum der Ölnachfrage ähnlich groß. Im Jahr 2008 wird der Ölverbrauch im Nahen Osten etwa bei etwa 7 mb/d, in China bei etwas über 8 mb/d in China.

Die IEA erwartet für die nächsten Jahre (2008–2013)[83], dass die Nachfrage im Nahen Osten um 390.000 b/d pro Jahr steigen wird. Das wäre ein Zuwachs von 6,9 mb/d (2008) auf 8,8 mb/d (2013), was einem Viertel des erwarteten weltweiten Nachfragewachstums entspricht!

Es gibt neben dem genannten Ölpreiseffekt mehrere Ursachen, die den Ölverbrauch gerade in ölreichen Ländern fördern:

1. Ein starkes *Bevölkerungswachstum* vor allem in den muslimischen Ölstaaten. Zum Beispiel verdoppelte sich die Bevölkerung des Iran von 32 Millionen (1979) auf heute 68 Millionen. In Saudi-Arabien lebten vor 30 Jahren 8 Millionen Menschen. Heute sind es 24 Millionen. In den OPEC-Staaten (ohne Indonesien, das Nettoölimporteur geworden ist) leben insgesamt etwa 350 Millionen Menschen.

2. Extremes *Klima* und *Wasserknappheit* führen zu einem hohen Energiebedarf für Klimaanlagen und Meerwasserentsalzungsanlagen. Fast zwei Drittel des Stroms wird in der Golfregion für Klimaanlagen verwendet. Diese stromhungrigen Geräte laufen wegen des sehr niedrigen Strompreises oft ununterbrochen das ganze Jahr hindurch.

   Auch die Meerwasserentsalzung erfordert enorme Energiemengen. Zum Beispiel hat Kuwait überhaupt kein Oberflächenwasser und hängt bei seiner Trinkwasserversorgung völlig von den Entsalzungsanlagen ab. Saudi-Arabien ist der größte Produzent von entsalztem Meerwasser in der Welt. Im Jahr 2003 verließen 1,75 Mrd. Kubikmeter die riesigen Anlagen. Das entspricht 8 % des Wasserbedarfs des Wüstenstaates. Die IEA schätzt, dass der notwendige Energieaufwand von 200.000 boe/d auf 600.000 boe/d im Jahr 2030 steigen wird.[84]

3. Sehr niedrige *Energiepreise* fördern den Verbrauch. Ein Liter Benzin kostet in Saudi-Arabien nur 12 US-Cent. Es ist eine Frage des Standpunkts, ob man hier von Subventionen sprechen möchte, da auch die Förderkosten gering sind. Niedrige Energiepreise sind politisch gewollt und werden von der Bevölkerung erwartet. Der wachsende *Wohlstand* fördert eine *Motorisierung*, bei der die Energieeffizienz keine Rolle spielt.

4. *Gasknappheit* und damit zusammenhängend die starke Stellung des Öls in der *Stromerzeugung*. Da in allen Staaten am Persischen Golf (Ausnahme Katar) Erdgas knapp geworden ist, wird immer mehr Erdöl in der Stromerzeugung eingesetzt.

5. Der Aufbau *petrochemischer Anlagen* und anderer Rohstoffindustrien. Eine große Aluminiumhütte verbraucht eine Strommenge, für die etwa 60.000 b/d Öl verfeuert werden muss.

In der Summe führen diese Besonderheiten zu einem Anstieg des Ölverbrauchs in allen Sektoren: im Verkehr, in privaten Haushalten und in der Industrie. Die weltweit gestiegenen Ölpreise erleichtern den Aufbau der Industrie und verringern den Druck, die Energieeffizienz zu erhöhen.

Beispiel Russland

Auch *Russland* hat einen erhöhten Energiebedarf. Millionen von Menschen könnten ohne subventionierte Energiekosten das russische Klima nicht überleben. Siebzig Jahre Planwirtschaft haben eine Wirtschafts- und Bevölkerungsgeographie geschaffen, die jedem Effizienzdenken widerspricht. Seit Stalin wurden Fabriken und Städte an klimatisch extrem unwirtlichen Orten geschaffen, die sonst nie besiedelt worden wären. Seither werden diese Standorte mit hohen Subventionen am Leben gehalten, zumal sich einige sibirische Standorte als öl- und gasreich herausstellten. Ein Drittel der Bevölkerung wohnt heute östlich des Urals (die Temperaturen in Russland fallen Richtung Osten). Jeder zehnte Russe wohnt in den kalten sibirischen Städten, die auf Energie- und Transporthilfen angewiesen sind.[85]

Die russische Regierung muss daher die steigenden Weltmarktpreise für Öl und Gas im Inland auf ein innenpolitisch akzeptables Niveau heruntersubventionieren, auch wenn dies den Staatshaushalt belastet und Energiesparmaßnahmen unterläuft.

Daneben gibt es noch eine Reihe zusätzlicher, verbrauchsfördernder Faktoren, die für ölreiche Staaten typisch sind. Die Ölnachfrage wurde in den letzten Jahren ähnlich wie am Persischen Golf durch das starke Wirtschaftswachstum und den wachsenden

Wohlstand der Mittelschicht angetrieben. Russland ist bereits einer der größten Automobilmärkte der Welt. Auch in der Stromerzeugung steigt der Ölbedarf, wenn Fuel Oil anstelle von Erdgas verfeuert wird, um größere Gasmengen exportieren zu können (vgl. Kap. 6).

Beispiel Iran

Das Land verbraucht zur Energieerzeugung etwa je zur Hälfte Erdgas und Erdöl. Der Ölverbrauch lag 2007 bei 1,6 mb/d, was 36 % seiner Ölförderung entspricht. Tabelle 11.12 zeigt den enorm schnellen Anstieg des Verbrauchs, vor allem bei Benzin.

Iran hat vermutlich die niedrigsten Benzinpreise der Welt mit umgerechnet 7 Eurocent je Liter. Der Preis ist noch auf dem Niveau der 1960er Jahre. Entsprechend hoch liegt der Verbrauch pro Kopf bzw. Fahrzeug.[86] Auch die Motorisierung ist relativ stark. Sie lag 2007 bei 15 Millionen benzingetriebenen Fahrzeugen. Die Subventionierung des Energiepreisniveaus unter Weltmarktpreise kostete nach Schätzungen des IWF 2005 etwa 12 % des BIP, die höchste Rate in der Welt.

Seit 2007 versucht die Regierung erneut gegenzusteuern.[87] Moderate Preisanhebungen und Rationierungen haben wie gewünscht die Preise auf dem Schwarzmarkt anhoben und führten zunächst zu einem deutlichen Einbruch der Benzinnachfrage (erste Schätzungen liegen bei 20 %). Auch der Schmuggel ist versiegt, da iranisches Öl nun nicht mehr im Irak, sondern auf dem heimischen Schwarzmarkt landet.

in 1000 b/d	1980	1990	2000	2006
Benzin	82,6	129	225	463,1
Kerosin	124,8	167,3	193,9	122,5
Destillate	169,4	393,1	404	533,3
Residuals	141,3	240,9	232	226,3
Andere	44,4	71,8	134	233,4
TOTAL	**562,5**	**1002,1**	**1189,1**	**1578,6**

Tabelle 11.12 Iranischer Ölkonsum 1980 bis 2006[88]

12 Ergebnisse und Schlussfolgerungen

12.1 „Öl 3.0"

Der Ölmarkt hat Anfang des 21. Jh. das dritte Kapitel seiner Entwicklung aufgeschlagen:

<u>Öl 1.0</u>: In der ersten Entwicklungsphase vom 19. Jh. bis Anfang der 1970er Jahre gab es weder auf der Angebots- noch auf der Nachfrageseite grundsätzliche Restriktionen. Schritt für Schritt wurden die globalen Ölreserven erschlossen. Parallel dazu konnte die Nachfrage ungehemmt wachsen und immer mehr Anwendungsgebiete erschließen.

<u>Öl 2.0</u>: Anfang der 1970er änderten sich die Bedingungen: Technische und politische Gründe bremsten den Ausbau des Angebots. Die Preise waren zu niedrig (unter 2 $/b), die Ölmultis hatten die Investitionen gekürzt, aber die Nachfrage stieg weiter steil an. Diese Strukturkrise wurde jedoch medial vom politischen Konflikt zwischen der OPEC und den Industrieländern übertönt.

Der Preis für Öl verzehnfachte sich in den 1970ern von 2 auf 20 $/b. Er musste steigen, mit oder ohne OPEC. Öl wurde aus der Stromerzeugung verdrängt, neue Ölprovinzen außerhalb der OPEC wurden trotz hoher Kosten erschlossen. Die Nachfrage stagnierte weltweit, was zu weltweiten Überkapazitäten führte, die eine sichere Versorgung garantierten.

Das ermöglichte in den 1980er und 1990er Jahren einen weitgehenden Rückzug der Politik aus der Ölversorgung. Öl wurde zur Massenware und war ein Rohstoff unter vielen.

<u>Öl 3.0</u>: Zu Beginn des 21. Jh. sind diese Puffer aufgebracht. Die Produktion außerhalb der OPEC stagniert, die OPEC-Länder können oder wollen ihre Produktion nicht ausweiten. Gleichzeitig steigt die Nachfrage außerhalb der Industrieländer stark an. Wie Anfang der 1970er Jahre muss der Preis steigen, diesmal von 20 $/b auf knapp 150 $/b. Die Stabilität der 1990er Jahre wird nun von allen Seiten unterminiert:

▸ Die Preisbildung wandert aus dem physischen Ölmarkt in die Finanzmärkte.

▸ Die Angebotsseite wird immer stärker von geologischen Grenzen und von ölpolitischen Faktoren bestimmt. Länder mit hohem Potenzial, vor allem der Irak, Nigeria
  und Venezuela, leiden unter schweren ölpolitischen Krisen.

▸ Der Kapazitätsabbau der Branche in den 1990ern erzeugt einen Mangel an Ausrüstung und Personal, der von der Ölsuche bis zu den Raffinerien reicht.

▸ Die Nachfrage reagiert nur sehr langsam, denn sie wird durch Subventionen, steigende Einkommen und starre technische Strukturen stabilisiert.

Die Ölbranche sucht nach einem neuen Gleichgewicht und nach neuen Entwicklungs-
pfaden. Bislang ohne großen Erfolg, da in jeder Richtung geologische, ökologische,
politische oder technische Grenzen die Weiterentwicklung blockieren.

12.2   Die Reservendebatte

Diskussionen über den Umfang der konventionellen globalen Ölreserven leiden häufig
an Definitionsproblemen. Je nach Ansatz lässt sich mit Recht sagen, dass die Reserven
knapp oder im Überfluss vorhanden sind. Zusätzlich gibt es zahlreiche Unsicherheiten
bei der Datenerhebung und der Dateninterpretation. Viele Daten sind nicht verfügbar
oder nicht belastbar und müssen daher geschätzt werden.

Die Spannbreite der Schätzungen reicht von 850 Mrd. Barrel (Gb) für die bekannten
konventionellen Ölreserven bis zu 14.000 Gb für alle konventionellen *und nichtkonventio-
nellen* Ressourcen, die unabhängig von ihrer Förderwürdigkeit auf der Erde vermutet
werden. Rein rechnerisch entspricht dies dem aktuellen weltweiten Ölverbrauch für 27
Jahre bzw. 442 Jahre.

Betrachtet man die ölpolitisch besonders relevante Menge der förderwürdigen konventionellen Reserven (Rohöl/Kondensate und NGL), reichen die Schätzungen von 1000
Gb bis 2300 Gb. Die große Spannbreite resultiert aus der unterschiedlichen Bewertung
einzelner Schätzkategorien:

▸ Die Höhe der *heute bekannten* konventionellen Ölreserven liegt nach aktuellem
  Forschungsstand zwischen 850 Gb (ASPO, EWG) und 1200 Gb (IHS, BP/OGJ).
  Die Differenz von 350 Gb entspricht dem weltweiten Ölverbrauch für 11 Jahre.

  Im Zentrum des Disputs stehen die Reserven am *Persischen Golf und in Russland*. Vieles spricht dafür, dass der umstrittene Sprung der gemeldeten Reserven am Persischen Golf Mitte der 1980er Jahren zum größeren Teil gerechtfertigt werden kann,

vermutlich mit der Ausnahme von Kuwait und Abu Dhabi. Im Falle Russlands stabilisieren sich die Daten eher am oberen Rand der Schätzskala.

▸ Die Entdeckung *neuer Felder*. Je nach Ansatz werden 200 bis 700 Gb in noch unbekannten Feldern vermutet. Seit den 1960er Jahren schrumpft die jährlich neu entdeckte Ölmenge. Entgegen noch pessimistischerer Erwartungen scheinen sich die Funde aber auf einem niedrigen Niveau zu stabilisieren, das 15–45 % des aktuellen Ölkonsums entspricht. Im Schnitt wird also ein Drittel der verbrauchten Mengen durch Öl in neuen Feldern ersetzt. Eine ganze Reihe unerwarteter und aussichtsreicher Entdeckungen vor Brasilien und im Golf von Mexiko sowie die Potenziale im Irak und Iran sprechen dafür, dass der Umfang der neu entdeckten Ölvorkommen noch über einige Zeit stabil bleibt.

▸ Das *Reservenwachstum in bekannten Feldern*, also der Trend einer nachträglichen Höherbewertung schon erschlossener Felder, wird auf 0 bis 300 Gb geschätzt. Dieser Effekt hat in den letzten 20 Jahren bei vielen Studien der IHS eine zentrale Rolle gespielt. Eine Analyse und Gewichtung der Gründe zeigt jedoch, dass der Beitrag deutlich schrumpft und *kurz- und mittelfristig* nur einen Bruchteil der erwarteten 300 Gb erreichen kann.

Eine zentrale Variable in diesem Zusammenhang ist der Anteil der förderwürdigen Reserven (URR) am insgesamt vorhandenen Öl (OOIP). Bislang liegt dieser Anteil (*Recovery Rate*) bei 30–35 %, d.h. zwei Drittel des vorhandenen Öls fließt nicht in die Reservenschätzungen ein, weil es als nicht förderbar oder nicht förderwürdig gilt. In Ländern wie Irak oder Iran liegt der Anteil sogar noch niedriger.

Es ist umstritten, ob die Recovery Rate durch neue Technologien und bessere Daten nennenswert gesteigert werden kann. Allerdings sprechen die Erfahrungen in den saudischen Großfeldern dafür, da hier bei günstigen geologischen Voraussetzungen weit über 50 % erreicht werden. Schon heute werden immer mehr Felder erneut angebohrt, die in Zeiten niedriger Ölpreise aufgegeben worden waren.

Bei anhaltend hohen Ölpreisen und ausreichenden Investitionen erscheint es daher durchaus möglich, dass die durchschnittliche Recovery Rate *langfristig* von heute 30–35 % auf 40–45 % angehoben werden kann. Das entspricht rechnerisch etwa 600 Gb zusätzlichem Öl.

Eigene Schätzung: Wahrscheinlich liegen die aktuellen konventionellen Ölreserven bei etwa 1500 Gb. Sie setzen sich aus geschätzten 1100 Gb in bekannten Feldern und 400 Gb in neuen Feldern zusammen. Bei einer Steigerung der Recovery Rate könnten zusätzliche 600 Gb erreichbar werden, so dass *langfristig* 2100 Gb zur Verfügung stehen. Das entspricht, rein rechnerisch, dem aktuellen Ölkonsum für 68 Jahre. Die Recovery

Rate wird jedoch so langsam steigen, dass Peak-Prognosen davon kaum beeinflusst werden. Allerdings wird der Förderrückgang *nach* dem Peak abgebremst.

12.3 Das Ölangebot – die Peak-Debatte

12.3.1 Peak-Typen (konventionelles Öl)

Der Peak bezeichnet ein Fördermaximum, also die maximale Geschwindigkeit in Barrel pro Tag (b/d), mit der Öl gefördert wird. Der Peak ist dann relevant, wenn der *Trend der Nachfrage* höhere Mengen verlangt als angeboten werden können. Drei Definitionen müssen unterschieden werden, um Missverständnisse und Fehlinterpretationen zu vermeiden:

▶ Der *historische Peak (empirischer Peak)* – also die höchste tatsächlich erreichte Produktion. Hierauf beziehen sich die meisten Studien.

▶ Der ökonomisch-technische Peak (*Peak-Kapazität*) – also die mögliche Produktion unter Berücksichtigung aktueller ökonomischer und politischer Faktoren. Sie berücksichtigt auch ungenutzte Reservekapazitäten und aktuelle Produktionsstörungen.

▶ Der geologisch-technische Peak (*Peak-Potenzial*) – also die maximal mögliche Produktionsgeschwindigkeit beim heutigen Stand der Technik. Es ist eine „Was-wäre-wenn"-Zahl, die auch langfristige Verwerfungen wie z.b. den Irakkrieg ausblendet.

Die *tatsächliche* Ölproduktion lag im Sommer 2008 bei 84,6 mb/d (ohne 2 mb/d Refinery Gains). Geht man von einer Reservekapazität von 1,5 mb/d und aktuellen Produktionsstörungen von insgesamt 1,0 mb/d aus, kommt man auf eine *Peak-Kapazität* von etwa 87 mb/d. Einschließlich der Refinery Gains könnten also 89 mb/d Ölprodukte erzeugt werden.

Das theoretische *Peak-Potenzial* schätzt die Förderkapazität, die heute möglich gewesen wäre, wenn eine Reihe politischer Krisen nicht stattgefunden hätte. Das ist natürlich ein Konstrukt, gibt aber eine Vorstellung davon, welche Fördermenge aus geologisch-technischer Sicht möglich wäre. Dieses Peak-Potenzial dürfte um die 95 mb/d liegen. Mit anderen Worten: Politische Verwerfungen im Irak, Nigeria, Russland und vielen anderen Staaten haben in den letzten Jahren dafür gesorgt, dass die aktuelle Produktion 10 mb/d unter dem geologisch-technischen Maximum liegt.

Die Schätzung soll deutlich machen, dass niedrige Peak-Schätzungen nicht allein geologisch-technisch begründet werden können, sondern eine Vielzahl politischer und ökonomischer *Variablen* (und eben nicht Konstanten) berücksichtigen müssen. Das theoretische Peak-Potenzial von 95 mb/d liegt weit über den Peak-Schätzungen der Hubbert-Geologen, aber auch deutlich unter den optimistischen Erwartungen vieler Institute für die Produktion in den kommenden Jahrzehnten.

12.3.2 Empirisch: Ein globales Plateau seit vier Jahren

Die Ölförderung der Welt stagniert seit vier Jahren. Außerhalb der OPEC würde sie sogar fallen, wenn die russische Förderung nicht so deutlich gewachsen wäre. Ein Peak im Sinne einer klaren Produktionsspitze ist nicht erkennbar. Die Tendenz der letzten Jahre zeigt eine Stagnation bzw. ein Produktionsplateau.

Die wachsende Nachfrage ist immer stärker auf Quellen jenseits des konventionellen Rohöls angewiesen: *NGL-Flüssiggase aus Erdgasfeldern, Ölsand und Biokraftstoffe tragen bereits zu einem Drittel dazu bei, den Nachfragezuwachs aufzufangen.* Auch die konventionelle Ölförderung hat sich stark verändert: Sie ist heute bereits zur Hälfte eine maritime Branche.

In vielen Ölprovinzen hat die Förderung ihren Höhepunkt zweifellos überschritten. Von den etwa 100 Ländern, in denen Öl gefördert wird, sind mehr als 60 „post-peak", also von dauerhaft fallenden Produktionsmengen gekennzeichnet. Dazu gehören die USA, Mexiko, Großbritannien, Norwegen und Indonesien.

Einige Ölprovinzen haben ihre Peak-Förderung allerdings noch nicht erreicht und könnten ihre Produktion aus geologisch-technischer Sicht noch deutlich ausweiten, wenn ausreichend investiert wird. Dazu gehören vor allem der Irak, Iran und Brasilien, aber auch Saudi-Arabien, Libyen, Kanada (Ölsand), Katar (NGL), Venezuela (Schwerstöl) und wohl auch Russland. Politische Probleme und Konflikte behindern die Ölförderung insbesondere im Irak, Iran, Russland, Mexiko, Nigeria und Venezuela.

Umstritten sind die Produktionsaussichten bislang wenig erforschter Regionen in sehr tiefem Wasser, in der Arktis und in einigen sehr abgelegenen Landregionen. Aus heutiger Sicht ist es jedoch sehr unwahrscheinlich, dass dort vor dem Jahr 2020 eine nennenswerte Ölproduktion aufgebaut werden kann, mit der Ausnahme von Tiefstwasserfeldern vor Brasilien und im Golf von Mexiko.

12.3.3 Peak-Prognosen

Die Spannbreite der Peak-Schätzungen ist groß: Bei einigen Studien liegt der Zenith bereits hinter uns, andere erwarten ihn erst nach 2030. Die Mehrzahl der Studien nennt ein Datum um das Jahr 2010.

Für konventionelles Öl *außerhalb der OPEC-Staaten* erwarten alle wichtigen Institute außer der EIA einen Peak in diesem Jahrzehnt, wobei viele davon ausgehen, dass er bereits um 2005 stattgefunden hat.

In den letzten Jahren wurden fünf Grundpositionen sichtbar, die vier unterschiedliche Ansätze verfolgen, wie Tabelle 12.1 zeigt.

Positionen	Beispiele
1. Geologisch-technischer Pessimismus	ASPO
2. Geologisch-technischer Optimismus aber Pessimismus bzgl. Investitionsniveau	IEA
3. Geologisch-technischer Optimismus und Optimismus bzgl. Investitionsniveau	EIA
4. Ökonomisch-technischer Optimismus	Odell, Adelman
5. Geologisch-technischer Optimismus	IHS, Saleri, Meling
Methodische Ansätze	
1. Fixe Reservenschätzung (Hubbert-Ansätze)	ASPO, Campbell, Robelius, BGR, EWG
2. Felddatenbank	IHS/Cera, Wood Mackenzie
3. Makroökonomische Modelle	IEA, EIA, OPEC
4. Produktionstechnik	Meling, Saleri

Tab. 12.1 Positionen und Ansätze der Peak-Forschung

Auf einer Zeitachse können drei Gruppen von Peak-Studien unterschieden werden:

▶ ASPO/EWG: Der Peak ist bereits da oder kann bis spätestens 2011 erwartet werden.

▶ IEA: Der Peak außerhalb der OPEC erfolgt im kommenden Jahrzehnt. Danach ist die Entwicklung auch global unsicher, wenn nicht rechtzeitig mehr investiert wird.

▶ EIA, IHS/CERA, Saleri und OPEC: Kein Peak vor 2030, auch danach eher ein Plateau als ein steiler Rückgang der Produktion.

Neben Höhe und Zeitpunkt des Peak ist umstritten, ob der anschließende Rückgang der Ölförderung die Form eines steilen Einbruchs bzw. einer Glockenkurve (ASPO, EWG) oder eines langsam fallenden Plateaus haben wird (IHS). Der idealtypische Förderverlauf einer Glocke mit steilem Anstieg, kurzer Maximalförderung und anschließendem steilen Produktionsabfall kann in der Praxis nur in wenigen Ölregionen beobachtet wurden. Weitaus häufiger gibt es entweder einen welligen, allmählichen Förderrückgang oder mehrere Zyklen. Die empirischen Daten zeigen, dass kleinere Ölprovinzen eher steile (Bsp. Nordsee) und große Ölprovinzen relativ flache Produktionsrückgänge aufweisen (Bsp. USA). Das ist auch für die weltweite Post-Peak-Entwicklung wahrscheinlich, zumal die Vielzahl von Projektverzögerungen, die seit einigen Jahren beobachtet werden kann, eine positive Kehrseite hat, da sie den Förderrückgang abfedern werden.

<u>Eigene Schätzung</u>: Bei den von mir geschätzten 1500 Gb verbleibenden konventionellen Reserven, wäre der oft zitierte Hubbert-Peak noch nicht erreicht. Dieser Peak soll eintreten, wenn etwa 50 % der Reserven verbraucht worden sind. Bislang wurden etwa 1100 Gb konventionelles Öl konsumiert. Es fehlen also noch 200 Gb bis zur rechnerischen Marke von 50 %. Das entspricht dem Verbrauch von 6–7 Jahren.

Da jedoch die Produktionseffizienz steigt, wäre ein geologisch-technisch bedingter Peak wohl eher bei einer Entleerung von 60 % als bei 50 % unvermeidlich. Dazu müssten noch 460 Gb verbraucht werden, was auf dem aktuellen Niveau etwa 15 Jahre dauert.

Demnach wäre ein *geologisch-technisch verursachter* Peak zwischen 2015 und 2022 unvermeidlich, wenn die Nachfrage nicht einbricht. Bei einem sehr hohen Investitionsniveau und entsprechend schneller Steigerung der Recovery Rate könnt er maximal fünf Jahre weiter nach hinten verlegt werden.

Ökonomische, technische und politische Restriktionen werden den Zeitpunkt jedoch zweifellos vorverlegen. Je nach Schwere der Störungen oder Engpässe könnte der empirische Peak zwischen 2008 und 2015 eintreten. Die große Zahl aktuell beobachtbarer technischer Engpässe und Projektverzögerungen sowie der langsame Fortschritt im Irak deuten darauf hin, dass es *ab 2010 nur noch ein lang gestrecktes Förderplateau gibt, das nicht mehr deutlich überschritten werden kann, das aber auch nicht steil abfällt.*

12.3.4 Analytische Schlüsselelemente für das Ölangebot

Die Höhe der Ölförderung in den kommenden Jahren hängt von einer Reihe von Variablen ab, die in Tabelle 12.2 aufgelistet werden. Anschließend werden sie erläutert.

Kategorie	Variable
1. Geologische und technische Variablen	Recovery Rate (Förderrate)
	EOR (Enhanced Oil Recovery)
	Decline Rate
	Produktionseffizienz (Outtake)
	Kapazität der Branche
2. Ökonomische und ölpolitische Variablen	Nicht-konventionelles Öl
	Entwicklung des Ölpreises
	Die Entwicklung der Nachfrage
	Die Entwicklung der Kosten
	Investitionsniveau privater Ölkonzerne
	Investitionsniveau staatlicher Ölunternehmen
	Ressourcennationalismus und höhere Abgabenquoten
3. Schlüsselländer	Irak, Venezuela, Russland, Brasilien, Iran

Tab. 12.2 Schlüsselvariablen der zukünftigen Ölförderung

1. Geologisch-technische Faktoren

a) Die Recovery Rate: Was ist förderfähig?

Die Recovery Rate (Förderrate, Entleerungsrate) gibt an, welcher Anteil des vorhandenen Öls (OOIP) gefördert werden kann, also zu Reserven wird (URR).

In der Literatur schwanken die Schätzungen wie erwähnt zwischen 30 % und 35 %. Bei einer Erhöhung um nur einen Prozentpunkt stünden rechnerisch zusätzliche 55–70 Gb zur Verfügung. Das entspricht dem Weltölbedarf für zwei Jahre. Viele große Felder erreichen Recovery Rates von 45 % bis 70 %, wenn ausreichend investiert wird und die geologischen Bedingungen nicht allzu ungünstig sind. Hier besteht nach Meinung vieler Experten Grund zum Optimismus.

b) EOR (Enhanced Oil Recovery): Aufwendige Fördermethoden

EOR wird zurzeit nur bei 3 % der Ölförderung eingesetzt und kann wegen der langen Implementierungszeiten einen nahen Peak nicht aufhalten. Aber diese Methoden könnten einen wichtigen Beitrag leisten, ein Produktionsplateau stabil zu halten. Die Effekte von Dampf- oder CO_2-Flutungen sollten aber nicht überschätzt werden, wie die Erfahrungen in den USA zeigen.

Die Wirkung aufwendiger Fördermethoden ist bei Vorkommen, die sich nahe dem Bohrloch finden, am stärksten und lässt sich durch eine größere Zahl von Bohrungen wie z.B. horizontalen Fächerbohrungen oftmals steigern. Die letztgenannten Verfahren können auch die Fördergeschwindigkeit steigern, ohne das Feld zu schädigen.

c) Die Decline Rate: Der Förderrückgang in alten Feldern

Die Decline Rate, also der jährliche Rückgang der Ölförderung in einem Feld oder einer Region, ist von herausragender Bedeutung für jede Schätzung der zukünftigen Ölversorgung und die Höhe der notwendigen Investitionen. Etwa jedes zweite Feld dürfte bereits sein Fördermaximum überschritten haben.

Die tatsächliche globale Decline Rate wird auf etwa 5 % geschätzt. Jedes Jahr müssen also über 4 mb/d neu erschlossen werden, nur um die Ölförderung stabil zu halten. Das Nachfragewachstum liegt demgegenüber zurzeit nur bei etwa 1 mb/d pro Jahr.

Das bedeutet, dass die Herausforderungen durch den Förderrückgang in alten Feldern um ein Vielfaches größer sind als die Probleme durch den jährlichen Nachfragezuwachs. Entsprechend sollte auch der analytische Fokus ausgerichtet werden.

d) Die Produktionseffizienz: Das „Tempolimit" der Ölförderung

Die Produktionseffizienz bezeichnet den Anteil der erschlossenen Reserven, der jährlich gefördert werden kann, *ohne* das Feld langfristig zu schädigen, also die „gefahrlose Höchstgeschwindigkeit" der Förderung.

Durch eine Optimierung der Fördermethoden kann diese Entnahme („Outtake") gesteigert werden. Dadurch ist es für einen gewissen Zeitraum möglich, mehr zu fördern als neu erschlossen wird. Damit ließe sich der Peak trotz geringer Neufunde verschieben oder der Förderrückgang für eine gewisse Zeit abbremsen.

e) Kapazitäten der Branche

Die personellen und technischen Engpässe der Ölbranche stellen eine der wichtigsten Gefährdungen der zukünftigen Ölversorgung dar. Die Krise bahnte sich bereits in den 1990er Jahren an, als die privaten Ölkonzerne massiv Kapazitäten abbauten, die heute dringend benötigt werden. Engpässe sind heute entlang der gesamten Verwertungskette zu beobachten, insbesondere bei qualifiziertem Personal für Exploration und Produktion, bei Offshore-Plattformen, modernen Bohranlagen und Raffineriekapazitäten.

Diese schleichende Krise ist zurzeit weitaus relevanter und hartnäckiger als die medial stärker beachteten geopolitischen Krisen. Eine kurzfristige Lösung ist nicht in Sicht, denn auch politische Maßnahmen und finanzielle Anreize können den Ausbau der Kapazitäten nur begrenzt beschleunigen. Eine gewisse Entlastung wäre nur dann möglich, wenn leicht erschließbare Regionen zugänglich werden, die bislang unter ihrem Potenzial fördern.

Höhere Kosten und Engpässe bei Material und Personal führen zu Verzögerungen bei wichtigen Projekten. Sie liegen 2008 im Schnitt 15 Monate hinter den ursprünglichen Plänen und kosten mindestens doppelt so viel wie erwartet.[1] Im Einzelfall betragen die Verzögerungen drei Monate bis sieben Jahre, wobei die Großprojekte Kashagan und Thunder Horse besonders negativ auffallen. Die Kostenüberschreitungen rangieren von 25 % bis 300 %.

Die Prognosen über das erwartete Ölangebot müssen deshalb ständig nach unten revidiert werden. Der Mangel an Bohr- und Förderplattformen wird die Förderung von Öl noch über mehrere Jahre hinweg verzögern. Er ist einer der Schlüsselfaktoren für die zukünftige Ölproduktion.

2. Ökonomische und ölpolitische Faktoren

a) Nicht-konventionelles Öl

Nicht-konventionelles Öl ist eine der großen Unbekannten in der Ölgleichung des 21. Jahrhunderts. Der Ausbau der Produktionskapazitäten ist kaum prognostizierbar: Die Ethanolproduktion in den USA und die Biodieselherstellung in Deutschland expandierten zunächst bedeutend schneller als erwartet und haben in wenigen Jahren relevante Marktanteile erobert, um dann ebenso unerwartet schnell in Krisen zu geraten.

Ähnlich unklar ist die Entwicklung von Schwerstöl, Ölsand, Ölschiefer, GTL (Öl aus Erdgas) und CTL (Öl aus Kohle). Der Ausbau der Kapazitäten und die Bewertung der ökologischen Konsequenzen werden politisch entschieden und können durch Peak-Modelle der IEA oder der ASPO nicht erfasst werden (siehe unten).

b) Die Rolle des Ölpreises

Bis vor wenigen Jahren galt, dass ein hoher Ölpreis zu einem steigenden Ölangebot führt, weil er einen Anreiz für Investitionen darstellt. Diese Annahme kann mittlerweile als widerlegt gelten. Seit 2004 steigt der Ölpreis fast ungebrochen, ohne dass deshalb eine deutliche Ausweitung des Angebots sichtbar geworden wäre.

c) Die Entwicklung der Nachfrage

Ebenfalls war bis vor wenigen Jahren Konsens, dass ein sehr starker Ölpreisanstieg zu einem Einbruch der Nachfrage führen wird. Auch diese Annahme kann bislang nicht bestätigt werden.

Trotzdem wäre eine plötzliche Trendwende denkbar, wenn der Ölpreis in Regionen vorstößt, in denen die Preisreaktion der Nachfrage zunimmt. In den Industrieländern könnten außerdem klima- und energiepolitische Programme die Nachfrage dämpfen, in den Schwellen- und Entwicklungsländern der Abbau von Energiesubventionen.

d) Die Kostenentwicklung

Die Kapitalkosten für eine Förderkapazität von einem Barrel pro Tag liegen im Schnitt bei etwa 30.000 Dollar, wobei der Wert je nach Projekttyp von 10.000 bis 100.000 Dollar reichen kann. Die operativen Kosten liegen durchschnittlich bei 10–15 Dollar pro Barrel.

Die Kosten für die Exploration und Erschließung von Ölvorkommen sind vor allem in den letzten drei Jahren stark gestiegen. Dennoch ist nicht erkennbar, dass dadurch Investitionen gebremst worden wären, da auch die Ölpreise angezogen haben.

Die Entscheidung darüber, wie und wo das Öl der Zukunft gefördert wird, hat enorme finanzielle Auswirkungen und sollte ein wichtiges wirtschaftspolitisches Thema sein. Für etwa 5 mb/d Förderkapazität, die jedes Jahr ersetzt bzw. zusätzlich geschaffen werden müssen, liegt die Spannbreite der notwendigen Investitionen *bei 50 Mrd. Dollar in der kostengünstigsten Variante (meist am Persischen Golf) und 500 Mrd. Dollar in der aufwendigsten Variante.*

Gleichzeitig ist es energiepolitisch sinnvoll, diese Summen mit den Investitionen zu vergleichen, die einen Barrel pro Tag dauerhaft *einsparen*. Aus globaler volkswirtschaftlicher Sicht werden dann viele Effizienz- und Einsparmaßnahmen sinnvoll, die aus betriebswirtschaftlicher Perspektive vielleicht zu riskant erscheinen.

In einem funktionierenden Markt sollte das billigste Öl zuerst gefördert werden. In der realen Ölwelt läuft es allerdings andersherum, weil die Förderländer mit den geringsten Kosten und den höchsten Reserven aus ölpolitischen Gründen unter ihrem Potenzial bleiben. Das führt zu dem paradoxen Ergebnis, dass die durchschnittlichen Förderkosten in den kommenden Jahren vorübergehend sogar fallen könnten, weil der Anteil der OPEC-Staaten an der Weltförderung zunehmen wird. Allerdings wird dieser entlastende Trend bis auf weiteres von der Kostenspirale in der Ölbranche überlagert bleiben.

e) Investitionen privater Ölkonzerne

Der steile Anstieg der Ölpreise hat bislang zu keiner deutlichen Ausweitung der Investitionstätigkeit privater Ölkonzerne geführt, wenn man die Kostensteigerungen herausrechnet. Große Teile der Gewinne werden an die Aktionäre ausgeschüttet oder für Aktienrückkaufprogramme verwendet. Eine Privatisierung der Ölbranche ist also kein Garant für ein hohes Investitionsniveau.

Allerdings sollte man dabei nicht vergessen, dass *staatliche* Firmen die Branche dominieren: Nur 7 % der Weltölreserven sind unter der Kontrolle privater Konzernen; weitere 16 % können wie z.B. in Russland nicht klar zugeordnet werden; mehr als drei Viertel (77 %) sind direkt oder indirekt in staatlicher Hand. Diese Verteilung macht deutlich, dass *ölpolitische* Kalküle und nicht betriebswirtschaftliche Strategien über die zukünftige Ölversorgung entscheiden werden.

f) Investitionen der OPEC-Staaten: Eine Kernfrage der Ölversorgung

Der hohe Ölpreis verursacht einen Vermögenstransfer von historischem Ausmaß. Von 2000 bis 2007 konnten die OPEC-Staaten ihre jährlichen Einnahmen aus Ölexporten auf 674 Mrd. Dollar fast verdreifachen, in Euro gerechnet zumindest verdoppeln. Für 2008 ist eine Verdopplung auf 1200 Milliarden Dollar absehbar.

Da die konventionelle Ölproduktion außerhalb der OPEC seit Jahren stagniert, ist die Investitionspolitik der OPEC-Staaten eine entscheidende Stellschraube für die Ölversorgung. Die Unsicherheiten sind groß:

▸ Konflikte und Sanktionen, die nicht selten vom Westen initiiert wurden, haben wichtige Investitionsvorhaben in den letzten 30 Jahren immer wieder behindert. Das gilt vor allem für den Irak, der weit unter seinen Möglichkeiten produziert, und den Iran. Hinzu kommen langwierige innenpolitische Konflikte in Nigeria und Venezuela. Der Irak spielt eine Schlüsselrolle: Es ist aus heutiger Sicht völlig unklar, ob er mittelfristig 2 mb/d oder 6 mb/d produzieren wird.

▸ Auch die zukünftige Nachfrage ist schwer prognostizierbar. Die Nachfrage nach OPEC-Öl im Jahr 2020 wird je nach Studie auf 32–41 mb/d geschätzt, für 2030 auf 36–49 mb/d. Die Nachfragesicherheit stellt aus Sicht der Produzenten ein ebenso wichtiges Thema dar wie die Versorgungssicherheit aus Sicht der Konsumenten.

▸ Noch schwerer wiegt allerdings das ölpolitische Kalkül: Sind die ölreichen Staaten und Unternehmen überhaupt daran interessiert, ausreichend zu investieren? Liegt es in ihrem Interesse, das Angebot massiv auszuweiten, wenn doch auch eine Verknappung des Angebots wegen der steigenden Ölpreise die Einnahmen maximieren könnte? Die OPEC-Staaten haben keinen Anreiz, ihre Produktion wie erwartet massiv zu erhöhen, wenn die Nachfrage trotz der Preiserhöhungen weiter wächst und die Konkurrenz ihr Angebot nicht ausweiten kann. Der Westen erwartet von der OPEC ein irrationales Investitionsverhalten.

Daher erscheint es plausibler, nur eine sehr moderate Expansionsstrategie anzunehmen. Angesichts der ernüchternden Tatsache, dass die OPEC in den letzten 25 Jahren ihre Produktionskapazitäten kaum ausgeweitet hat, erscheint es *unrealistisch, eine Verdopplung in den nächsten zwei Jahrzehnten anzunehmen*, wie es die Referenzszenarien von IEA und EIA vorsehen. Dies gilt umso mehr, wenn im Laufe der nächsten Jahrzehnte die Hauptlast der Expansion und die Preismacht immer stärker bei der OPEC liegen wird.

Der Mangel an attraktiven Investitionsmöglichkeiten außerhalb der OPEC erleichtert ihr die Arbeit, da sie anders als in den 1980ern ihre Produktion nicht kürzen müsste, um ein Marktgleichgewicht bei stagnierender oder fallender Nachfrage zu gewährleisten. Der Förderrückgang etwa in der Nordsee oder in den USA übernimmt diese Aufgabe für sie.

Die OPEC präsentiert sich als Marktteilnehmer, der den Markt nicht kontrolliert, sondern mit Quotenentscheidungen lediglich Ungleichgewichte auf dem Ölmarkt dämpfen will. Allerdings hat die Produktions- und Investitionszurückhaltung der letzten Jahre, die nach eigener Darstellung keinesfalls auf mangelnde Ölreserven oder Investitionsmöglichkeiten zurückzuführen ist, den Trend zu immer höheren Ölpreisen zweifellos unterstützt.

g) Ressourcennationalismus und höhere Abgaben

Die zweite Welle des Ressourcennationalismus nach den Verstaatlichungen der 1970er Jahre hat zwei Gesichter. Beide sind Ausdruck des abnehmenden ölpolitischen Gewichts der westlichen Industriestaaten:

▶   Zahlreiche Ölexportstaaten sichern sich die Kontrolle über die einheimische Ölbranche und einen größeren Anteil an den Profiten. Dieser Trend ist eine Art Rollback der westlichen Ölkonzerne, denen in den 1990er Jahren günstige Projektbedingungen eingeräumt wurden.

▶   Die weltweite Expansion nationaler Ölkonzerne aus den neuen Schwellenländern Asiens und Lateinamerikas: Hier handelt es sich einerseits um eine Globalisierung der Ölbranche, wie sie auch in anderen Wirtschaftszweigen zu beobachten ist. Andererseits zeigt dies, in welchem Umfang Staaten wie China oder Indien der Ölversorgung eine strategische Bedeutung beimessen.

Die Abgabenquoten sind seit 2004 weltweit stark gestiegen. Vielerorts landen 90 % der Profite aus dem Ölverkauf im Staatshaushalt. Die steigenden Ölpreise kommen also in erster Linie den Förderstaaten zugute. Das bedeutet aus Sicht der Ölkonzerne, dass ein höherer Ölpreis nicht unbedingt ein Anreiz zu höheren Investitionen ist. Allerdings kontrollieren private Ölfirmen einen immer kleineren Teil der globalen Förderung.

Die IEA sieht in der wachsenden Kontrolle der Ölressourcen durch die Förderstaaten eine Investitionsbremse. Es gibt jedoch wenig Belege dafür, dass private Ölkonzerne mehr investieren als staatliche. Insofern *könnte der wachsende staatliche Einfluss auf die Ölförderung aus der Sicht der Verbraucher ohne Folgen* bleiben.

3. Schlüsselländer

Eine längerfristige Stabilisierung des konventionellen Angebots kann nur gelingen, wenn die Ölreserven in fünf Schlüsselländern zügig erschlossen werden: Irak, Iran, Venezuela, Russland und Brasilien.

Der Irak ist von zentraler Bedeutung. Nur hier könnte mit vergleichsweise geringem Aufwand die Produktion verdoppelt oder verdreifacht werden. Das Zeitalter des „easy oil" ist dort noch nicht zu Ende. Venezuela produziert schon seit Jahren aus politischen Gründen weit unter seinen Möglichkeiten. Im Iran und Russland werden Investitionen aus innenpolitischen Problemen gebremst. Brasilien steht vor immensen technischen

Herausforderungen, wenn es seine überraschend großen Pre-Salt-Vorkommen im Santos-Becken heben will.

12.4   Die Alternativen: Biokraftstoffe

Biokraftstoffe sind momentan *die einzigen aussichtsreichen Ersatzkandidaten* für fossile Ölprodukte. Sie können nur ein Mosaikstein in der Energieversorgung des 21. Jh. sein, aber sie tragen in ölarmen Ländern zur Flexibilisierung der Ölversorgung bei und bieten langfristig interessante technologische Perspektiven.

Eine globale Übersicht ergibt für 2008 eine Biokraftstoffmenge, die 950.000 b/d Diesel bzw. Benzin ersetzt. Das entspricht 1,1 % der globalen Nachfrage nach Ölprodukten. Trotz der erheblichen politischen Anstrengungen in den USA, Brasilien, Europa und Asien ist es also noch nicht gelungen, die Rohölversorgung auf globaler Ebene nennenswert zu entlasten.

Aber die Produktionsmengen steigen. Biokraftstoffe entschärfen dadurch den Nachfragezuwachs. In der Zeitspanne *bis 2013 könnte Ethanol etwa ein Viertel* des *zusätzlichen* Bedarfs an Benzin decken, Biodiesel allerdings nur etwa 5 % des zusätzlichen Dieselbedarfs. Nach dieser Prognose werden Biokraftstoffe 2013 einen globalen Marktanteil von etwa 2 % haben.

Jede längerfristige Prognose ist mit großen Unsicherheiten verbunden:

▶   Das politische Umfeld ist nicht vorhersehbar und Fördermaßnahmen laufen in der Regel nach wenigen Jahren aus. Das gilt für die USA ebenso wie für Europa. In Asien sind viele Plantagenprojekte noch in der Planungs- oder Bauphase. Auch hier bleibt abzuwarten, ob die hochgesteckten Erwartungen erfüllt werden.

▶   Biokraftstoffe der ersten Generation stehen in Konkurrenz zur Produktion von Nahrungs- und Futtermitteln. Steigende Nahrungsmittelpreise könnten schlagartig dazu führen, dass das politische Pendel umschlägt, wie sich schon 2007/2008 in Europa, den USA und einigen asiatischen Ländern abzeichnete.

▶   Biokraftstoffe der zweiten Generation (Zellulose-Ethanol, BTL) könnten viele Probleme entschärfen, aber sie werden erst in wenigen Pilotanlagen produziert.

▶   In Brasilien wird sich die positive Entwicklung bei Zuckerrohrethanol voraussichtlich fortsetzen. Die Produktionskosten sind nach wie vor gering, die Ernten steigen, die Infrastruktur wird ausgebaut und es gibt erhebliche Flächenreserven. Das Wachstum könnte aber durch die Branchenstruktur oder die Ölpolitik gebremst werden.

Zellulose-Ethanol

Wenn Zellulose-Ethanol, das aussichtsreichste Biokraftstoffverfahren der zweiten Generation, einen relevanten Beitrag zur Kraftstoffversorgung liefern soll, sind die immer noch hohen Produktionskosten nur *eine* Hürde. Das größere Problem dürfte der rasche Aufbau der enormen Infrastruktur sein, die für die Sammlung, Aufbereitung und Umwandlung der Biomasse und die Distribution des Ethanols benötigt wird. Das Beispiel der Ölsandindustrie zeigt, dass auch die Expansion profitabler, risikoarmer Branchen durch Engpässe bei technischen Komponenten, regionalen Arbeitskräftemangel oder ökologische Belastungsgrenzen verzögert wird.

Wie bei den älteren Verfahren ist auch hier nicht ausgeschlossen, dass für Energiepflanzen Flächen verwendet werden, die bislang für den Anbau von Nahrungsmitteln vorgesehen waren, oder es werden neue Flächen gerodet, was die Klimabilanz radikal verschlechtern würde. Letztlich entscheiden die Bauern und Agrarkonzerne darüber, welche Anbaustrategie sie angesichts schwankender Weltmarktpreise und knapper Flächen wählen. Ein abstrakter Vergleich der Pflanzen sagt noch wenig über die Ökobilanz der tatsächlichen Anbaumethoden aus.

Die integrierte Bioraffinerie

Eine integrierte *Bioraffinerie* könnte alle Verfahren der 1. und 2. Ethanolgeneration unter einem Dach vereinen. Fast alle Sorten von Biomasse aus Städten (Abfall), Landwirtschaft und Forstwirtschaft wären als Rohstoff geeignet. Je nach Biomasse kann der Zucker direkt extrahiert, aus Stärke fermentiert (1. Generation) oder mit den neuen enzymatischen oder thermochemischen Verfahren aus der Zellulose extrahiert werden (2. Generation).

Die notwendige Prozesswärme könnte durch die Verbrennung der nicht für Ethanol geeigneten Lignin-Komponenten erzeugt werden, ähnlich der Bagasse-Nutzung in Brasilien. Die Energie- und Umweltbilanz wäre dann sehr vorteilhaft.

Der Output könnte den Marktanfordernissen flexibel angepasst werden: Kraftstoffe, Wärme oder Feedstocks aller Art, die bislang in petrochemischen Anlagen gewonnen werden. Die Bioraffinerie wäre der flexible Nukleus einer nichtfossilen Rohstoff- und Energieversorgung.

Von der politischen Nische zum Markt

Eine breite politische und steuerliche Unterstützung hat Biokraftstoffen in Brasilien, den USA und der EU zum Durchbruch verholfen. Aus marginalen Mengen wurden

Marktnischen, die in den riesigen Benzin- und Dieselmärkten kleine, aber nicht unerhebliche Marktanteile erobern konnten.

Doch nun stehen sie vor einer veränderten Situation. Gibt es Markterfolge auch jenseits der staatlich garantierten Nischen? Gelingt der Übergang zu einem selbst tragenden Wachstum, das den Fährnissen wechselnder politischer Prioritäten und schwankender Marktpreise standhält?

Der Nachsteuervergleich der Kraftstoffpreise ist sinnvoll, wenn man die Marktchancen der Biokraftstoffe in der Startphase betrachtet. Sollen sie jedoch höhere Marktanteile erreichen, steht die staatliche Haushaltspolitik vor der Frage, wie die Steuerausfälle ausgeglichen werden sollen. In Deutschland werden die Steuervorteile bereits abgebaut, in den USA steht die Entscheidung 2010 an. Kein Land hat sich bislang zu einer *langfristig* garantierten Bevorzugung der Biokraftstoffe durchringen können.

Die Erfahrungen im brasilianischen Ethanolmarkt, dem bislang einzigen unter Marktbedingungen funktionierenden Biokraftstoffmarkt, sind hier lehrreich. Sie zeigen, dass die kritische Größe zunächst politisch durchgesetzt werden musste. Niedrige Ölpreise und Zwangssparmaßnahmen schienen der jungen Branche in den 1990ern den Garaus zu machen, aber die Infrastruktur erwies sich als widerstandsfähig und eroberte schließlich in diesem Jahrzehnt bei hohen Rohölpreisen 50 % des Benzinmarktes. Der stetige Produktivitätsanstieg in der Zuckerrohrindustrie macht Ethanol heute auch bei niedrigen Ölpreisen konkurrenzfähig. Es behauptet sich in einem sehr komplexen und volatilen Markt zwischen Rohölpreis, Zuckerpreis und schwankenden Devisenkursen.

12.5   Die Alternativen: Fossiles nicht-konventionelles Öl

Nicht-konventionelles Öl aus fossilen Rohstoffen wie Ölsand oder Schwerstöl, Ölschiefer, Erdgas (CTL) oder Kohle (GTL) waren noch vor wenigen Jahren die wichtigsten Stützen jeder mittel- und langfristigen Prognose. Mittlerweile ist Ernüchterung eingekehrt.

Reserven

Dabei sind die förderbaren Reserven eindrucksvoll. Allein die bekannten förderwürdigen Reserven in Kanada und Venezuela umfassen 415–585 Gb, was einen Nettoenergieertrag von 300–440 Gb ermöglicht.

Die Ölschieferressourcen liegen um die 3000 Gb, aber noch ist unklar, wie hoch der Anteil der förderwürdigen Reserven ist. Die Schätzungen reichen von 0 bis 1060 Gb (netto 640 Gb).

Öl aus Kohle bzw. Erdgas könnte theoretisch die gesamten bekannten Reserven dieser beiden Rohstoffe nutzen und daraus maximal 1500 Gb (CTL) bzw. 700 Gb (GTL) Öl erzeugen, aber in der Praxis gibt es nur wenige Kohle- oder Gasvorkommen, die nicht bereits von der Verstromung oder anderen Verwendungen absorbiert werden.

Produktion

Die folgende Produktionsprognose bis 2020 stützt sich auf laufende Projekte und bereits sichtbare politische Weichenstellungen. Die Prognose für 2030 ist deutlich spekulativer und hängt nicht zuletzt davon ab, wie steil der Förderrückgang bei konventionellem Öl ausfällt, welchen Einfluss die Klimapolitik haben wird und wie sich die venezolanische Ölpolitik entwickelt.

	2007	Schätzung für 2020	Prognose für 2030
CTL	0,15 mb/d	0,80 mb/d	1,0–2,0 mb/d
Ölschiefer	0,01 mb/d	0,01 mb/d	0,1–0,5 mb/d
GTL	0,06 mb/d	0,25 mb/d	0,3–1,0 mb/d
Ölsand (Kanada)	1,2 mb/d	3,5 mb/d	4,0–6,0 mb/d
Schwerstöl (Venezuela)	0,5 mb/d	0,6 mb/d	0,8–2,0 mb/d
INSGESAMT	1,9 mb/d	5,2 mb/d	6,2–11,5 mb/d

Tabelle 12.3 Produktionsprognose für nicht-konventionelles Öl (ohne Biofuels)[2]

Aus heutiger Sicht ist es unwahrscheinlich, dass CTL, GTL und Ölschiefer vor 2030 einen nennenswerten Beitrag zur Ölversorgung liefern können. Die untere Schätzung liegt bei 1,4 mb/d, die optimistische Variante bei 3,5 mb/d, wobei hier unterstellt wird, dass die CTL-Initiativen in China und USA wider Erwarten Erfolg haben.

Die Projektkosten für GTL-Anlagen sind so stark gestiegen, dass abgesehen von den bereits laufenden Projekten keine neuen Vorhaben in Sicht sind. Ähnliches gilt für CTL: China rudert angesichts des großen Kohle- und Wasserverbrauchs zurück. In den USA ist die weitere Entwicklung noch unklar. Die kommerzielle Förderung von Schieferöl steht trotz jahrzehntelanger Planungen in den Sternen.

Das Wachstum der kanadischen Ölsandproduktion ist hingegen relativ gesichert. Auch hier gibt es eine Reihe von Wachstumsproblemen, von denen aber keines unüberwindbar erscheint.

Die größte Variable ist Venezuela: Die Schwerstölproduktion könnte aus politischen Gründen einbrechen oder dank der guten Reservenlage stark wachsen. Die Investitionspolitik in Caracas ist daher einer der Schlüssel für die Ölversorgung der kommenden Jahrzehnte.

Eigene Schätzung: Nicht-konventionelles fossiles Öl wird einen kleinen, aber nicht unerheblichen Beitrag zur Ölversorgung in den kommenden Jahrzehnten liefern. Sein Anteil wird von aktuell knapp 2,5 % bis 2020 voraussichtlich auf etwa 6 % der globalen Ölversorgung steigen. Es ist ein Element zur Flexibilisierung des Angebots, zumal die wichtigsten Vorkommen außerhalb der traditionellen Ölstaaten liegen.

Wichtige Fragezeichen bleiben jedoch: Wird hier „Gold in Blei verwandelt", wenn reines Erdgas verwendet wird, um Rohöl aus kontaminiertem Ölsand herzustellen? Der enorme Kostenaufwand, der hohe Energieinput und die Umweltbelastung sind Anlass für vielfältige Kritik. Der hohe Ölpreis hier eindeutig ökologisch unerwünschte Folgen, denn er macht ineffiziente und umweltbelastende Verfahren attraktiv.

Ein hoher Anteil der gewonnenen Energie geht bei der Transformation verloren, so dass die Treibhausgasbilanz deutlich schlechter ist als bei konventionellem Öl. Bei der Herstellung von Rohöl aus Ölsand/Schwerstöl gehen 20–30 % der gewonnenen Energie verloren, bei CTL liegt der Verlust je nach Verfahren bei 40–60 %, bei GTL sind es 45 % und bei Ölschiefer mindestens 35 %. Die zukünftige Klimapolitik ist daher die große Unbekannte für nicht-konventionelle Ölprojekte.

Hinzu kommen zum Teil erhebliche Umweltfolgen durch den Wasser- und Flächenverbrauch, Emissionen und Müll. Umweltschutz und Klimaschutz können auch in Widerspruch zueinander geraten, wenn z.B. hochreine Dieselkraftstoffe für den europäischen Markt verlangt werden, die mit großem Energieaufwand in Katar aus Erdgas produziert werden.

Die Abscheidung und Speicherung von CO_2 (CCS) könnte also nicht nur für die Kohle, sondern auch für nicht-konventionelles Öl zur Schlüsseltechnologie werden.

12.6 Ölpreis, Ölmärkte und Finanzmärkte

Der seit 2003 steil steigende Ölpreis hat die Fachwelt überrascht. Das unerwartet hohe Preisniveau und die extremen Preisschwankungen stellen seine Aussagekraft immer mehr in Frage. Er wächst in die Finanzmärkte hinein, ist von den Kosten der Ölproduktion weitgehend entkoppelt und scheint nicht in der Lage zu sein, die Nachfrage zu dämpfen oder das Ölangebot durch verstärkte Investitionen anzukurbeln.

Durch eine Vielzahl von Verzerrungen und systemfremde Einflüsse bewegen sich die einzelnen Elemente des Ölmarktes wie Ölpreis, Kosten, Angebotshöhe, Investitionsniveau und Nachfrage in eigenen Welten. Ausgerechnet der Produzent mit den niedrigsten Kosten (Saudi-Arabien) stellt aus ölpolitischen Gründen das marginale Angebot; Investitionen fließen nicht dorthin, wo die Erschließung am billigsten wäre, sondern z.B. in die technisch anspruchsvollen, dafür aber politisch zugänglichen, Tiefwasserregionen im Golf von Mexiko oder vor Westafrika. Da Angebot und Nachfrage bis 2008 von den hohen Preisen unbeeindruckt blieben, spielte es keine Rolle, dass weit über 95 % des Öls zu Kosten unter 40 $/b produziert werden kann.

Der Preis kann also stark schwanken, ohne dass dies (zumindest bis 2008) größere Gegenreaktionen beim unelastischen Angebot oder der unelastischen Nachfrage ausgelöst hätte. Der Ölpreis wurde dadurch für externe Einflüsse immer empfänglicher.

Systeme der Preisfindung

Das heutige System der Preisfindung für Rohöl unterscheidet sich deutlich von früheren Lösungen. An die Stelle staatlich administrierter Preise im frühen 20. Jahrhundert, dominanter Konzernkartelle (1950er, 1960er Jahre) oder Produzentenkartelle (1970er, Anfang der 1980er Jahre) ist ein neues, komplexeres System getreten. Der Ölmarkt kann heute in die folgenden Segmente unterteilt werden:

1.Segment: Die Terminmärkte der Marker Crudes in London und New York. Auf diesen Wertpapiermärkten werden die wichtigsten Ölpreise „gemacht", also durch Angebot und Nachfrage nach Kontrakten (nicht nach physischem Öl!) ermittelt. Sie haben die Spotmärkte in den Hintergrund gedrängt. Die Terminkontrakte für die Markerölsorten Brent (Nordsee) und WTI (USA) geben die Preishöhe für den Rest der Welt vor. Auf den anderen Teilmärkten werden die Differentials ermittelt, also die Abweichungen von diesen Orientierungsgrößen aufgrund von Standort und Ölqualität.

Immer wieder wurde ohne Erfolg versucht, regulierte Terminkontrakte auch in Asien einzuführen. In jüngster Zeit gibt es neben der DME in Dubai auch in China Bemühungen, die Preisfindung stärker an sich zu ziehen. Allerdings ist der asiatische Ölmarkt sehr heterogen. Es wäre schwierig, diese Vielfalt in homogenen Kontrakten zu erfassen. Zudem sind asiatische Ölmärkte nach wie vor starken staatlichen Eingriffen ausgesetzt, so dass es unwahrscheinlich erscheint, dass hier ermittelte Preise auf breiter Basis akzeptiert werden. Es ist zu vermuten, dass auch in den nächsten Jahren viele informelle Spot- und OTC-Märkte nebeneinander existieren werden.

Auf den Terminmärkten geht es den Marktteilnehmern nur selten um die tatsächliche Lieferung von Öl. Es dominieren Sicherungsgeschäfte (Hedging), die das Preisrisiko reduzieren, und spekulative Geschäfte, die eben wegen des Preisrisikos durchgeführt werden.

Marker Crudes sind eine Behelfslösung, da sonst nirgendwo auf der Welt transparente und aussagekräftige Ölpreise ermittelt werden. Durch die starke Vernetzung der Akteure und Teilmärkte ist zusätzlich gewährleistet, dass die Preise von Brent und WTI nicht dauerhaft unrealistische Signale geben können. Solange die großen Produzenten dieses System akzeptieren und das Risiko scheuen, offen als Preisführer in Aktion zu treten, werden diese vergleichsweise kleinen Märkte auch weiterhin ihre wichtige Rolle spielen können.

2. Segment: Neben den stärker regulierten Börsen sind die Märkte für bilaterale Geschäfte (OTC/Over-The-Counter) auch weiterhin sehr einflussreich. Sie bieten u.a. große, maßgeschneiderte Derivate und werden über Investmentbanken oder elektronische Plattformen vermittelt. Umfang und Art der Geschäfte dringen nur selten nach außen, aber das Volumen ist erheblich. Vor allem die sehr großen Investitionen der Indexspekulanten werden über OTC-Geschäfte abgewickelt und tauchen deshalb nicht in den offiziellen Statistiken der Aufsichtsbehörden auf.

3. Segment: Der große physische, „reale" Markt für Rohölexporte aus den Ölexportländern des Persischen Golfs, Lateinamerikas, Afrikas und Asiens umfasst etwa 80 % des internationalen Ölhandels. Das Öl wird häufig über längerfristige Verträge verkauft, vor allem beim Handel zwischen dem Persischen Golf und Asien.
Der Preis wird hier durch Formeln ermittelt, die sich auf die Preise der Marker Crudes Brent und WTI beziehen. Obwohl die gehandelten Mengen sehr groß sind, ist dieser Teilmarkt nach außen hin Preisnehmer und nicht Preismacher. Das ist einerseits eine Folge der geringen Markttransparenz, andererseits wollen sich die OPEC-Staaten nicht exponieren.

4. Segment: Ein weiteres Segment bilden die Rohölströme, die gar nicht auf den Markt kommen, sondern in den Verarbeitungsketten integrierter Ölkonzerne bleiben, also in den konzerneigenen Raffinerien weiterverarbeitet werden.

5. Segment: Es gibt eine Reihe von Nischenmärkten, die über keine beobachtbaren Märkte verfügen oder in denen nur selten Ölgeschäfte abgewickelt werden. Das gilt für viele asiatische Rohölmärkte und die Märkte vieler spezieller Ölprodukte. Hier werden die Preise von Fachjournalisten geschätzt, die für anerkannte Preisagenturen arbeiten.

6. Segment: Auf Spotmärkte entfallen je nach Marktlage bis zu 30 % der weltweit gehandelten Volumina, meistens jedoch deutlich weniger. Sie sind vor allem dann interessant, wenn kurzfristig Nachfragespitzen gedeckt werden müssen oder wenn Störungen in der Versorgungskette auftauchen. Für Westeuropa ist der Rotterdamer Spotmarkt maßgeblich, in Ostasien ist es der Spotmarkt in Singapur. Der Preis orientiert sich je nach Versorgungslage mehr oder weniger stark an den Terminmärkten.

7. Segment: Rohölmärkte und die Produktmärkte für Benzin, Diesel, Heizöl etc. beeinflussen sich gegenseitig, wobei auch die Produkte immer wieder die Preisführerschaft übernehmen und den Rohölpreis mitziehen. Zurzeit sind es besonders die Ungleichge-

wichte zwischen Benzin- und Dieselkapazitäten, die den Rohölpreis beeinflussen. Engpässe bei Raffineriekapazitäten haben schon seit Anfang des Jahrzehnts einen großen Einfluss auf den Rohölpreis.

Im Gegensatz zu den globalen Rohölmärkten sind Produktmärkte stärker national orientiert. Nur der amerikanische Benzinmarkt kann aufgrund seiner Größe den Weltrohölpreis direkt und massiv beeinflussen.

Preissignale und ihre Verzerrungen

Gibt der Ölpreis die richtigen Signale für Investitionen? Verzerrte Ölpreise, die nicht in der Lage sind, eine kommende Ölverknappung anzuzeigen, könnten die energiepolitische Vorsorge behindern und zu volkswirtschaftlich teuren Fehlentwicklungen führen. Mehrere Hindernisse stehen einer aussagekräftigen Preisfindung im Weg.

a) Politische Ölpreise

Der Ölmarkt ist kein funktionierender Wettbewerbsmarkt. Er wird von einem komplexen Geflecht ökonomischer, politischer, finanztechnischer und technischer Elemente beeinflusst. Sie führen dazu, dass der Ölpreis von den Kosten der Rohölproduktion weitgehend entkoppelt ist.

Ein ausgeprägter Wettbewerbsmarkt mit vielen kleinen konkurrierenden Anbietern würde zunächst einen erheblichen Abwärtsdruck auf die Rohölpreise ausüben. Doch auf einem nur betriebswirtschaftlich definierten Preisniveau wäre es unwahrscheinlich, dass ausreichend in technisch oder politisch riskante Projekte investiert wird. Auch die politische Stabilität vieler Ölexportstaaten wäre auf einem Ölpreisniveau, das unter 40 $/b liegt, gefährdet.

Die *obere Preisgrenze* wird durch zwei Schwellen gebildet: *Langfristig* stellen die *Preise und Produktionskapazitäten von Ölsubstituten* eine Grenze dar. Kohle, Erdgas und Erneuerbare Energien können Öl dann schrittweise ersetzen. Allerdings steigen auch dort die Kosten, wenn es zu einem Investitionsboom kommt. Das Credo, dass der Ölpreis nicht über den Preis seiner Substitute steigen kann, ist also wenig hilfreich. Sobald alternativeVerfahren wie z.B. Bioethanol auch nur einen kleinen Teil des riesigen Ölmarktes versorgen wollen, stoßen sie an Kapazitätsgrenzen und lösen eine Kostenexplosion aus.

Kurz- und mittelfristig kann der Ölpreis also so lange steigen, bis die Nachfrage zurückgestellt oder vernichtet wird. Das ist in *Entwicklungsländern* schon seit mehreren Jahren der Fall und erzeugt große soziale Probleme. Aber auch die Autokäufer in den *Industriestaaten* wenden sich vermehrt Sprit sparenden Fahrzeugen zu. Ab einem gewissen Punkt sind die Energiesubventionen in *Schwellenländern* nicht mehr finanzierbar, so dass auch hier die Nachfrage gedämpft wird.

Für die Ölproduzenten besteht dann die Möglichkeit, ihr Ölangebot schrittweise zu verringern, so dass die Preise selbst bei einem Nachfrageeinbruch stabil bleiben oder sogar steigen.

b) Unklare Rolle der OPEC

Die OPEC kann auf den Weltölpreis Einfluss nehmen, indem sie Veränderungen ihrer Produktionsmengen ankündigt oder durchführt. Es hängt allerdings vom Marktumfeld und der vorherrschenden Interpretation der Marktlage ab, ob OPEC-Beschlüsse den Ölpreis tatsächlich signifikant beeinflussen.

Je nach Lage am physischen Ölmarkt (die oft nicht genau bekannt ist) und an den Terminmärkten (die nur indirekt beeinflussbar sind) macht die OPEC Ankündigungen, die auf die Erwartungshaltung von Akteuren zielt, die überhaupt nicht am realen Ölmarkt teilnehmen und deren Einschätzungen nicht selten unzutreffend sind. Es liegt auf der Hand, dass in einer solchen Gemengelage von Fakten, Meinungen, Irrtümern und Interessen eine stabile Marktsteuerung durch die OPEC nicht möglich ist.

In den letzten fünf Jahren waren die OPEC-Staaten mit der Ölpreisentwicklung sicherlich sehr zufrieden, aber zweifellos nicht Herr der Lage. Preiskorridore oder „Schmerzgrenzen" waren schon kurz nach ihrer Verkündung überholt.

Es ist unklar, in welchem Umfang die hohen Ölpreise vor allem die Folge einer gezielten Ölverknappung durch die OPEC sind und ob sie den Preisauftrieb durch Produktionskürzungen im richtigen Moment beschleunigt hat. Geringe Investitionen führen dazu, dass die freien Kapazitäten nicht wachsen können. In der Tat haben sich viele Ölpreisprognosen der letzten Jahre als falsch herausgestellt, weil sie zu sehr den Kostenaspekt betont haben und dabei die Preismacht großer Produzenten aus den Augen verloren haben, die durch eine zurückhaltende Investitionspolitik entsteht.

c) Bedeutungsverlust traditioneller Indikatoren

Die Gewichtung der den Preis bewegenden Indikatoren hat sich in den letzten Jahren deutlich verschoben. Die Daten über Lagerbestände, Liefermengen oder Reservekapazitäten sind nicht mehr in der Lage, die Preisentwicklung zu erklären.

Die allgemeine Stimmung auf den Wertpapiermärkten und die Risikostrategien großer Fonds scheinen ein größeres Gewicht zu haben. Der Ölpreis kann heutzutage über Monate hinweg steigen, obwohl alle Ölmarktdaten auf eine Entspannung hindeuten. Das war im Sommer 2006 ebenso der Fall wie Ende 2007 und im Frühjahr 2008.

d) Wachsende Bedeutung der Raffinerien

Die volatile Entwicklung der Raffineriemargen, also der Differenz zwischen Rohölpreis und Produktpreisen (Benzin, Diesel etc.) und der Mangel an Konversionsanlagen hat seit 2004 erhebliche Rückwirkungen auf die Rohölpreise. Die Engpässe werden die Märkte noch über mehrere Jahre mitprägen. Immer wieder werden die Preise durch kurzfristige Einkaufsstrategien oder langfristige Strukturprobleme der Raffineriebetreiber verzerrt. Das wurde zuletzt im Frühjahr 2008 deutlich: Die schwache Benzinnachfrage schmälerte die Profitmargen der Raffinerien, da die Benzinpreise stagnierten, während die Rohölpreise stiegen. Die Raffinerien in den USA und Europa kürzten ihre Benzinproduktion, aber wegen der Kuppelproduktion fiel dadurch automatisch auch der Dieseloutput. Hier aber war das Angebot knapp. Daraufhin stieg der Dieselpreis steil an und übertraf sogar den Benzinpreis. Der hohe Dieselpreis beschleunigte dann den Auftrieb beim Rohölpreis.

e) Finanzmärkte und Spekulation

Wenn der Ölpreis immer stärker von Einflüssen der Finanzmärkte abhängt, ist es unwahrscheinlich, dass er Verbrauchern und Investoren die richtigen Signale geben kann. Es ist vielmehr anzunehmen, dass unvorhersehbare Preisschwankungen zunehmen. Die Preise entfernen sich damit vom physischen Ölmarkt („wet barrel") und bewegen sich immer stärker nach den Gesetzen der Finanzmärkte („paper barrel"). Ein so interpretierter Ölmarkt holt eine Entwicklung nach, die schon in vielen Bereichen der Wirtschaft sichtbar ist, wo Finanzmärkte auf einer Stufe mit der realen Wirtschaft stehen.

Im Rohstoffmarkt tummeln sich heute viele Akteure, die keinen Eigenbedarf für physische Rohstoffe haben. Die Dominanz der Terminmärkte über die physischen Spotmärkte verschiebt die Preisfindung bei Rohstoffen immer stärker in ein Feld, das nach den Gesetzen der Finanzwelt funktioniert.

Es ist seit langem unbestritten, dass starke spekulative Elemente *kurzfristige Preistrends* erzeugen können, aber dennoch war der Ölmarkt bisher etwa im Vergleich zu den Märkten für Edelmetalle oder Industriemetalle erheblich weniger von aggressiven Spekulationsstrategien betroffen.

Weitaus wichtiger für die Preisbildung ist das *langfristige* Engagement großer Finanzinvestoren, der Indexspekulanten, geworden. Der seit 2004 wachsende Zufluss strategisch angelegter Gelder in den Ölterminmarkt hat den Aufwärtstrend der Preise unterstützt und *vor allem starke Abwärtsbewegungen verhindert.* Solange der weltweite Trend zu „alternative investments" wie Öl in den Portfolios anhält, wird der Einfluss der großen Finanzinvestoren steigen und den Ölpreis ein Stück weiter vom realen Geschehen auf den Ölfeldern und in den Raffinerien entfernen.

Die Dominanz der Terminmärkte bedeutet also nicht den Siegeszug freier und effizienter Märkte. Vielmehr sind sie eine Behelfslösung, nachdem die Preisfindung durch Konzernkartelle, durch die OPEC und durch Spotmärkte gescheitert war. Der Ölmarkt konnte vor allem wegen der Passivität der großen Produzentenstaaten kein System der Preisfindung etablieren, das näher am realen Ölmarkt ist.

Der Ölpreis wird deshalb heute in großem Umfang von zwei Elementen beeinflusst: *Den nach eigenen Gesetzen funktionierenden Finanzmärkten und den ölpolitischen Strategien der großen Ölexportländer.*

Solange diese Art der Preisfindung im Interesse der großen Ölproduzenten ist, also zu steigenden Preisen bei wachsender Nachfrage führt, ist keine Änderung zu erwarten. Der steile Preisanstieg auf knapp 150 $/b im Sommer 2008 zeigte einmal mehr, dass die OPEC nicht eingreifen kann oder will. Der Zusammenhang mit den Ereignissen auf den Finanzmärkten (US-Hypothekenkrise) wurde überdeutlich, als Investoren Gold, Öl und andere vermeintlich krisensichere Assets kauften. Gerade der Mangel an Neuigkeiten auf der fundamentalen oder geopolitischen Seite erhöhte die Volatilität des Ölpreises, da Orientierungspunkte fehlten.

12.7   Die Ölnachfrage

Die Tabelle 12.4 zeigt die größten Segmente der globalen Ölnachfrage. Die Hälfte des Öls fließt in den Verkehr, insbesondere den Straßenverkehr, ein weiteres Viertel wird von der Industrie verbraucht. Auch der Eigenbedarf der Ölbranche (Raffinerien, Pipelines) ist mit 6 % nicht unerheblich. Die Trends machen jedoch klar, dass der Verkehr der Dreh- und Angelpunkt der zukünftigen Ölnachfrage ist.

Drei regionale Schlüsselvariablen sind von besonderer Bedeutung:

1. Der *Entwicklungspfad des chinesischen und indischen Verkehrs:* Gelingt es, den Öffentlichen Personennahverkehr (ÖPNV) und den Schienenfernverkehr rechtzeitig auszubauen, um die Abhängigkeit wachsender Bevölkerungsschichten vom PKW zu verringern?

2. Die *Modernisierung der amerikanischen Automobilflotte:* Kann Washington den Verbrauch der Fahrzeuge in den kommenden ein bis zwei Jahrzehnten auf ein ähnliches Verbrauchsniveau wie Europa, Japan oder China senken?

    Innerhalb eines Jahrzehnts ist der amerikanische Ölimportbedarf von 10 mb/d auf 13,7 mb/d gestiegen, also stärker als die medial viel stärker beachteten chinesischen Importmengen. Das ist auch im globalen Maßstab ein beträchtlicher zusätzlicher Bedarf, wenn man sich vor Augen hält, dass die Weltproduktion im selben Zeitraum um 11,8 mb/d gestiegen ist.

Der amerikanische Verkehr ist das mit Abstand *größte Einzelsegment der weltweiten Ölnachfrage*, so dass jeder Trend direkt auf die globale Ölbilanz durchschlägt. Die derzeit konsumierten 14 mb/d entsprechen etwa 16 % der globalen Ölnachfrage. Jedes sechste Barrel der weltweiten Ölförderung wandert also in die Tanks der amerikanischen Straßen- und Luftfahrzeuge. Da die Fahrzeugflotte nur langsam erneuert wird, verändert ein Trendbruch, wie er sich seit Ende 2007 andeutet, den nationalen Durchschnittsverbrauch nur mit großer Verzögerung. Das mittlere Alter der Personenfahrzeuge liegt bei 9 Jahren, insgesamt werden sie im Schnitt 17 Jahre lang genutzt.

Es zeigen sich hier die gegenläufigen Tendenzen, die eine Wirtschaftskrise erzeugt: Der Benzinkonsum pro Fahrzeug wird gebremst, aber eben auch die Modernisierung der Fahrzeugflotte.

3. Der *Ölkonsum ölreicher Staaten*: Der wachsende Ölverbrauch ölreicher Länder ist eine weitere Schlüsselvariable. Während der hohe Ölpreis in der übrigen Welt auf die Nachfrage dämpfend wirkt, hat er hier den gegenteiligen Effekt: Die Staatskassen füllen sich, die Wirtschaft floriert, Konsum und Verkehr nehmen zu.

Der Nahe Osten beherbergt nur 10 % der Bevölkerungsmenge Chinas, aber trotzdem steigt die Ölnachfrage mit 0,3–0,4 mb/d pro Jahr ähnlich stark. Im Jahr 2008 wird der Ölverbrauch im Nahen Osten etwa bei etwa 7 mb/d liegen gegenüber 8 mb/d in China.

Steigende Ölpreise können aus den bereits geschilderten Gründen nur einen Teil der globalen Nachfrage direkt beeinflussen. Aus dieser Perspektive können fünf Nachfragetypen unterschieden werden:

▶ Die preisunelastische einkommensabhängige Nachfrage ölreicher Staaten oder wohlhabender Bevölkerungsschichten in Industrie- und Schwellenländern.

▶ Die preisunelastische erzwungene Nachfrage in vielen Staaten, wenn z.B. keine Alternativen zu PKW-Fahrten oder petrochemischen Produkten bestehen.

▶ Die sehr unelastische geschützte Nachfrage in vielen asiatischen und ölreichen Staaten, die von der hohen Subventionierung der Ölprodukte profitiert.

▶ Die vernichtete Nachfrage, die auch bei Preissenkungen nicht wieder auftaucht (z.B. Umstellung von Ölfeuerung auf Erneuerbare Energien).

▶   Die preiselastische Nachfrage, die tatsächlich flexibel auf steigende oder fallende
    Ölpreise reagiert. Die energiepolitische Herausforderung besteht darin, diesen An-
    teil an der Nachfrage durch ein flexibleres Energiesystem zu erhöhen (siehe unten).

Segment	Anteil an der Ölnachfrage
Straßenverkehr	38 %
Schifffahrt	5 %
Flugverkehr	5 %
Schmierstoffe	1 %
Pipelines (Eigenverbrauch)	1 %
Private Haushalte, Landwirtschaft, Dienstleistungen	12 %
Ölverstromung	6 %
Raffinerien (Eigenverbrauch)	5 %
Petrochemie	9 %
Industrie (ohne Petrochemie)	16 %
Sonstige	2 %
Weltölnachfrage	100 %

Tab. 12.4 Segmente der globalen Ölnachfrage

Peak und „Deckungslücken"

Wie geht es nach dem globalen Peak weiter? Es ist wohl unstrittig, dass bei einem sehr
niedrigen Ölpreis die Nachfrage nach Öl bedeutend höher wäre. Auch können wir
beobachten, dass bei stark subventionierten Preisen Öl in großem Umfang für die Verstromung eingesetzt wird. Insofern wird bereits heute durch den vergleichsweise hohen
Ölpreis Nachfrage unterdrückt oder dauerhaft zerstört. Das gilt auch für die Jahre nach
einem Peak, der kein „live" beobachtbares Ereignis wie eine Sonnenfinsternis ist, sondern erst Jahre später aus Statistiken rekonstruiert werden kann. In den Jahren unmittelbar vor und nach einem Fördermaximum werden vermutlich „nur" die Preise steigen. Das Ölangebot wird dann die Nachfrage decken, die bereit ist, die höheren Preise
zu zahlen.

Entscheidend sind die *Geschwindigkeit* des Förderrückgangs und die *Form* der Allokation
des Öls. Bei einem allmählichen, marktgesteuerten und politisch intelligent begleiteten
Angebotsrückgang wird sich die Nachfrage strukturell anpassen können. Es muss dann
keine globale Versorgungskrise geben, die natürlich nicht mit dem Hinweis auf höhere
Preise wegdefiniert werden kann. In den Jahren 2003 bis 2008 hat die Weltwirtschaft
gezeigt, dass sie auch bei schnell und stark steigenden Ölpreisen prosperieren kann.
Dasselbe wäre auch bei einem fallenden Angebot denkbar, wenn die nötigen Anpas-
sungsinvestitionen durchgeführt werden, von denen exportstarke Länder wie Deutschland sogar profitieren könnten.

Allerdings – das muss betont werden – müssen die zwei genannten Bedingungen erfüllt werden: Der Prozess darf nicht zu schnell ablaufen und die Nachfrage muss energiepolitisch so gelenkt werden, dass sie wie in den 1970er Jahren in Europa und Japan an den richtigen Stellen unterdrückt wird.

Aus Sicht der Produzenten könnte der Peak dann sogar zum Non-Event werden, solange ein steigender Ölpreis fallende Mengen kompensiert.

Empirisch: Post-Peak-Nachfrage

Während die Weltnachfrage weiter wächst, scheint es immer mehr Staaten zu geben, die auch bei abnehmendem Ölverbrauch prosperieren können. Das könnte ein Indiz dafür sein, dass Teile der Welt ihren Nachfrage-Peak überschritten haben.

Wenn sich dieser Trend fortsetzt und verbreitet, wird auch bei stagnierender Weltölproduktion ein gesundes Weltwirtschaftswachstum möglich sein.

Die reifen Industrieländer in Europa und Japan können ihr wirtschaftliches Wachstum schon heute vom Ölkonsum abkoppeln. Das ist in den USA bislang nur zum Teil gelungen, wobei der dortige Ölbedarf wegen des Importüberschusses energieintensiv produzierter Waren eher noch unterschätzt wird.

Grenzen der Globalisierung

Die Globalisierung der Handelsströme und der Handelspolitik hat die Dominanz des Erdöls ermöglicht, da der Rohstoff aus allen Winkeln und in alle Winkel der Erde fließen konnte. Umgekehrt wurde die Globalisierung der Weltwirtschaft erst durch billiges Erdöl und damit niedrige Transportkosten machbar. Globalisierung und Öl standen in einem engen Wechselverhältnis zueinander, das die Optionen auf beiden Seiten erweiterte.

Seit einer Generation prägt der „Hydrocarbon Man", der seinen Lebensstandard Erdöl und Erdgas verdankt, alle Industriestaaten und viele Schwellenländer. Der einheitliche Umgang mit Energie ging mit einer weltweiten Standardisierung der Infrastruktur einher, darunter Motoren, Heizungssysteme und petrochemische Verfahren. Es entstand ein breiter technischer Entwicklungspfad mit extrem hohem Anlagevermögen.

Die Globalisierung der Möglichkeiten ging mit der Globalisierung der Risiken einher. Eine lokale Störung in der Ölversorgung schlägt sich mit geringer Verzögerung in den Weltmarktpreisen und einer Anpassung der logistischen Ketten nieder. Es spielt keine Rolle, ob man sein Öl aus sicheren oder unsicheren Gegenden bezieht: Die Märkte sind wie kommunizierende Röhren miteinander verbunden. Andererseits wird jede Krise durch ihre Globalisierung gedämpft. Fast jede Raffinerie kann auf dem Weltmarkt Öl kaufen, wenn der reguläre Lieferant ausfällt.

Im 21. Jahrhundert hat ein neues Kapitel begonnen. Erstmals werden die *Grenzen der Globalisierung sichtbar.* An die Stelle neuer, zusätzlicher Optionen treten Grenzen und Sackgassen: Klimawandel, Ressourcennationalismus, schwindende Ölreserven und eine Ölförderung, die mit der Dynamik des Verbrauchs nicht mehr lange Schritt halten kann.

Die Industrieländer fördern nur 23 % des Weltöls, davon die EU nur 3 %. Sie verbrauchen aber 57 % des Rohstoffs (EU 18 %). Die Ölproduktion der USA und Westeuropas geht zurück. Zur selben Zeit nimmt der Eigenverbrauch der Ölexporteure im Nahen Osten stark zu. Lateinamerika braucht sein Öl selbst und die Ressourcen Afrikas und des kaspischen Raums sind begrenzt. Die Ölvorräte Russlands können Richtung Westen oder Richtung Osten fließen, oder in die Tanks russischer Automobile.

Anfang des 20. Jahrhunderts konsumierten die Länder Europas und Nordamerikas 98 % der kommerziell gehandelten Weltenergie, selbst 1950 waren es noch 93 %. Heute verbrauchen die alten Industrieländer nur noch 50 %. Die großen Schwellenländer bieten den Ölexporteuren politische und wirtschaftliche Alternativen. Venezuela und Russland verdeutlichen, in welchem Umfang die Globalisierung der Nachfrage die Spielräume nationaler (Energie-)Machtpolitik erweitert hat.

12.8 Schlussfolgerungen für eine moderne Ölpolitik

Die bisherigen Ausführungen konzentrierten sich auf die Analyse der Ölversorgung und nicht auf die Entwicklung ölpolitischer Strategien. Ihre Ausarbeitung soll Gegenstand einer späteren Publikation werden. Die folgenden Absätze verstehen sich daher nur als Skizzen und Denkanstöße für die Ölpolitik der kommenden Jahre, insofern sie über die traditionellen Instrumente hinausgeht (vgl. Kap. 10.5).

12.8.1 Aufwertung der Energiepolitik

Die Energiepolitik der Industrieländer steht vor den größten Herausforderungen seit Anfang der 1970er Jahre. Grundsätzliche energiepolitische Fragen erfordern eine verstärkte Aufmerksamkeit in Politik, Wirtschaft und Gesellschaft.

Energiepolitik wird zwangsläufig eines der wichtigsten Politikfelder der kommenden Jahrzehnte sein. Sie muss in der Lage sein, kohärente langfristige *Szenarien und Strategien* zu entwickeln, die verhindern, dass ihre Programme im Dickicht anderer Ressortinteressen hängen bleiben. Außerdem sollten politische Kompetenzen für ein langfristiges Krisenmanagement, das über die kurzfristigen Instrumente der IEA hinausgeht, rechtzeitig aufgebaut werden.

Das bedeutet eine gewisse Abkehr von der bisherigen Praxis, denn bislang sind energiepolitische Entscheidungen häufig aus übergeordneten Weichenstellungen abgeleitet worden. Das gilt insbesondere für die USA, wo die Mischung aus tagespolitisch motivierten Aktionen, starken regionalen Interessen und außenpolitischen Zielen seit Jahrzehnten eine nationale Energiepolitik verhindert.

Auch in Deutschland wirft die Beschwörung des Zieldreiecks „Versorgungssicherheit, Wirtschaftlichkeit, Nachhaltigkeit" eher Fragen auf, als zu einem strategischen Wegweiser zu werden. *Weder die Sicherheit noch die Wirtschaftlichkeit einer Option lässt sich ohne ein Szenario der langfristigen globalen Ölförderung, der Ölpreisentwicklung und der Strategien der Ölproduzenten beurteilen.* Ähnliches gilt für die Nachhaltigkeit, denn es wird zunehmend deutlich, dass nationale Umwelt- und Klimaziele auf globaler Ebene zu mehr Emissionen führen können.

Das richtige Timing energiepolitischer Programme ist wichtig. Bei guter gesamtwirtschaftlicher Entwicklung sind die Weichenstellungen leichter finanzierbar und durchsetzbar. Das gilt für den Staat ebenso wie für die Verbraucher. In wirtschaftlich schwierigeren Zeiten besteht die Gefahr, dass nicht die nachhaltige Lösung, sondern die billigste Lösung gewählt wird.

Auch sollte berücksichtigt werden, dass der Aufbau neuer Energiesysteme nicht nur kapitalintensiv, sondern auch energieintensiv ist. Es spricht vieles dafür, den Umbau der Energiesysteme zu beginnen, solange keine Knappheitspreise herrschen.

12.8.2 Asymmetrische Märkte oder politische Steuerung?

Nach 1980 erreichte die Ökonomisierung („Commoditisierung") der Ölwelt ihren Höhepunkt: Öl wurde zu einer „normalen" Massenware, scheinbar ohne strategische Bedeutung. Hohe Reservekapazitäten und fallende Preise stärkten die Stellung der Verbraucherstaaten. Zunächst bahnte sich auch bei den großen Ölländern eine Öffnung ihrer Märkte ab, doch am Beginn dieses Jahrhunderts brach dieser Trend ab und verkehrte sich ins Gegenteil. Das Ergebnis ist heute ein asymmetrischer, vermachteter Markt:

▸ Auf der Angebotsseite stehen staatliche, strategisch kalkulierende Ölproduzenten, die ihre Energieressourcen zunehmend als außenpolitische Instrumente verstehen.

▶ Auf der Nachfrageseite der Industrieländer stehen Tausende von Unternehmen und Privathaushalten bzw. zahllose Raffineriebetreiber, flankiert von einer weitgehend passiven, wenn nicht sogar kontraproduktiven Ölpolitik.

▶ Dazwischen sendet ein für Manipulationen aller Art anfälliger Ölmarkt verzerrte Preissignale aus.

Öl ist längst wieder zu einem knappen, strategischen Gut in einem vermachteten Markt geworden, aber es wird in den Industrieländern – anders als in vielen Schwellen- und Förderländern – immer noch in den Marktstrukturen der 1980er Jahre gehandelt.

Es ist fraglich, ob das alte Paradigma sich selbst regulierender Energiemärkte und E-nergiepreise ausreicht, um rechtzeitig für einen Rückgang in der globalen Ölförderung vorzusorgen. Der Stromsektor der Industrieländer wird in den nächsten ein bis zwei Jahrzehnten direkt (Elektrofahrzeuge) oder indirekt (Bahnverkehr, Erdgas) mit den Absatzmärkten für Öl verzahnt werden. Aber hier dominieren in den Industrieländern große Energieversorger, die einseitige Importabhängigkeiten eher noch verstärken und nur wenige langfristige Perspektiven anbieten. Auch die großen westlichen Ölkonzerne halten sich mit Investitionen zurück und zementieren die Marktstrukturen.

12.8.3 Importabhängigkeit

Die Ölimporte der westlichen Industriestaaten und großen Schwellenländer werden weiter zunehmen. Die Importabhängigkeit der EU wird im nächsten Jahrzehnt auf über 90 % und in den USA, China und Indien auf über 70 % steigen. In Japan und Südkorea liegt sie bei 100 %.

Darauf wird bislang mit drei Strategien reagiert: Dämpfung des Ölkonsums (Deutschland, Japan), politisch-militärische Sicherung der Importe (USA), Erschließung „eigener" Ölquellen (China, Indien). Aber in einem globalisierten Ölmarkt kann die Versorgungssicherheit durch solche Strategien nur graduell verbessert werden:

▶ Wenn irgendwo auf der Welt Ölexporte ausfallen, spielt es keine Rolle, ob ein Land Selbstversorger oder Importeur ist, da die Preise überall steigen. Für die Konsumenten in den USA macht es z.B. keinen Unterschied, ob der Ölexport aus dem Irak oder eine Ölpipeline in Alaska ausfällt.

▶ Eine hohe Energieeffizienz bringt graduelle Vorteile. Allerdings können sich energieeffiziente Staaten wie Deutschland und Japan wegen ihrer starken Exportabhängigkeit nicht von einer Versorgungskrise in anderen Ländern abkoppeln.

▶ Die geopolitische Option zeigt auch ölpolitisch häufig unerwünschte Resultate. Letztlich zahlen die Verbraucher im Westen für jahrzehntelange Sanktionen und außenpolitische Abenteuer, weil ein verringertes Ölangebot zu höheren Preisen und Risikoprämien führt. Die drei bislang hauptsächlich betroffenen Staaten (Iran, Irak, Libyen) repräsentieren einen großen Teil des konventionellen Ölpotenzials.

Eine geringere Abhängigkeit von Ölimporten führt also nicht zu einer entscheidend höheren Versorgungssicherheit. Sie kann sogar zu volkswirtschaftlicher Verschwendung führen, wenn z.b. teure lokale Ressourcen anstelle preiswerter ausländischer Rohstoffe genutzt werden oder wenn, wie in den 1980er Jahren bei amerikanischem Ölschiefer, mit Milliardenaufwand unausgereifte Technologien gefördert werden.

Auch die hohen Auslandsinvestitionen chinesischer oder japanischer Ölfirmen haben bislang nur einen geringen energiepolitischen Nutzen, da mit sehr hohen Kosten Vorkommen akquiriert und erschlossen werden, die dann doch zum größten Teil auf dem Weltmarkt landen.

12.8.4 Nationale Preispolitik – Der Ölpreis muss hoch bleiben

Ein plötzlich fallender oder ein stark schwankender Ölpreis wäre eine größere Gefahr für die langfristige Energieversorgung als ein anhaltend hoher Ölpreis, denn dies würde Investitionen in eine höhere Energieeffizienz oder neue Energieträger bremsen.

Die nationale Energiepolitik sollte vielmehr Subventionen abbauen und über die Steuerpolitik eine garantierte Untergrenze für relevante Ölproduktpreise definieren. Eine Beschleunigung des Strukturwandels in der Energiebranche käme letztlich allen zugute.

Immer wieder wird eine Ölpreisbindung oder eine Subventionierung diskutiert. Das mag in einigen Schwellen- und Entwicklungsländern sinnvoll sein, um sozialpolitische Ziele zu erreichen oder wichtige Sektoren wie z.b. die Landwirtschaft zu schützen. Ansonsten sind die Auswirkungen im Fall einer Ölkrise kontraproduktiv: Die Nachfrage wird nicht gesenkt und Alternativen werden nicht stimuliert. Die lokalen Preise sind dann vorübergehend niedriger, aber längerfristig wird der globale Ölmangel verschärft.

12.8.5 Internationale Preispolitik

Der internationale Rohölpreis ist immer weniger in der Lage, ein Abbild der aktuellen oder erwarteten Situation auf den Rohölmärkten zu liefern. Insbesondere der Einfluss sehr großer Finanzinvestoren auf den relativ kleinen Terminmärkten kann das Preisniveau stark und dauerhaft verzerren.

Ihr Einfluss hat in den letzten Jahren zum Anstieg der Ölpreise beigetragen und insofern zur Krisenvorsorge beigetragen. Aber gleichzeitig nahm dadurch die Volatilität der Preise enorm zu, was langfristige Investitionen in der Energiebranche behindert.

Außerdem kann das Pendel genauso gut in die andere Richtung ausschlagen, wie es zuletzt im Sommer 2008 beobachtet werden konnte: Finanzinvestoren zogen sich aus Gründen, die nichts mit der Ölversorgung zu tun hatten (Dollarkurs, Inflationserwartungen), kurzfristig aus Rohstoffen zurück und der Ölpreis fiel in wenigen Wochen um 20 %. Ein noch stärkerer Rückzug könnte den Ölpreis so weit drücken, dass viele Investitionen in höhere Energieeffizienz oder neue Antriebstechniken (Elektrofahrzeuge) wieder überdacht werden müssten.

Solange sich die großen Ölproduzenten preispolitisch bedeckt halten, gibt es keine Alternative zu den Terminmärkten für Brentöl bzw. WTI-Öl. Allerdings sollte der Zugang spekulativer Gelder besser überwacht und stärker begrenzt werden, so dass die Rohölpreise eine größere Aussagekraft erhalten.

12.8.6 Moderne Raffinerien

Moderne Raffinerien könnten einen wichtigen Beitrag leisten, falls es zu Engpässen bei der Rohölversorgung kommen sollte. Ein Barrel Rohöl könnte bis zu 100 % hochwertige leichte Produkte liefern. Heute fallen bei einer durchschnittlichen Raffinerie etwa 33 % schweres Heizöl und Rückstände an. Bei einfachen Raffinerien und schwerem, saurem Rohöl liegt der Anteil hochwertiger Produkte nur bei 20 % oder sogar darunter.

Ein modernisierter globaler Raffineriepark könnte also die wachsende Nachfrage nach den wichtigsten Ölprodukten wie Benzinen oder Mitteldestillaten bedienen, ohne den Rohölbedarf im gleichen Tempo steigern zu müssen.

Flankierend müsste die Verwendung von Öl dort reduziert werden, wo es leicht durch andere Rohstoffe substituierbar ist. Staatliche Anreize könnten schon im Vorfeld einer Ölverknappung für die richtigen Weichenstellungen sorgen. Einsparpotenziale gibt es insbesondere bei der Ölverstromung, die in den großen Ölexportstaaten, aber auch in Indien und Südostasien weit verbreitet ist. Einige Ölstaaten am Persischen Golf sind sogar dabei, Erdgas durch Öl zu ersetzen. Weltweit wandert etwa 6 % des Öls in die Stromerzeugung, in den USA und Deutschland sind es nur 2 %.

12.8.7 Mosaik-Strategie: Die Flexibilisierung von Angebot und Nachfrage

Die aktuellen Debatten zeigen, wie groß die Unsicherheiten sind. Viele relevante Daten stehen nicht zur Verfügung oder sind nicht belastbar. Dasselbe gilt für die zahllosen Technologiepfade, von denen die meisten in einer Sackgasse landen werden. Einige

Pfade werden erfolgreich sein, aber vielleicht nur Nischen- oder Übergangslösungen bieten können.

In einer solchen Situation ist Flexibilität das oberste Gebot und ein starres Energiesystem die größte Gefahr. Nötig wären eine flexible Energiepolitik, ein flexibles Energieangebot und eine flexible Energienachfrage, die rasch und effizient auf unerwartete Engpässe oder Innovationen reagieren können.

Es sollte ein ganzes Mosaik aus Angeboten entstehen, die miteinander im Wettbewerb stehen. Beim größten Ölverbraucher, dem Straßenverkehr, bedeutet dies flexible Antriebskonzepte, eine Vielzahl von Quellen für die Kraftstoffherstellung, eine offene Infrastruktur und ein attraktives Schienennetz.

Rohöl wird noch über Jahrzehnte einen hohen Marktanteil haben. Entscheidend ist die Wahlmöglichkeit der Konsumenten, die erst durch flexible technische Lösungen möglich wird. Dabei braucht der Verkehr auch das Stromnetz, sei es für den Schienenverkehr oder für Elektro-/Hybridfahrzeuge. Ein höherer Anteil Erneuerbarer Energien bei der Stromerzeugung könnte auf diesem Weg auch die vom Erdöl abhängigen Sektoren entlasten.

Ein flexibler Energiemarkt hätte eine erheblich höhere Krisentoleranz und könnte durch den verstärkten Wettbewerb zwischen technischen Lösungen die Innovationsgeschwindigkeit erhöhen. Da jede Region andere natürliche und technische Voraussetzungen hat, würde mit der Zeit ein regional stark unterschiedlicher Mix aus Verkehrs- und Kraftstofftechnologien entstehen.

Dadurch entsteht ein komplexeres Preissystem, in dem extreme Preissteigerungen eines Anbieters (z.b. der OPEC) umgehend zum Verlust von Marktanteilen führen.

Diese Flexibilität ist nicht zum Nulltarif zu haben und wird nicht von selbst entstehen. Staatliche Programme müssten dafür sorgen, dass aussichtsreiche Entwicklungspfade eine kritische Größe überschreiten, einen breiten Marktzugang erhalten und krisenfest werden. Aber den hohen Kosten stehen noch höhere Einsparpotenziale gegenüber. Im Jahr 2008 werden im größten Vermögenstransfer der Geschichte voraussichtlich über 3.000 Mrd. Dollar in die Taschen der Ölproduzenten fließen, davon etwa 100 Mrd. Dollar (70 Mrd. Euro) aus Deutschland.

12.8.8 Flexibilisierung im Verkehr: Energiesicherheit und Verkehrswende

Die bisherigen Ausführungen machen bereits deutlich, dass den Verkehrstechnologien eine Schlüsselrolle bei der Bewältigung einer möglichen Ölverknappung zukommt. Hier wird über die Hälfte des globalen Öls verbraucht und hier gibt es das stärkste Nachfragewachstum.

Jüngere Untersuchungen zeigen, dass das weltweite Öleinsparpotenzial in den kommenden Jahrzehnten zu drei Vierteln im Verkehr liegen wird.[3] Auch ist offensichtlich, dass die Preiselastizität der Verkehrsnachfrage so gering ist, dass selbst eine hohe Besteuerung der fossilen Kraftstoffe nur eine begrenzte Wirkung hat, wenn keine attraktiven Alternativen vorhanden sind. In vielen Fällen wird nur die Kaufkraft reduziert, ohne den Ölverbrauch zu senken.

Die in den 1970ern eingeläutete und Ende der 1990er abgebrochene „Verkehrswende" wird im 21. Jh. unter anderen Vorzeichen fortgesetzt werden müssen. Effizienz, Flexibilität und Vernetzung der Verkehrsträger[4] sind nach wie vor die Schlüsselstrategien.

Alternative Antriebstechniken

Schon manche innovative Fahrzeugtechnologie der letzten 30 Jahre hat den Startschuss mit der Ehrensalve verwechselt. Bis zum heutigen Tag dominieren Kraftstoffe aus fossilem Erdöl fast unangefochten den Markt.

Die wichtigsten Kraftstoffe sind Benzin, Diesel, Kerosin (Jet Fuel) und schweres Heizöl (Schiffsdiesel/Bunkeröl). Auch Flüssiggas (Autogas, LPG) für weltweit etwa 8–9 Mio. Fahrzeuge stellt ein Nebenprodukt der Rohölverarbeitung dar. Diese aus Erdöl gewonnenen Stoffe werden durch Bioethanol und Biodiesel sowie Erdgas ergänzt. Weltweit gibt es etwa 5 Millionen Erdgasfahrzeuge. Schließlich sind auch noch Motoren auf dem Markt, die direkt oder indirekt, ganz oder teilweise, durch Strom angetrieben werden (Elektrofahrzeuge, Wasserstoff), der seinerseits meist aus fossilen, gelegentlich auch aus regenerativen Quellen stammt.

Der *Flexibilitätsvorteil* macht vor allem weiterentwickelte Hybridfahrzeuge interessant, die durch einen konventionellen Verbrennungsmotor (für fossile Kraftstoffe *und* Biokraftstoffe) oder durch einen Elektromotor angetrieben werden können. Zwar bietet dieses Konzept gegenüber modernen Dieselmotoren keine Verbrauchsvorteile, aber die Batterie könnte prinzipiell auch über das Stromnetz geladen werden und damit kürzere Fahrtstrecken ermöglichen. Das wäre insbesondere dann interessant, wenn das Gewicht der Fahrzeuge deutlich gesenkt wird.

In Verbindung mit Schienenverkehren für die langen Strecken wäre also der Aufbau eines vollständigen Landverkehrsnetzes denkbar, selbst wenn die Ölversorgung einbrechen sollte.

Auch die Preisbildung wird dadurch flexibler: In Brasilien erhöhen Besitzer von Flex-Fuel-PKW ihren Ethanolkonsum, sobald der fossile Benzinpreis unattraktiv wird. Die relativ niedrigen Maisethanolpreise wirkten auch in den USA im Sommer 2008 den Preis dämpfend, als die Rohölpreise stark stiegen, aber bei Ethanol ein Überangebot herrschte.

Fahrzeugflotten

Die Fahrzeugflotten können allerdings erst über einen längeren Zeitraum erneuert werden. Selbst wenn alle Neufahrzeuge der USA doppelt so effizient wie der Altbestand wären, würde es 15–20 Jahre dauern, bis der Flottenverbrauch um 50 % reduziert ist.

Es wäre kaum finanzierbar, die Abwrackung deutlich zu beschleunigen. Allerdings könnte man argumentieren, dass bei einer Abwrackprämie die Wertschöpfung teilweise im Land bleibt und nicht vollständig über hohe Ölimporte abwandert. Es könnte auch klimapolitisch gerechtfertigt werden, wenn viele Komponenten der Altfahrzeuge recycelt werden.

Kulturelle Faktoren

Mindestens ebenso wichtig wie technische Verbesserungen sind kulturelle Veränderungen bei den Werten und Lebensgewohnheiten, wie sie z.b. in Fragen des Umweltschutzes bereits erreicht worden sind.

Ähnliches ist für die Mobilität und die Einstellung gegenüber Automobilen vorstellbar. Schon zu Beginn der Motorisierung stand das schmucklose und nur in einer Farbe erhältliche *Model T* für ein pragmatisches „Fahr-Zeug", während GM (Opel) das Auto als Ausdruck der Wünsche (männlicher) Fahrer kreierte. Die japanischen Kleinstfahrzeuge und die amerikanischen SUV mit ihrem mehr als doppelt so hohen Benzinverbrauch zeigen, in welcher Spannbreite sich die Präferenzen entwickeln können.

12.8.9 Schlussbemerkung: Eine globale Post-Peak-Balance?

In den letzten Jahren wurde deutlich, dass die globale Ölversorgung nach einem neuen, stabilen Entwicklungspfad suchen muss. Das globale Angebot an konventionellem Rohöl stagniert bereits seit fünf Jahren. Nichtkonventionelle Angebote können nur langsam ausgebaut werden. Ab dem kommenden Jahrzehnt ist bestenfalls mit einer konstanten Ölförderung zu rechnen. Allerdings stagniert oder schrumpft auch die Ölnachfrage in vielen Industriestaaten.

Diese gegenläufigen Trends könnten der *Ausgangspunkt für eine globale Koordinierung und Stabilisierung der Ölversorgung* werden. Die Chancen stünden nicht schlecht, wenn auch die USA, wie sich bereits abzeichnet, stärker auf die Effizienz ihres Ölverbrauchs achtet.

Der Rückgang im Ölverbrauch der EU, Japans und der USA könnte aufstrebenden Schwellenländern ausreichenden Spielraum für Wirtschaftswachstum und steigenden Wohlstand geben.

Hohe Steuereinnahmen in diesen Ländern wären wiederum die Voraussetzung für den Aufbau moderner Schienen- und Busnetze in und zwischen den prosperierenden asiatischen, arabischen und lateinamerikanischen Metropolen. Die Spannbreite der möglichen Entwicklungspfade ist groß: In Hongkong werden nur 20 % der Wege mit dem PKW zurückgelegt, in amerikanischen Städten wie z.B. Houston sind es 95 %.[5]

Krisen sind möglich, aber zweifellos vermeidbar, wenn es rechtzeitig gelingt, den Ölkonsum dort zu reduzieren, wo er den geringsten Nutzen stiftet oder leicht ersetzbar ist. Allein schon die Modernisierung der globalen PKW-Flotte auf das heutige japanische Niveau und der Abbau der Ölverstromung könnte die globale Ölnachfrage um 15–20 % reduzieren.

Die historischen Übergänge zu einem neuen Energiesystem gehörten stets zu den einschneidendsten Prozessen in der Entwicklung moderner Gesellschaften. Wahrscheinlich sind auch beim Übergang vom Öl- und Erdgaszeitalter zu einer neuen Energiezukunft tief greifende Veränderungen unseres Lebensstils und unserer Investitions- und Konsummuster zu erwarten.

Deutschland wäre geradezu prädestiniert, diesen Wandel durch technologische und gesellschaftliche Innovationen mitzugestalten.

Abkürzungen und ausgewählte Fachbegriffe

Die folgenden Seiten erklären nur einige der im Text verwendeten Fachbegriffe.[1] Weitere Details und Begriffe finden sich auf den Internetseiten der BGR (www.bgr.bund.de), des Mineralölwirtschaftsverbandes (www.mwv.de) und vor allem der EIA (eia.doe.gov).

All Liquids	Sammelbegriff für konventionelle und nicht-konventionelle Ölarten. Biokraftstoffe werden nur in manchen Fällen erfasst.
b/d	barrel per day (Barrel pro Tag); internationaler Standard zur Angabe von Ölmengen.
Barrel (bbl)	ein Fass mit 159 Liter bzw. 42 US-Gallonen; Barrel wird mit „b" oder „bbl" abgekürzt.
boe	Barrel-of-oil-equivalent; ein Sammelbegriff für Erdgas- und Erdölmengen in einer Lagerstätte. Das Erdgas wird auf der Grundlage seines Brennwertes in die entsprechend Ölmenge umgerechnet.
BTL	Biomass-to-Liquids; synthetisches Öl aus Biomasse
Bunker Fuel	Bunkeröl; schweres Heizöl für Schiffsmotoren
CAFE	Corporate Automobile Fuel Efficiency; die Vorschriften über den maximalen Spritverbrauch von Fahrzeugflotten einzelner Hersteller in den USA
Crude	Rohöl
CTL	Coal-to-Liquids; synthetisches Öl aus Kohle
Decline Rate	Förderrückgang in einem Feld oder einer Region
Depletion Rate	Erschöpfungsrate/Grad der Erschöpfung; Anteil des förderbaren Öls, das bereits gefördert worden ist
Downstream	Transport und Verarbeitung des Öls (Gegenbegriff: Upstream)
EIA	Energy Information Administration; Statistikbehörde des US-Energieministeriums
EOR	Enhanced Oil Recovery; aufwendige Fördermethoden, die z.B. CO_2-Flutungen oder Chemikalien zur Verbesserung der Produktion einsetzen
Ethanol	Getreidealkohol/Trinkalkohol

Flüssiggase	uneinheitlich verwendeter Sammelbegriff: durch Kühlung und Kompression verflüssigte Gase, Liquefied Petroleum Gas (LPG), Autogas, NGL (siehe dort); sie werden zum Kochen, Heizen oder auch in angepassten Ottomotoren eingesetzt; nicht zu verwechseln mit verflüssigtem Erdgas (LNG) oder komprimiertem Erdgas (CNG)
Fördersonde	ein Bohrloch, das für die stetige Ölförderung ausgebaut worden ist
FSU	Former Soviet Union (das Gebiet der früheren Sowjetunion)
Fuel Oil	schweres Heizöl, das für Schiffsmotoren verwendet wird oder direkt zur Strom- oder Wärmeerzeugung verbrannt wird
Gallone	eine US-Gallone entspricht etwa 3,8 Liter.
Gb	Gigabarrel = 1 Milliarde Barrel; zur Veranschaulichung: pro Jahr werden weltweit 31 Gb Öl verbraucht
GTL	Gas-to-Liquids; synthetisches Öl aus Erdgas
IEA	International Energy Agency (Internationale Energieagentur) mit Sitz in Paris; Energiebehörde der Industrieländer, die sich vor allem mit Forschung, der Marktbeobachung und – im Krisenfall – mit der Koordinierung von Notmaßnahmen wie z.B. der Freigabe der strategischen Ölreserven befasst.
Independents	Gegenbegriff zu den „Majors"; private Ölkonzerne mittlerer Größe
Konventionelles Öl	Ein etwas vager Begriff, der sich auf die Ölmengen bezieht, die mit „normalen" Methoden in flüssiger Form an die Oberfläche befördert werden können. Eine stärker geologisch orientierte Definition bezeichnet Ölvorkommen, die in der Lagerstätte oberhalb einer deutlich erkennbaren Öl-Wasser-Kontaktgrenze vorhanden sind. Gegenbegriff: nicht-konventionelles Öl.
LNG	Liquefied Natural Gas/Flüssigerdgas; Erdgas wird so stark abgekühlt, dass es flüssig wird und mit Tankern transportiert werden kann
LPG	vgl. Flüssiggas
Majors	Die größten privaten Ölkonzerne, insbesondere ExxonMobil, Chevron, BP und Shell, die aus den „Seven Sisters", also den sieben größten, lange Zeit marktbeherrschenden Ölkonzernen entstanden sind.
Marker Crudes	Ölsorten (v.a. Brent und WTI), die einen liquiden und funktionierenden Markt haben; ihre Preise eignen sich daher als Orientierungsmarken für Preisverhandlungen und für Terminkontrakte.
mb/d	Millionen Barrel pro Tag; Beispiel: der weltweite Ölverbrauch liegt bei etwa 86 mb/d; Deutschland verbraucht etwa 2,6 mb/d

Middle East	Naher Osten; Sammelbegriff für die Staaten Bahrain, Iran, Irak, Israel, Jordanien, Kuwait, Libanon, Oman, Katar, Saudi Arabien, Syrien, VAE und Jemen. Bei Fragen der Ölförderung ist diese Region mit „Persischer Golf" oder „Golfregion" weitgehend identisch.
Mitteldestillate	Sammelbegriff für Diesel, Kerosin und chemisch ähnliche Produkte
NGL	Zwischen Erdgas und Erdöl ist eine breite „Grauzone" von Molekülen, die je nach Umgebungsbedingungen und Behandlung flüssig oder gasförmig sein können.
Nicht-konventionelles Öl	unconventional/non-conventional oil; ein etwas vager Begriff, der Öl aus Ölsand, Schwerstöl und Ölschiefer sowie synthetisches Öl/Ölprodukte aus Biomasse, Erdgas und Kohle umfasst. Gegenbegriff: Konventionelles Öl. Gelegentlich werden darunter auch konventionelle Ölvorkommen subsumiert, die mit sehr aufwendigen Methoden gefördert werden (vgl. EOR).
OECD	Eine internationale Organisation der Industrieländer. Statistisch weitgehend gleichbedeutend mit der Gruppe aller Industriestaaten.
OOIP/OIP	Original-Oil-in-Place („Gesamtressourcen"); das gesamte Öl, das vor Beginn der Förderung in einer Lagerstätte vorhanden ist, unabhängig davon, ob es gefördert werden kann. Zieht man vom OOIP das bereits geförderte Öl ab, erhält man das OIP (Oil-in-Place).
OPEC	Organization of the Petroleum Exporting Countries
Peak	Fördermaximum; Höhepunkt der Fördergeschwindigkeit eines Feldes oder einer Region, meist gemessen in Barrel/Tag
Produkte	Rohöl kann nicht direkt verwendet werden. Es wird daher in Raffinerien in marktfähige Produkte wie Benzin, Kerosin etc. verwandelt.
Recovery Rate	Ausbeutefaktor, Förderrate, Entleerungsgrad, Entölungsgrad; bezeichnet den Anteil des Öls in einer Lagerstätte, der bereits gefördert wurde oder der förderungswürdig ist.
Refinery Gain (Processing Gain)	In der Raffinerie wird vergleichsweise schweres Rohöl zu leichteren Produkten wie Benzin oder Diesel verarbeitet. Das Volumen der Ölprodukte ist daher höher als das Volumen des Rohöls.
Reserve Growth	Nachträgliche Höherbewertung von Reserven in einem bereits bekannten Ölfeld
Reserven	Der Anteil des Öls in einer Lagerstätte oder einer Region, der zu aktuellen Preisen mit der heute verfügbaren Technik förderwürdig erscheint. Es wird zwischen sicheren Reserven (1P), wahrscheinlichen Reserven (2P) und möglichen Reserven (3P) unterschieden.

Residual Oil	Residue/Restöl/Atmosphärische Rückstände; die schwersten Bestandteile des Rohöls nach der Destillation
Ressourcen	Ein unterschiedlich definierter Begriff, der sich meist auf die Ölmengen bezieht, die zwar vorhanden sind oder vermutet werden, aber beim heutigen Stand der Technik nicht gefördert werden können oder zu heutigen Preisen nicht förderwürdig erscheinen.
Spotmarkt	Segment des Weltölmarktes; hier wird Öl (oder Ölprodukte) kurzfristig angekauft oder verkauft, z.B. um Nachfragespitzen auszugleichen. In Nord- und Westeuropa dominiert der Rotterdamer Spotmarkt
STL	Shale-to-Liquids; synthetisches Öl aus Ölschiefer
Terminmarkt	Segment des Weltölmarktes; hier werden Terminkontrakte gehandelt (Futures, Optionen, Swaps, Forwards), die den zukünftigen Kauf/Verkauf von Öl zum Gegenstand haben.
toe	tons of oil equivalent; vgl. boe
Upstream	Exploration (Suche), Erschließung und Förderung des Erdöls; Gegenbegriff: Downstream
URR	Ultimately Recoverable Resources; umfasst die bekannten und erwarteten förderwürdigen Ölmengen in einer Lagerstätte oder einer Region, also nicht das gesamte Öl (vgl. OOIP); bislang gilt etwa ein Drittel des OOIP als URR
USGS	United States Geological Survey; der Geologische Dienst der USA, der u.a. die Ölressourcen untersucht.

Literaturverzeichnis

Adelman, Morris (1995): The Genie Out of the Bottle: World Oil Since 1970, Cambridge/MIT.

AG Energiebilanzen e.V., lfd. Veröffentlichungen, zuletzt 2008 (http://www.ag-energiebilanzen.de).

Ahlbrandt, Thomas/McCabe, Peter (USGS) (2002): Global Petroleum Resources. A View to the Future, in: Geotimes, November (www.geotimes.org/nov02/feature_oil.html).

Ahlbrandt, T. et. al. (2005): Global Resource Estimates from Total Petroleum Systems, The American Association of Petroleum Geologists, Tulsa.

Alberta Chamber of Resources (2004): Oil Sands Technology Roadmap, Calgary.

Athabasca Regional Issues Working Group (2005): Fact Sheet, Calgary.

Alhajji, A.F. (2006): IEA's World Energy Outlook 2006 has significant methodology flaws, in: World Oil Vol. 227, Nr.12 (Dez.2006).

Al-Husseini, Moujahed (2006): The debate over Hubbert's Peak: A review, in: GeoArabia, Vol. 11, Nr. 2, 2006, Gulf PetroLink, Bahrain.

Al-Husseini, Sadad (2007): Magnitude of Undiscovered Resource in Iraq's Western Desert in Dispute, in: OGJ Vol. 105, Issue 25, 2. Juli 2007.

Alt, Franz (2002): Krieg um Öl oder Frieden durch die Sonne, München.

Amuzegar, Jahangir (1999): Managing the Oil Wealth. OPEC's Windfalls and Pitfalls, London und New York.

Andrews, Steve/ Udall, Randy (2003): Oil Prophets: Looking at World Oil Studies Over Time; Report for the May 26–27, 2003 ASPO Conference, Paris.

Arnott, Robert (2002): Supply Side Aspects of Depletion, in: Journal of Energy Literature, Jg.8 (2002), Nr.1, S. 3–21.

ASPO Newsletter, lfd. Ausgaben (www. peakoil.ie).

Babies, Hans (2003): Ölsande in Kanada –Eine Alternative zum konventionellen Erdöl?, in: Commodity Top News Nr. 20, Oktober 2003.

Blades, Tom (2007): Managing the Greening of the Energy Portfolio, IHS Symposium 2007, London.

Babusiaux, Denis u.a. (2001): Energy Crisis?, Oxford Energy Forum 47, November.

Banks, Ferdinand (2007): The Political Economy of World Energy. An Introductory Textbook, Singapur.

Barudio, Günter (2001): Tränen des Teufels. Eine Weltgeschichte des Erdöls, Stuttgart.

Baylis, John/ Smith, Steve (Hrsg.) (2001): The Globalization of World Politics, 2.Aufl., Oxford.

Bentley, Roger (2002): Past Oil Forecasts, and the Limits to Growth„ Message, International Workshop on Oil Depletion, Uppsala.

BMWT/BMU (2006): Energieversorgung für Deutschland, Statusbericht für den Energiegipfel am 3. April 2006, Berlin.

Bockhorst, Michael (2002): ABC Energie, Norderstedt.

BP: Statistical Review of World Energy, lfd. Ausgaben (zuletzt Juni 2008), London.

Bukold, Steffen (1996): Kombinierter Verkehr Schiene/Straße in Europa. Eine vergleichende Studie zur Transformation von Gütertransportsystemen, Frankfurt/Main.

Bundesanstalt für Geowissenschaften und Rohstoffe (BGR)(2003): Reserven, Ressourcen und Verfügbarkeit von Energierohstoffen 2002, Berlin.

Bundesanstalt für Geowissenschaften und Rohstoffe (BGR)(2005): Reserven, Ressourcen und Verfügbarkeit von Energierohstoffen 2004, Hannover.

Bundesanstalt für Geowissenschaften und Rohstoffe (BGR) (2007): Reserven, Ressourcen und Verfügbarkeit von Energierohstoffen 2005, Hannover.

Bundesministerium der Finanzen (2007): Biokraftstoffbericht 2007, Berlin.

Bündnis90/Die Grünen Bundestagsfraktion (2004): Ölwechsel: Weg vom Erdöl – hin zu nach-wachsenden Rohstoffen, Fraktionsbeschluss vom 9.11.2004, Berlin.

Campbell, Colin./Laherrère, Jean (1998): The End of Cheap Oil, in: Scientific American, März.

Campbell, Colin (2001): Oil Depletion – Updated Through 2001, o.O. (Paper).

Campbell, C./Liesenborghs, F./Schindler, J./Zittel, W. (2002): Ölwechsel, München.

Campbell, Colin (2002): The Essence of Oil & Gas Depletion, Essex.

Campbell, Colin (2004): The Coming Oil Crisis, Essex.

Campbell, Colin (2005): Oil Crisis, Brentwood.

Campbell, P./Orskaug, B. (2006): The forward market of oil, in: Bank of England, Quaterly Bulletin, Spring 2006.

Canes, Michael (2007): Study Forecasts US Fuel Demand For Next Decade, in: Oil and Gas Journal 8. Oktober 2007.

CERA (2005): It's Not the End of the Oil Age, 31. Juli 2005, IHS.

CERA (2006): World Oil & Liquids Production Capacity to Grow Significantly Through at Least 2015. Field-by-Field Analysis of Current Oil Fields and 360 Major New Projects Worldwide (Update), 8. August 2006, IHS.

CGES (2004): Non-Opec Production, Global Oil Report, Vol. 15, Issue 6, Nov./Dez. 2004.

CGES (2007): Market Watch: Oil recovery factors in Saudi Arabia, Global Oil Report, Vol.18 Heft 3, Mai/Juni 2007.

Chew, Ken (2005): Global Oil Supply Issues: Recent Trends and Future Possibilities, IHS Energy, APPEX London 2. März 2005.

Chew, Ken (2004): Estimates of the World´s Remaining Hydrocarbon Resources. Data Sources and Recent Trends, Workshop on Oil and Gas Resources, Swiss Federal Office of Energy, 27. Februar.

Chew, Ken (2006): The E&P Environment: Challenges and Opportunities, 7.März 2006, IHS.

Chew, Ken (2007): Unconventional Hydrocarbons – A global overview, IHS London Symposium: Perspectives on Energy Supplies: Meeting the Supply Challenges, 18 April 2007.

Chew, Ken/Stark, Philip (2006a): Perspective on Oil Resource Estimates, AAPG Hedberg Research Conference, 13.–17. November 2006.

Chew, Kenneth/Stark, Philip (2006b): Non-conventional Hydrocarbon Resources – Are they Capable of Meeting Forecast Demand?, EAGE Vienna 2006, 12.–15. Juni 2006.

Chew, K./Stark, P./Fryklund.B. (2007): Perspective on E&P Business Dynamics:Challenges in Transforming O&G Resources to Supplies, IHS Symposium April 2007, London.

Chinn, M/LeBlanc, M./Coibion, O. (2005): The Predictive Content of Energy Futures, NBER Working Paper 11033, Cambridge (Mass.).

Claes, Dag (2001): The Politics of Oil-Producer Cooperation, Colorado/Oxford.

Clarke, Duncan (2007): The Battle for Barrels. Peak Oil Myths & World Oil Futures, London.

Clean Edge (2007): Clean Energy Trends Report (www.cleanedge.com)

Cohen, Dava (2007): Anatomy of an Oil Discovery, 16. Mai 2007 (www.aspo-usa.com).

Collett, Timothy (2001): Natural-Gas Hydrates: Resource of the Twenty-First Century?, in: Downey, M./Threet, J./Morgan, W. (Hrsg.): Petroleum Provinces of the Twenty-First Century, AAPG Memoir 74, Tulsa (Oklahoma), S. 85–109.

Cordesman, A./ Khalid R. Al-Rodhan (2005): The International Energy Outlook 2005: It is Hard to Make Predictions, Especially about the Future, CSIS Washington.

Cornford, Chris (2006): I see prospectivity – Arctic Petroleum Systems, APPEX London, 7. März 2006

Chris Cragg, Chris (2002): China – The CO_2 Elephant Steps Back into the Canoe, OIES Energy Comment September, Oxford.

DeJoode, J./Kingma, D. et.al. 2004: Energy Policies and Risks on Energy Markets, Den Haag CPB.

Deming, David (2001): Oil: Are We Running Out?, in: Downey, M./Threet, J./Morgan, W. (Hrsg.) (2001): Petroleum Provinces of the Twenty-First Century, AAPG Memoir 74, Tulsa (Oklahoma), S. 45–57.

Deming, David (2003): Are We Running Out of Oil, National Center for Policy Analysis, Dallas.

DIW (2007): Primärenergieverbrauch in Deutschland nur wenig gestiegen, DIW-Wochenbericht Nr.8/2007, Berlin 21.Feb.2007.

DOE/DA (2005): Biomass as a Feedstock for a Bioenergy und Bioproducts Industry: The Technical Feasibility of a Billion-Ton Annual Supply, Washington.

Downey, M./Threet, J./Morgan, W. (Hrsg.) (2001): Petroleum Provinces of the Twenty-First Century, AAPG Memoir 74, Tulsa (Oklahoma).

Drollas, Leonidas (2006a): We Have Plenty of Oil – We Just Need to Invest More, CGES, UMOE Seminar, Oslo.

Drollas, Leonidas (2006b): The Oil Market – Key Questions, Cantor Index Forum, CGES, London.

Drollas, Leonidas (2007): Making sense of the oil market, Energy Institue, 4. Juli 2007, London.

Dunbar, Bob (2006): Canada´s Oil Sands Industry, Production and Supply Outlooks, Calgary.

Dutch, Steven (1999): Geologic Resources, University of Wisconsin; vgl. http://www.uwgb.edu/dutchs/sitemap.htm.

Edwards, John (2001): Twenty-First-Century Energy: Decline of Fossil Fuel, Increase of Renewable Nonpolluting Energy Sources, in: Downey, M./Threet, J./Morgan, W. (Hrsg.): Petroleum Provinces of the Twenty-First Century, AAPG Memoir 74, Tulsa (Oklahoma) 2001, S. 21–35.

Effimoff, Igor (2001): Future Hydrocarbon Potential of Kazakhstan, in: Downey, M./Threet, J./Morgan, W. (Hrsg.): Petroleum Provinces of the Twenty-First Century, AAPG Memoir 74, Tulsa (Oklahoma) 2001, S. 243–259.

EIA (2000): Long-Term World Oil Supply, Washington.

EIA (2003): Long-Term World Oil Supply Scenarios The Future Is Neither as Bleak or Rosy as Some Assert, Washington 2003.

EIA: Monthly Energy Chronology, lfd. Jg., Washington (zuletzt Juni 2008).

EIA: Country Analysis Briefs, diverse Ausgaben, Washington.

EIA: Annual Energy Outlook, lfd. Jg., Washington (zuletzt 2008).

EIA: International Energy Outlook, lfd. Jg., Washington (zuletzt 2008).

EIA: Short-term Energy Outlook, lfd. Jg., Washington (zuletzt Juni 2008).

EIA Opec Revenues Fact Sheet Februar 2008 (eia.doe.gov).

Energy Intelligence Group (EIG) (2007a): PIW Reserves Survey 2007, Petroleum Intelligence Weekly 2. April 2007.

Energy Intelligence Group (2007b): Petroleum Comment – Resource Nationalism: Then And Now; 8. Januar 2007.

Energy Alert, div. Ausgaben (Energy Intelligence Group).

Eni 2007: Oil and Gas Review, Rom.

Esser, Robert (2001): Discoveries of the 1990s. Were They Significant?, in: Downey, M./Threet, J./Morgan, W. (Hrsg.)(2001): Petroleum Provinces of the Twenty-First Century, AAPG Memoir 74, Tulsa (Oklahoma), S. 35–45.

Esser, Robert (2005): The Oil Industry Growth Challenge: Expanding Production Capacity, 7. Dezember 2005, IHS.

European Commission (2000): Green Paper – Towards a European Strategy for the Security of Energy Supply, Brüssel.

Europäische Kommission (2006): Grünbuch – Eine europäische Strategie für nachhaltige, wettbewerbsfähige und sichere Energie, Brüssel.

EWI/Prognos (2005): Energiereport IV. Die Entwicklung der Energiemärkte bis zum Jahr 2030. Energiewirtschaftliche Referenzprognose – Kurzfassung, Köln/Basel.

Fachagentur Nachwachsende Rohstoffe (FNR) (2005): Basisdaten Biokraftstoffe, Gülzow.

Fachagentur Nachwachsende Rohstoffe (FNR) (2007): Daten und Fakten zu nachwachsenden Rohstoffen, Gülzow.

Fattouh, Bassam: Analysing Oil Prices (2007a): The Usefulness and Limitations of Existing Approaches. Centre for Financial and Management Studies, SOAS, University of London & Oxford Institute for Energy Studies, Oxford.

Fattouh, Bassam (2007b): WTI Benchmark Temporarily Breaks Down: Is It Really a Big Deal?, Oxford Energy Comment, April 2007.

Fattouh, Bassam (2008): Prospects of the DME Oman Crude Oil Futures Contract, Oxford Energy Comment, März, London.

Felder, Theodor (2005): Russian Oil: Current Status and Outlook, Cross Second International Petroleum Conference & Exhibition, Cairo, 16.–19. Mai 2005.

Felder, Theodor (2007): Can Russia Remain an Prime Oil/Gas Supplier, IHS 18. April 2007.

Fenton, John (2008): Presentation for CFTC's Energy Markets Advisory Committee Meeting am 10. Juni 2008, Washington.

Feng Lianyong u.a. (2008): Peak oil models forecast China´s oil supply, demand, in: Oil and Gas Journal 14. Januar 2008, S. 43–47.

Fesharaki, Fereidun (2007a): Energy and Security Issues: Perspectives on Iran, India, and China. A Presentation to CSIS Energy and National Security Program, Washington.

Fesharaki, Fereidun (2007b): Asian Oil Demand and Supply in the Global Context, 5th Joint OPEC-IEA Workshop „Asian Oil Demand: Outlook and Challenges", Bali 17–18. Mai.

Fossum, Bret et.al. (2001): New Frontiers for Hydrocarbon Produktion in the Timan-Pechora Basin, Russia, Downey, M./Threet, J./Morgan, W. (Hrsg.): Petroleum Provinces of the Twenty-First Century, AAPG Memoir 74, Tulsa (Oklahoma) 2001, S. 259–281.

Fryklund, Bob (2006): World Oil and Gas Supply. A Latin American Perspective, IHS.

Fryklund, Bob (2007): The New Era. NOC´s Reach Out for Resources, 9. Januar 2007, Houston.

GAO 2007 (United States Government Accountability Office): Crude Oil. Uncertainty about Future Oil Supply Makes It Important to Develop a Strategy for Addressing a Peak and Decline in Oil Production, Washington.

Gately, Dermot (2001): How Plausible is the Current Consensus Projection of Oil Below $25 and Persian Gulf Oil Capacity and Output Doubling by 2020?, Energy Journal 22(4), S. 1–27.

Gerling, Peter (BGR) (2005): Erdöl – Reserven, Ressourcen und Reichweiten – eine Situationsbeschreibung aus Sicht der BGR, Hannover.

Gielen, D./Unander, F. (2005): Alternative Fuels – An Energy Technology Perspective (Office of Energy Technology and R&D, IEA), Working Paper, März.

Goldman, Marshall (2004): Putin and the Oligarchs, in: Foreign Affairs, Jg.83, Heft 6/2004, S. 33–44.

Graichen, Patrick (2002): Energiepolitik als Ausdruck umweltpolitischer Konflikte: Ein historischer Rückblick auf die Umwelt- und Energiepolitik in Deutschland, in: Zeitschrift für Energiewirtschaft, Jg.26, Heft 3/2002, S. 209–218.

Gluyas, J./Hichens, H. (2003): United Kingdom Oil and Gas Fields: Commemorative Millenium Volume, Bath (UK), zit.n. Journal of Energy Literature (London), Jg.11 (2005), Nr.1, S. 97.

Hager, Wolfgang (1975): Erdöl und Internationale Politik, München.

Halbouty, Michael (2001): Exploration into the New Millenium, in: Downey, M./Threet, J./Morgan, W. (Hrsg.)(2001): Petroleum Provinces of the Twenty-First Century, AAPG Memoir 74, Tulsa (Oklahoma), S. 11–21.

Harper Francis (2004a): Oil Reserves Growth Potential, ASPO 2004, 25. Mai 2004, Berlin.

Harper, Francis (2004b): Oil Peak – a Geologist's View; Energy Institute, November 2004.

Harper, Francis (2005): The Future of Global Hydrocarbon Exploration, Sunbury-on-Thames, APPEX, März.

Harper, Francis/Fraser, Alastair (2005): Our Exploration Future – The Middle East and Russia, Sunbury-on-Thames, APPEX, März.

Hartshorn, J.E. (1993): Oil trade: Politics and Prospects, Cambridge (UK).

Hayman, Andrew/ Stark, Pete (2006): Africa's Role in the Energy Future. IHS User's Forum May 2006, Houston.

Hennicke, Peter/Müller, Michael (2005): Weltmacht Energie. Herausforderung für Demokratie und Wohlstand, Stuttgart.

Heinberg, Richard (2003): The Party's Over – Oil, War and the Fate of Industrial Societies, Gabriola Island (Kanada).

Heinberg, Richard (2007): The Closer We Get, the Worse It Looks. Bridging Peak Oil and Climate Change Activism, http://www.opednews.com, 8. Januar 2007.

Hensing, I./Pfaffenberger, W./Ströbele, W. (1998): Energiewirtschaft. Einführung in Theorie und Politik, München-Wien.

Herold, John/Lovegrove, Harrison (2007): Global Upstream Performance Review, IHS.

Hesse, Markus (2004): Verkehrswende am Ende?, in: Blätter für deutsche und internationale Politik, Heft 6/2004, S. 670–672.

Hill, Fiona (2001): The Caspian Basin and Asian Energy Markets, A Brookings Forum, Washington 2001.

Hill, Fiona (2003): Russian Oil and U.S. Energy Security. Proceedings, AEI, Washington.

Hill, Fiona/Florence, Fee (2002): Fueling the Future: The Prospects for Russian Oil and Gas, in: Demokratizatsiya, Jg.10, Nr.4, S. 462–487.

Hirsch, Robert (2005): Shaping the peak of world oil production, in: World Oil Jg. 226 No. 10 October 2005.

Hirsch, R./Bezdek, R./Wendling, R. (2005): Peaking of World Oil Production. Impacts, Mitigation & Risk Management,.

Hirsch, Robert (2007): Peaking of world oil production: Recent forecasts, in: World Oil Vol. 228 Nr.4/2007.

Hladik, Maurice (2006): Cellulose Ethanol is ready to go. Presentation to: Emerging Energies Conference, 10./11. Februar 2006, University of California, Santa Barbara.

Horn, Manfred (2002): Langfristige Entwicklung der Rohölpreise bei Gewinnmaximierung durch die OPEC, in: Zeitschrift für Energiewirtschaft Jg.26, Heft 2, S. 105–116.

Horn, Manfred (2003): Zur künftigen Ölgewinnung und Preisstrategie der OPEC – eine kritische Analyse des World Energy Outlook der IEA, in: Zeitschrift für Energiewirtschaft, Jg.27, Heft 2/2003, S. 117–122.

Horn, Manfred (2004): OPEC´s Optimal Crude Oil Price, in: Energy Policy, Jg. 32 (2004), S. 269–280.

Horsnell, Paul/Mabro, Robert (1993): Oil Markets and Prices. The Brent Market and the Formation of World Oil Prices, OIES Oxford.

Horsnell, Paul (1997): Oil in Asia. Markets, Trading, Refining and Deregulation, OIES Oxford.

Horsnell, Paul (1998): The Strange Case of the Missing Barrels, OIES Monthly Comment, Dezember.

Horsnell, Paul (1999a): A la recherche des barrels perdus – more missing barrels OIES Monthly Comment, Juli.

Horsnell, Paul (1999b): Caspian Oil and Gas: A Game, if not a Great Game, OIES Monthly Comment, Januar.

Horsnell, Paul (1999c): US Oil Security and the Oil Import Tariff Question, OIES Monthly Comment, Juni.

Horsnell, Paul (2000a): The Probability of Oil Market Disruption: With an Emphasis on the Middle East, in: Center for International Political Economy/James A. Baker Insitute for Public Policy – Rice University: The Japanese Energy Security and Changing Global Energy Markets.

Horsnell, Paul (2000b): Oil Pricing Systems, OIES Monthly Comment, Mai.

Horsnell, Paul (2005): Oil Prices and Fundamentals, Oxford Energy Forum 62, August 2005.

Huber, Maria (2002): Moskau, 11. März 1985. Die Auflösung des sowjetischen Imperiums, München.

Huntington, Samuel (2002): Kampf der Kulturen, München (Original 1996).

Hyne, Norman (2001): Nontechnical Guide to Petroleum Geology, Exploration, Drilling, and Production, Tulsa (Oklahoma).

IEA (2000a): Oil Supply Security – The Emergency Response Potential of IEA Countries in 2000, Paris.

IEA (2000b): China´s Worldwide Quest for Energy Security, Paris.

IEA (2002): Weltenergieausblick 2002 – Schwerpunkte, Paris.

IEA (2002): Developing China´s Natural Gas Market, Paris.

IEA (2003a): Energy to 2050. Scenarios for a Sustainable Future, Paris.

IEA (2003b): World Energy Investment Outlook, Paris.

IEA (2004a): Oil Crises and Climate Challenges – 30 Years of Energy use in IEA Countries, Paris.

IEA (2004b): World Energy Outlook 2004, Paris.

IEA (2004c): Security of Gas Supply in Open Markets. LNG and Power at a Turning Point, Paris.

IEA (2004d): Biofuels for Transport. An International Perspective, Paris.

IEA (2005a): Saving Oil in a Hurry, Paris.

IEA (2005b): Energy Statistics Manual, Paris.

IEA/ETO (2005c): Alternative Fuels: An Energy Technology Perspective (Working Paper), Paris.

IEA (2005d): World Energy Outlook 2005 – Middle East and North Africa Insights, Paris.

IEA (2005e): Resources to Reserves. Oil & Gas Technologies für the Energy Markets of the Future, Paris.

IEA (2005f): Energy Statistics Manual, Paris.

IEA (2006a): World Energy Outlook, Paris.

IEA (2006b): Medium-Term Oil Market Report, Paris.

IEA (2007a): IEA Response System for Oil Supply Emergencies, Paris.

IEA (2007b): World Energy Outlook. China and India Insights, Paris.

IEA (2007c): Medium-Term Oil Market Report, Paris.

IEA (2007d): Oil Supply Security, Paris.

IEA (2007e): Energy Policies of IEA Countries. Germany 2007 Review, Paris.

IEA (2007f): Energy Security and Climate Policy, Paris.

IEA (2008a): Medium-Term Oil Market Report, Paris.

IEA (2008b): Energy Technology Perspectives, Paris.

IHS (2003): Energy's Report on 10-Year Trends (1993-2002) Shows Liquids Reserve Revisions and New Discoveries Have Outpaced Consumption (Pressemitteilung).

IHS (2005): World Oil Production Capacity To Increase up to 25 % by 2015. CERA Tells House Committee (Pressemitteilung), 7. Dez. 2005, Washington.

IMF (2006): World Economic Outlook 2006, Washington.

International Oil Daily, div. Ausgaben.

International Petroleum Encyclopedia, diverse Jahrgänge, Penn Well, Tulsa.

Jackson, Peter (2006): Why the „Peak Oil" Theory falls down. Myths, Legends, IHS.

Jackson, Peter (2007): Peak Oil Theory Could Distort Energy Policy and Debate, Journal of Petroleum Technology Vol. 59 Nr.2 (Februar 2007).

Jackson, Peter/Esser, Robert (2006): Expansion Set to Continue, Global Liquids Capacity to 2015, IHS/CERA.

Jarrell, Jim (2005): Another Day in the Desert: A Response to the Book, „Twilight in the Desert", in: Geopolitics of Energy Vol. 27, Nr. 10 (Oktober), S. 2–9.

Karbuz, Sohbet (2004): Conversion Factors and Oil Statistics, in: Energy Policy, Jg.32, S. 41–45.

Karlsch, Rainer/Stokes, Raymond (2003): Faktor Öl. Die Mineralölwirtschaft in Deutschland 1859–1974, München.

Katz, Barry (2001): Geological Challenges of Exploration: Onshore China with Special Focus on the Tarim and Junggar Basins, in: Downey, M./Threet, J./Morgan, W. (Hrsg.): Petroleum Provinces of the Twenty-First Century, AAPG Memoir 74, Tulsa (Oklahoma) 2001, S. 319–337.

Kennedy, Paul (2002): Aufstieg und Fall der großen Mächte, Frankfurt (Original 1987).

King, Keith u.a. (2007): Oil Resource Growth, Hedberg Conference AAPG November 2006, Colorada Springs/IHS Symposium April 2007, London.

Kissinger, Henry (2002): Die Herausforderung Amerikas, München/Berlin.

Klare, Michael (2001): Resource Wars. The New Landscape of Global Conflict, New York.

Klein, Seth (Hrsg.) (2001): Introduction, in: Costly Energy. Why oil and gas prices are rising and what we can do about it. A collection of progressive analysis and policy alternatives, Vancouver, S. 1–5.

Klett, T. (2004): Justification for Proposing a Study of Large Petroleum Fields, UNECE Ad Hoc Group of Experts on Supply of Fossil Fuels, 10./11.November 2004, Genf.

Klett, T./Gautier, D./ Ahlbrandt, T. (2005): An Evaluation of the U.S. Geological Survey World Petroleum Assessment 2000, in: American Association of Petroleum Geologists Bulletin Jg. 89, Nr.8, S. 1033–1042.

Klett, T. u.a. (2006): USGS Ongoing Assessment of Undiscovered Petroleum Resources of the World, IHS 2006 Energy User Forum, Houston 17.–19. Mai.

Kneissl, Karin (2006): Der Energiepoker. Wie Erdöl und Erdgas die Weltwirtschaft beeinflussen, München.

Koppelaar, Rembrandt (2005): World Oil Production and Peaking Outlook, Peak Oil Netherlands Foundation, o.O.

Laherrère, Jean (2001): Estimates of Oil Reserves, IIASA Laxenburg.

Laherrère, Jean (2003): Forecast of oil and gas supply to 2050, Hydrocarbons Resources, Petrotech 2003, New Dehli.

Laherrère, Jean (2005): Review on Oil shale data (www.oilcrisis.com).

Laherrère, Jean (2006): Uncertainty on data and forecasts, ASPO Konferenz Nr.5, San Rossore, 18./19. Juli 2006.

Lajous, Adrian (2004): Production management, security of demand and market stability, OPEC International Seminar, Wien 17. September 2004.

Leonard, Ray (2002): Russian Oil And Gas: A Realistic Assessment, International Workshop On Oil Depletion 23.–25. Mai 2002, Uppsala.

Lovins, E./Datta, K. u.a. (2005): Winning the Oil Endgame – Innovation for Profits, Jobs and Security, Rocky Mountains Institut, Snowmass/Colorado.

Lynch, Michael (2001): Closed Coffin: Ending the Debate on „The End of Cheap Oil" – A Commentary, September (http://sepwww.stanford.edu/sep/jon/world-oil.dir/lynch2.html).

Lynch, Michael (2003): The New Pessimism about Petroleum Resources: Debunking the Hubbert Model (and Hubbert Modelers), Minerals and Energy – Raw Materials Report, Jg. 18, Nr. 1.

Lynch, Michael (2004a): A Review of Expectations for Long-Term Energy, in: Journal of Energy Literature (London), Jg.10, Nr.1, S. 3–21.

Lynch, Michael (2004b): Oil Supply Security 2004. Does the Song Remain the Same?, International Research Center for Energy and Economic Development; Occasional Papers: Number 38, Boulder.

Lynch, Michael (2004c): The Shell Reserve Downgrading. Year of the Monkey Business?, Global Petroleum SEER Alert.

Mabro, Robert (2000): Oil Markets and Prices, OIES Monthly Comment (August).

Mabro, Robert (2001a): Transparency in Oil Markets and Other Myths, OIES Monthly Comment (Februar).

Mabro, Robert (2001b): Does Oil Price Volatility Matter?, OIES Monthly Comment (Juni).

Mabro, Robert (2005): The international oil price regime: origins, rationale and assessment, in: Journal of Energy Literature (London), Jg.11, Nr.1, S. 3–20.

Masters, Michael (2008): Testimony of Michael W. Masters, Committee on Homeland Security and Governmental Affairs, United States Senate, 20. Mai 2008, Washington.

Maugeri, Leonardo (2006a): Two Cheers for Expensive Oil, in: Foreign Affairs Jg.85, Nr.2, S. 149–161.

Maugeri, Leonardo (2006b): The Age of Oil. The Mythology, History and Future of the World´s Most Controversial Resource, Westport.

MEES Middle East Economic Survey, div. Ausgaben.

Meling, Leif (2003): How And For How Long It is Possible To Secure A Sustainable Growth Of Oil Supply; in: Middle East Economic Survey Jg. XLVI, Nr. 51/52.

Meling, Leif (2006): The Origin Of Challenge – Oil Supply And Demand, in: Middle East Economic Survey Jg. XLIX Nr. 24.

Mineralölwirtschaftsverband (2001): Aus der Sprache des Öls, Hamburg.

Mineralölwirtschaftsverband (2003): Mineralöl und Raffinerien, Hamburg.

Mineralölwirtschaftsverband (2005): MWV-Prognose 2020 für die Bundesrepublik Deutschland, Hamburg.

Mineralölwirtschaftsverband (2006): Prognose. MWV-Prognose 2025 für die Bundesrepublik Deutschland, Hamburg.

Mineralölwirtschaftsverband (2007a): Der deutsche Markt für Kraftstoffe Januar bis Dezember 2007, Hamburg.

Mineralölwirtschaftsverband (2007b): Mineralölverbrauch in Deutschland Januar bis Dezember 2007, Hamburg.

Mineralölwirtschaftsverband (2007c): Jahresbericht Mineralöl-Zahlen 2006, Hamburg.

Mitchell, John (Hrsg.) (2001): The New Economy of Oil – Impacts on Business, Geopolitics and Society, RIIA London.

Mitchell, John (2006): A New Era for Oil Prices, Chatham House, Royal Institute of International Affairs, London.

Mommer, Bernard (1999): Changing Venezuelan Oil Policy, OIES Monthly Comment April 1999.

Mommer, Bernard (2001): Venezuelan Oil Politics at the Crossroads, OIES Monthly Comment March 2001.

Morse, Edward/Richard, James (2002): The Battle for Energy Dominance, in: Foreign Affairs, März/April 2002.

National Energy Board (2006): Canada's Oil Sands. Opportunities and Challenges to 2015, Calgary.

National Energy Policy Development Group (2001): National Energy Policy, Washington, Mai („Cheney Report").

Nexant (2006): Liquid Biofuels: Substituting for Petroleum, New York.

Nieh, D./Wang, L./Fu S. (2007): Existing SPR Models. Study examines Chinese SPR growth alternatives, in: Oil and Gas Journall 23. Juli 2007.

Noreng, Øystein (2002): Crude Power. Politics and the Oil Market, London/New York.

Nötzold, Antje (2007): Europäische Versorgungssicherheit mit Erdöl und Erdgas, Saarbrücken.

National Petroleum Council (NPC) (2007): Facing the Hard Truths about Energy. A comprehensive view to 2030 of global oil and natural gas. Draft Report, Juli.

Odell, Peter (1996): A Guide to Oil Reserves and Resources, in: http://archive.greenpeace.org.

Odell, Peter (2003): The Global Energy Outlook for the 21st Century, Lecture NOGEPA Annual Meeting, Wassenaar 21.Mai.

Odell, Peter (2004): Why Carbon Fuels Will Dominate the 21st Century's Global Energy Economy, Brentwood.

OGEL Oil, Gas & Energy Law Intelligence, div. Ausgaben.

OIES (2001): Oxford Energy Forum Nr. 47, November.

Oil & Gas Journal (OGJ), diverse Ausgaben.

Oil Daily, diverse Ausgaben.

Ölz, Samantha/ Sims, Ralph/ Kirchner, Nicolai (2007): Contribution of Renewables to Energy Security – IEA Information Paper, IEA Paris.

OPEC (2007a): Annual Statistical Bulletin 2006, Wien.

OPEC (2007b): World Oil Outlook, Wien.

OPEC: Monthly Oil Market Report, Wien, lfd. Jg.

Parra, Francisco (2004): Oil Politics. A Modern History of Petroleum, London.

Perrodon A./ Laherrere J./ Campbell, C. (1998): The world's non-conventional oil and gas, in: Petroleum Economist Heft 3/1998.

Petroleum Intelligence Weekly (PIW), diverse Ausgaben.

Porter, L. (2001): Major Hydrocarbon Potential in Iran, in: Downey, M./Threet, J./Morgan, W. (Hrsg.): Petroleum Provinces of the Twenty-First Century, AAPG Memoir 74, Tulsa (Oklahoma) 2001, S. 417–429.

Rabia, Hussain (2007): Iraqi Oil Reserves Show Great Potential, in: World Oil, Vol. 228, No.7.

Razavi, Hossein (1989): The New Era of Petroleum Trading, Washington D.C. (World Bank).

Rempel, Hilmar (2003): Erdöl and Erdgas im Irak, in: BGR Commodity Top News No.18, Februar 2003.

Renner, Michael (2003): Post-Saddam Iraq – Linchpin of a New Oil Order, Worldwatch Institute, in: Foreign Policy in Focus (Januar 2003).

RFA (2007): Ethanol Industry Outlook 2007. Building New Horizons, Washington.

Rifkin, Jeremy (2002): Die H2-Revolution. Mit neuer Energie für eine gerechte Weltwirtschaft, Frankfurt/Main.

Robelius, F. (2007): Giant Oil Fields -The Highway to Oil. Giant Oil Fields and their Importance for Future Oil Production, Uppsala Dissertations from the Faculty of Science and Technology, Uppsala.

Roberts, Paul (2004): The End of Oil, Boston.

Rogers, Jim (2005): Rohstoffe. Der attraktivste Markt der Welt, München.

Rushworth, Sandy (2005): E&P Challenges and Opportunities In the Age of Energy Supply Anxiety, IHS, 1.Februar 2005, NAPE 2006.

Rushworth, Sandy/Stark, Pete (2005): The Challenging Role for Giant Fields:Can We Expect Giant Fields to Meet Increasing Oil Demand?, IHS.

Rutledge, Ian (2004): Book review – J.Boue, La internacionalizacion de PDVSA, Venezuela 2004, in: Journal of Energy Literature (London), Jg.10 (2004), Nr.2, S. 102–104.

Sandrea, Ivan (2006): Global E&P Capex and Liquid Capacity Trends, APPEX London.

Sapir, Jacques (2007): Oil and Gas in the Capitals: Russia's oil sector: Is more state control looming in the future?, in: World Oil Vol. 228 No.2 (Februar 2007).

Scheer, Hermann (2002): Solare Weltwirtschaft. Strategie für die ökologische Moderne, München.

Scheer, Hermann (2005): Energieautonomie. Eine neue Politik für erneuerbare Energien, München.

Scheer, Hermann (2006): Stellungnahme zur zukünftigen Förderung von Biokraftstoffen, FNR Nr. 490, 5. September 2006.

Schiffer, Hans-Wilhelm (2002): Energiemarkt Deutschland, Köln.

Schindler, Jörg (2006): Verfügbarkeit von Biomasse zur Kraftstoffproduktion. Biokraftstoffe der Zukunft, Ottobrunn.

Schindler, Jörg/Weindorf, Werner (2006): Einordnung und Vergleich biogener Kraftstoffe – „Well-to-Wheel"-Betrachtungen, in: Technikfolgenabschätzung – Theorie und Praxis Nr. 1, 15. Jg., April 2006.

Schindler, Jörg/Zittel, Werner (2000): Weltweite Entwicklung der Energienachfrage und der Ressourcenverfügbarkeit. Enquete-Kommission des Deutschen Bundestages „Nachhaltige Energieversorgung unter den Bedingungen der Globalisierung und der Liberalisierung", Ottobrunn.

Schindler, Jörg/Zittel, Werner (2001): Kommentar zum Grünbuch der EU-Kommission „Hin zu einer europäischen Strategie für Energieversorgungssicherheit", L-B-Systemtechnik, Ottobrunn.

Schmitz, Norbert (2006a): Biokraftstoffe – eine vergleichende Analyse, FNR Gülzow.

Schmitz, Norbert (2006b): Marktanalyse Nachwachsende Rohstoffe, FNR Gülzow.

Schmitz, Norbert (2006c): Bioethanol als Kraftstoff – Stand und Perspektiven, in: Technikfolgenabschätzung – Theorie und Praxis Nr. 1, 15. Jg., April.

Schwinn, Kirsten (1999): Die Liquiditätskrise der Metallgesellschaft AG im Herbst 1993, in: Krisennavigator, 2. Jg., Nr.5 (Mai).

Seidel, Vera (o. J.): Metallgesellschaft – Opfer mangelnden Risikomanagements? (www.braunschweig2003.werner-knoben.de/doku/node17.html).

Seifert, Thomas/Werner, Klaus (2005): Schwarzbuch Öl. Eine Geschichte von Gier, Krieg, Macht und Geld, Wien.

Sinton, J./Stern, R./Aden, N./Levine, M. (2005): Evaluation of China´s Energy Strategy Options, Berkeley (Ca.).

Simmons, Matthew (2002): Depletion and US Energy Policy, International Workshop on Oil Depletion, Uppsala.

Simmons, Matthew (2005): Twilight in the Desert, Hoboken.

Skinner, Robert (2004): Book review – National Petroleum Council, Balancing Natural Gas Policy, Washington D.C. 2003, in: Journal of Energy Literature (London), Jg.10 (2004), Nr.2, S. 87–92.

Skinner, Robert (2005): Crude Oil: Scenarios and Perspectives of the Market – Heavy Sour Crude Oil, Comisión de Investigaciónde los Precios del Petróleo, 16. August 2005, Querétaro.

Skinner, Robert (2006a): World Energy Trends: Recent Developments and their Implications for Arab Countries, Oxford Institute for Energy Studies, SP 19, Oxford.

Skinner, Robert (2006b): Strategies for Greater Energy Security and Resource Security, Oxford Institute for Energy Studies, Oxford.

Skinner, Robert/Arnott, Robert (2005): The Oil Supply and Demand Context for Security of Oil Supply to the EU from the GCC Countries, Oxford Institute for Energy Studies, WPM 29.

Skipper, Keith (2001): Petroleum Resources of Canada in the Twenty-First Century, in: Downey, M./Threet, J./Morgan, W. (Hrsg.): Petroleum Provinces of the Twenty-First Century, AAPG Memoir 74, Tulsa (Oklahoma) 2001, S.109–137.

Smil, Vaclav (2003): Energy at the Crossroads, London (MIT Press).

Smith, Leta (2007): New Frontiers: Recent Exploration and Discovery Trends in the Ultra-deep and Arctic, SPE GCS Technology Workshop Factilities for the New Frontier: The Ultra-deep and the Arctic, 12. April 2007.

Sneider, Robert/Sneider, John (2001): New Oil in Old Places: The Value of Mature-Field Redevelopment, in: Downey, M./Threet, J./Morgan, W. (Hrsg.): Petroleum Provinces of the Twenty-First Century, AAPG Memoir 74, Tulsa (Oklahoma), S. 63–85.

Stark, Pete (2002): Energy Supply Setting, 2002 AAPG Briefing – Energy and Environment: A Partnership that Works, Washington, D.C.

Stark, Pete (2006): E&P Business Dynamics: Shaping the Hydrocarbon Future, 17.Mai 2006, IHS User's Forum.

Stark, Pete, Chew, Kenneth (2006): The Exploration Dilemma. In the Age of Energy Supply Anxiety, Exploring Exploration Forum, Houston, 27. Juli 2006.

Stark, Philip/Chew, Kenneth/ Cross, Ian (2005): Global Exploration Trends & Outlook, Second International Petroleum Conference & Exhibition, Kairo 16.–19.Mai 2005.

Strahan, David (2007): The Last Oil Shock, London.

Takin, Manouchehr (2006): Middle East Oil Production Potential – Myth Or Reality? The Changing Role of the International and National Oil Company in Meeting Global Energy Demand, Energy Institute IP Week.

TD Newcrest /CAPP (2008): Canadian Oil Sands. The Future of Oil in Canada, Oil Sands Forum, 14. Januar 2008, London.

Telhami, Shibley/Hill, Fiona (2002): Does Saudi Arabia Still Matter? Differing Perspectives on the Kingdom and Its Oil, in: Foreign Affairs, November/Dezember.

Tertzakian, Peter (2006): A Thousand Barrels a Second. The Coming Oil Break Point und the Challenges Facing an Energy Dependent World, New York.

Tilton, John (2001): Depletion and the Long-Run Availability of Mineral Commodities, Colorado School of Mines.

Tilton, John (2003): On Borrowed Time. Assessing the Threat of Mineral Depletion, Washington D.C.

UFOP-Marktinformation (2007): Ölsaaten und Biokraftstoff, Dezember.

UFOP-Marktinformation (2008): Ölsaaten und Biokraftstoff, März.

Umbach, Frank (2003): Globale Energiesicherheit, München.

Upstream, div. Ausgaben.

USDA/USDOE (2005): The „Billion Ton Study". Biomass as a Feedstock for a Bioenergy and Bioproducts Industry. The Technical Feasibility of a Billion-Ton Annual Supply, Washington.

United States Senate (2006): The Role of Market Speculation in Rising Oil and Gas Prices. A Need to Put the Cop Back on the Beat, Staff Report, Permanent Subcommittee on Investigations, 27. Juni.

USGS (US Geological Survey) 2000: World Petroleum Assessment, Washington.

Verleger, Philip (2000): Third Oil Shock: Real or Imaginery?, Brownstone Republican Club, Insitute for International Economics, April.

Wade, P. (2007): Screening of Global Undeveloped Discoveries, IHS Symposium London (April 2007).

Willenborg, R. et al. (2004): Europe´s Oil Defenses, in: Journal of Energy Literature (London), Jg.10 (2004), Nr.2, S. 3–49.

Wittke, F./Ziesing, H.-J. (2006): Hohe Energiepreise dämpfen Primärenergieverbrauch in Deutschland, DIW Wochenbericht 10/06.

Wood Mackenzie (2007): Long Term Outlook on Oil Market Fundamentals to 2026 (www.woodmacresearch.com).

World Oil, div. Ausgaben.

Yergin, Daniel (1991): The Prize. The Epic Quest for Oil, Money & Power, New York..

Yergin, D./Stoppard, M. (2003): The Next Prize, in: Foreign Affairs, Jg. 82, Heft 6, S. 103–114.

Yergin, Daniel (2006a): Ensuring Energy Security, in: Foreign Affairs Jg. 85, Heft 2, S. 69–82.

Yergin, Daniel (2006b): What Does 'Energy Security' Really Mean?, CERA News Article 11. Juli 2006.

Yergin, Daniel (2008): Oil at the Break Point: Prepared Testimony by Daniel Yergin, US Congress Joint Economic Committee, 25. Juni 2008, Washington.

Zittel, Werner/Schindler, Jörg (2007): Crude Oil – The Supply Outlook. Report to the Energy Watch Group, Oktober.

Zoba, Tim (2006): New Frontiers -Where will Tomorrow's Oil & Gas Come From?, IHS.

Endnoten

Kapitel 8

[1] Clean Edge 2007.

[2] FNR 2005; Schmitz 2006a.

[3] Wall Street Journal 9. Januar 2006.

[4] In Dollarpreisen des Jahres 2005.

[5] Wall Street Journal 9. Januar 2006; IEA 2006a, S. 476ff.

[6] Rogers 2005, S. 235, IEA 2004d, S. 75.

[7] Schmitz 2006a.

[8] IEA 2006a, S. 476ff.; FAZ 5.Mai, 14.Mai 2007; Schmitz 2006a; Wall Street Journal 14. April 2008.

[9] Wall Street Journal 10. September 2007.

[10] Dow Jones Newswires 13. September 2006.

[11] Wall Street Journal 29. Juni 2006; EIA Annual Energy Outlook 2006.

[12] Wall Street Journal 29. Juni 2006.

[13] Wall Street Journal 1. Februar 2007.

[14] Wall Street Journal 17. Juni 2006, 2. August 2006, 2, April 2007.

[15] Wall Street Journal 13. April 2006, 17. Juni 2006, 19. Juni 2006.

[16] IEA 2008a; RFA 2007; Oil & Gas Journal 26. November 2007, 18. Februar 2008; EIA Annual Energy Outlook 2008.

[17] EIA Annual Energy Outlook 2008.

[18] Oil Daily 5. März 2007; Wall Street Journal 18. Juni 2007.

[19] Wall Street Journal 11. Juni 2008; IEA 2007c; RFA 2007.

[20] EIA Annual Energy Outlook 2008; Oil & Gas Journal 18. Februar 2008.

[21] Oil & Gas Journal 21. Januar 2008.

[22] Bundesverband Erneuerbare Energie (www.bee-ev.de); in Energieäquivalenten.

[23] Schmitz 2006a; Bundesministerium der Finanzen 2007.

[24] Bundesministerium der Finanzen 2007.

[25] UFOP 2007; FNR 2007.

[26] Schmitz 2006a; Bundesministerium der Finanzen 2007.

[27] Wall Street Journal 27. Dezember 2007; UFOP 2008.

[28] UFOP 2008; FAZ 13. August 2007.

[29] FNR 2007; Schindler 2006.

[30] FNR 2005.

[31] IEA 2007b, S. 354ff.

[32] Hladik 2006.

[33] Ebd.

[34] Wall Street Journal 14. Januar 2008.

[35] Oil & Gas Journal 12. November 2007.

[36] Wall Street Journal 3. März, 29. Juni 2006.

[37] New York Times 17. April 2007; Wall Street Journal 1. März 2007.

[38] IEA 2208b.

[39] IEA 2004d, S. 20.

[40] Schmitz 2006a; FAZ 8. Januar 2008.

[41] EIA Annual Energy Outlook 2006.

[42] FAZ 8. Januar 2008.

[43] Blades 2007; EIA Annual Energy Outlook 2006.

44 IEA 2008b, S. 333; The Guardian 8. Januar 2008.

45 IEA 2007c.

46 IEA 2008a, S.44, S.61ff; RFA 2007, Wall Street Journal 28. November 2007; EBB; IEA; NBB; FNR; eig.Ber.; 1 Liter Biodiesel ersetzt 0,9 Liter Diesel, 1 Liter Bioethanol ersetzt 0,66 Liter Benzin.

47 Wall Street Journal 19. Oktober 2007.

48 IEA 2007c; 2008a.

49 IEA 2006a.

50 Ebd., Tab. 14.6.

51 IEA 2008b, S. 337; Oil & Gas Journal 8. Oktober 2007 mit Bezug auf FAO, IEA.

52 DOE/DA 2005; Hirsch, R./Bezdek, R./Wendling, R. 2005.

53 Strahan 2007, S. 103ff.

54 Vgl. Übersichten bei FNR 2007 und Schmitz 2006a.

55 So zum Beispiel bei IEA 2006b gegenüber IEA 2006a.

56 Wall Street Journal 19. Oktober 2007, 5. November 2007.

57 GAO 2007; Ölz/Sims/Kirchner 2007.

58 Schindler/Weindorf 2006; FAZ 2. Oktober 2007.

59 Wall Street Journal 19. Mai, 9. Juni, 17. Juni 2006.

60 Schindler/Weindorf 2006.

61 IEA 2006a.

62 Wall Street Journal 28. November 2007.

63 Oil & Gas Journal 18. Februar 2008; Wall Street Journal 8. Februar 2008; Handelsblatt 8. Februar 2008.

64 IEA 2007c.

65 Wall Street Journal 17. April 2007.

66 Scheer 2005, S. 264.

67 IEA 2007c.

Kapitel 9

1 IEA/ETO 2005c; BGR 2003; IEA 2005e.

2 BGR 2003, S. 48.

3 IEA 2005e, S. 78.

4 National Energy Board 2006.

5 IEA 2004b.

6 IEA/ETO 2005c.

7 National Energy Board 2006; Oil & Gas Journal 9. Juli 2007; EIA Country Analysis Briefs – Canada, Mai 2008, April 2006.

8 Chew 2007.

9 Alberta Chamber of Resources 2004; Athabasca Regional Issues Working Group 2005; National Energy Board 2006; Skipper 2001; IEA 2004b.

10 BGR 2003, S. 80.

11 National Energy Board 2006.

12 Dunbar 2006, S. 7; Wall Street Journal 15. Februar 2008; Wood Mackenzie 2007.

13 Quellen: TD Newcrest /CAPP 2008; Stark 2006; IEA 2006b; EUB zit.n. Oil & Gas Journal 9. Juli 2007; IEA 2008a, S. 45.

14 IEA 2006a, Box 3.1.

15 National Energy Board 2006; Wall Street Journal 25. April 2007.

16 IEA 2008a, S. 45.

17 Oil Daily 25. Mai 2007; TD Newcrest /CAPP 2008.

18 Oil & Gas Journal 8. Oktober 2007.

19 Woodmacresearch 2007.

20 TD Newcrest /CAPP 2008; Oil & Gas Journal 8. Oktober und 13. August 2007.

21 Athabasca 2005.

22 IEA 2005e, S. 78; Robelius 2007; Babies 2003.

23 Wall Street Journal 22. September 2005.

24 IEA 2006a, Box 3.1.

25 Babies 2003.

26 Oil & Gas Journal 3. März 2008.

27 Wall Street Journal 5. Februar 2008; Bloomberg 20. April 2008.

28 Ebd.

29 Athabasca 2005; Wall Street Journal 24. April 2006.

30 Chew 2007.

31 Ebd.; Robelius 2007; International Petroleum Encyclopedia 2004; BGR 2003; IEA 2005e; staatliche Angaben zitiert nach Dow Jones Newswires 11. August 2006; EIA Country Analysis Briefs: Venezuela September 2005.

32 International Oil Daily 14. Juni 2007.

33 Gerling 2005; Dow Jones Newswires 13. November 2006.

34 Chew 2007.

35 IEA 2003b, S. 173.

36 Robelius 2007.

37 Wall Street Journal 24. April 2006, 27. Juni 2007; Upstream 18. Juli 2007.

38 Wall Street Journal 4. Januar 2008.

39 Yergin 1991, S. 333f.

40 EIA Country Analysis Briefs: South Africa, April 2007; Oil & Gas Journal 24. März 2007.

41 Chinaview 17. September 2007; Xinhua 31. Juli 2006; China Daily 31. Januar 2007.

42 IEA 2007b, S. 273.

43 IEA/ETO 2005c; IEA 2007b; Oil & Gas Journal 24. März 2008.

44 EIA Annual Energy Outlook 2006; Wall Street Journal 11. September 2007; World Gas Intelligence 22. August 2007; IEA 2006a, S. 128f; National Petroleum Council 2007.

45 Oil & Gas Journal 28. April 2008, 24. März 2008.

46 IEA 2007b.

47 Wall Street Journal 11. September 2007.

48 Hirsch/Bezdek/Wendling 2005.

49 EIA Annual Energy Outlook 2008, Tab. A11; National Petroleum Council 2007; Oil & Gas Journal 24. März 2008.

50 Wall Street Journal 14. Februar 2007; Upstream 17. März 2008.

51 IEA 2008a, S. 49.

52 IEA 2005e, S. 100.

53 Ebd., S. 96f.; IEA/ETO 2005c.

54 Wall Street Journal 23. Februar 2007; EIA Country Analysis Briefs: South Africa, April 2007; EIA Country Analysis Briefs: Qatar, Mai 2007; World Gas Intelligence 6. Juni 2007, 30 Mai 2007, 7. März 2007; EIA: International Energy Outlook 2005; IEA 2004b; IEA 2004c; IEA 2006a.

55 IEA 2008a, S. 52f.

56 IEA 2005e, S. 96ff; Skinner/Arnott 2005.

57 IEA 2003b, S. 117; EIA: International Energy Outlook 2005, S. 46; Skinner/Arnott 2005.

58 IEA/ETO 2005c; WGI 7. November 2007.

59 IEA 2005e, S. 82f.; Gerling 2005; National Petroleum Council 2007.

60 IEA 2003b; EIA: International Energy Outlook 2005; Skinner/Arnott 2005, Gerling 2005; Hirsch/Bezdek/Wendling 2005.

61 Skinner/Arnott 2005.

62 Gerling 2005.

63 IEA 2005e, S. 82.

64 Oil & Gas Journal 5. November 2007.

65 Hirsch/Bezdek/Wendling 2005.

66 BGR 2003, S. 91f.

67 National Petroleum Council 2007.

68 IEA 2005e, S. 84; IEA/ETO 2005c.

69 Chew 2007.

70 BGR 2003, S. 86.

71 IEA 2005e: S. 83.

72 Laherrère 2005.

[73] Wall Street Journal 28. August 2006.

[74] National Petroleum Council 2007; GAO 2007.

[75] Schollnberger, Rogner u.a. zit.n. National Petroleum Council 2007.

[76] Stark/Chew/ Cross 2005.

[77] IEA 2005e; IEA 2005c.

[78] Zit. n. National Petroleum Council 2007.

[79] Odell 2004; Wall Street Journal 14. Februar 2006.

[80] ASPO Newsletter, div. Ausgaben, zuletzt Nr. 89 (Mai 2008).

[81] BP Statistical Review 2008.

[82] Quellen: Eigene Schätzungen, IEA 2006a; IEA 2007c; EIA Annual Energy Outlook 2006, 2008; ASPO Newsletter Juni 2008 (Nr. 90).

[83] IEA 2006a, S. 97; IEA 2007c.

[84] EIA Annual Energy Outlook 2006.

[85] Oil & Gas Journal 5. November 2007.

Kapitel 10

[1] National Petroleum Council 2007.

[2] IEA: Oil Market Report v. 11 Oktober 2006.

[3] IEA 2006a, S. 39.

[4] IEA 2006a, S. 275ff.

[5] Wall Street Journal 17. Okt. 2007.

[6] Dow Jones Newswires 26. Nov. 2007.

[7] DJN 26. Mai 2008; Marketwatch 4. Juni 2008; Energy Intelligence Briefing 20. Juni 2008.

[8] Quellen: IEA 2006a, Tab.11.1, eig. Ber.

[9] IEA 2008b, S. 423ff.

[10] Gielen/Unander 2005.

[11] IEA 2007b.

[12] OPEC 2007b, S. 35ff.; ohne das Gebiet der früheren Sowjetunion.

[13] IEA 2008b, S. 424, 467; IEA 2008a.

[14] FAZ 12. April 2005.

[15] Handelsblatt 16. April 2007.

[16] Platts 22. Februar 2008.

[17] Mineralölwirtschaftsverband 2003, EIA-Website (eia.doe.gov).

[18] IEA 2008b, S. 471ff.

[19] Mineralölwirtschaftsverband 2003.

[20] Wall Street Journal 9. Januar 2007.

[21] Quelle: EIA-Website (eia.doe.gov).

[22] ENI 2007.

[23] EIA: International Energy Outlook 2007, IEA 2007b.

[24] IEA 2007b.

[25] Fesharaki 2007b.

[26] IEA 2007c.

[27] Quelle: EIA; "Westeuropa" meint OECD-Europa.

[28] Klare 2001; Scheer 2002; Alt 2002.

[29] Horsnell 2000b.

[30] IEA 2007f.

[31] Umbach 2003; Yergin 2006a; Yergin 2006b.

[32] Yergin 2006a, S. 69.

[33] Horsnell 1999c.

[34] IEA 2007a.

[35] IEA 2000a, S. 16f.

[36] IEA 2007d.

[37] Quelle: EIA.

Kapitel 11

[1] Tertzakian 2006, S. 59.

[2] Adelman 1995, S. 43; BP Statistical Review 2008.

[3] Telhami/Hill 2002.

[4] NSC 26/2 und 26/3, vgl. Telhami/Hill 2002.

[5] National Energy Policy Development Group 2001.

[6] Klein 2001.

[7] Oil & Gas Journal 17. März 2008.

[8] Wall Street Journal 2. Februar 2006.

[9] Roberts 2004, S. 264.

[10] Canes 2007.

[11] EIA, zit.n. National Petroleum Council 2007.

[12] Quelle: EIA.

[13] Quelle: EIA.

[14] IEA 2007b, Abb. 9.7.

[15] Mitchell 2006.

[16] Smil 2003, S. 25, EIA Annual Energy Review 2006, eig. Ber.

[17] Wall Street Journal 2. April 2007.

[18] Canes 2007.

[19] Wall Street Journal 3. März 2008.

[20] Wall Street Journal 17. Juni 2008.

[21] National Petroleum Council 2007.

[22] Strahan 2007, S. 189; Wall Street Journal 15. Mai 2007.

[23] Wall Street Journal 23. April 2008; Oil & Gas Journal 15. Oktober 2007.

[24] Huntington 2002, S. 126; IEA 2007b.

[25] Cragg 2002, BP: Statistical Review of World Energy 2006.

[26] IEA 2007d.

[27] IEA 2007d, 2007b.

[28] IEA 2000b, S. 22.

[29] Horsnell 1997, S. 46ff.

[30] Wall Street Journal 27. Feb. 2006

[31] Oil and Gas Journal 20. August 2007.

[32] Nieh u.a. 2007; Wall Street Journal 7. März 2006; Dow Jones Newswires 13. September 2007.

[33] Wall Street Journal 3. August 2005.

[34] Upstream 30. Mai 2007.

[35] Oil & Gas Journal 21. Mai 2007; Wall Street Journal 10. August 2006.

[36] IEA 2007b, S. 175ff.

[37] Chinaview 26. März 2006.

[38] Chinaview 14. Feb. 2007, 3. April 2007; Wall Street Journal 12. Juni 2007.

[39] IEA 2007b; Oil & Gas Journal 18. Feb. 2008.

[40] Dow Jones Newswires 28. November 2007; Wall Street Journal 13. Februar 2007.

[41] Wall Street Journal 6.,7.,8. November 2007, 7. Dezember 2007.

[42] Dow Jones Newswires 31. Oktober, 1. November 2007; Chinaview 31. Oktober 2007; Wall Street Journal 1. November 2007.

[43] Bloomberg 20. Juni 2008.

[44] Wall Street Journal 28. April 2005.

[45] Fesharaki 2007a; IEA 2007d.

[46] IEA 2007b.

[47] Quelle: Weltbank.

[48] Wall Street Journal 14. November 2003.

[49] Ebd.

[50] Ebd.

[51] Wall Street Journal 5. Januar 2006.

[52] Wall Street Journal 10. Juni 2004.

[53] Oil Daily 19. Juli 2007.

[54] IEA 2007c.

[55] Fesharaki 2007a.

[56] Xinhua 16. Februar 2007.

[57] Songtext von Reinhard Mey aus dem Jahr 1975: Ein Blaubeerstaudenzüchter, der vermeintlich eine Ölquelle in seinem Garten anbohrt. Es war jedoch eine Pipeline.

[58] BMWT/BMU 2006.

[59] Karlsch/Stokes 2003, S. 381.

[60] Ebd., S. 46.

[61] Ebd., S. 71, 111.

[62] Ebd., S. 28, 39, 66.

[63] Ebd., S. 155-157, 188, 199, 233.

[64] Ebd., S. 293, 297, 321.

[65] Graichen 2002, S. 210.

[66] Karlsch/Stokes 2003, S. 255, 260, 365; Kneissl 2006, S. 154.

[67] Karlsch/Stokes 2003, S. 325ff, 339ff.

[68] Graichen 2002, S. 211.

[69] European Commission 2000.

[70] EWI/Prognos 2005.

[71] BMWT/BMU 2006; Bundesanstalt für Geowissenschaften und Rohstoffe 2007.

[72] IEA 2007d, S. 140.

[73] IEA 2000a, S. 129.

[74] Mineralölwirtschaftsverband 2007a, 2007b.

[75] Quelle: AG Energiebilanzen (vorläufige Zahlen, Stand Dezember 2007).

[76] Quelle: DIW 2007.

[77] Quelle: Mineralölwirtschaftsverband 2005.

[78] Quelle: IEA 2007e.

[79] BMWT/BMU 2006.

[80] Mineralölwirtschaftsverband 2006, 2007a, 2007b.

[81] Quellen: Mineralölwirtschaftsverband 2006, 2007a, 2007b.

[82] IEA 2007e.

[83] IEA 2008a, S. 19ff.

[84] IEA 2005d, S. 501.

[85] Hill 2003.

[86] EIA Country Analysis Briefs – Iran, Oktober 2007.

[87] Oil & Gas Journal 10. März 2008.

[88] Quelle: OPEC Annual Statistical Bulletin 2007.

Kapitel 12

[1] IEA 2008a, S. 39, 42.

[2] Quellen: Eigene Schätzung. Vgl. auch IEA 2006a; IEA 2007c; EIA Annual Energy Outlook 2006, 2008; ASPO Newsletter Juni 2008 (Nr. 90).

[3] IEA 2008b, S. 118 (Abb. 2.42).

[4] Bukold 1996.

[5] IEA 2008b, S. 447.

Abkürzungen und ausgewählte Fachbegriffe

[1] Vgl. auch Mineralölwirtschaftsverband 2001; BGR 2007.

www.ingramcontent.com/pod-product-compliance
Lightning Source LLC
Chambersburg PA
CBHW070326270326
41926CB00017B/3776